참여, 소통, 그리고 미디어 교육

비판적
미디어
리터러시
가이드

참여, 소통, 그리고 미디어 교육

비판적
미디어
리터러시
가이드

초판 1쇄 인쇄 2022년 7월 15일
초판 1쇄 발행 2022년 7월 29일

지은이 더글러스 켈너·제프 셰어
옮긴이 여은호·원숙경
펴낸이 김승희
펴낸곳 도서출판 살림터

기획 정광일
편집 조현주·송승호
북디자인 꼬리별

인쇄·제본 (주)신화프린팅
종이 (주)명동지류

주소 서울시 양천구 목동동로 293, 2215-1호
전화 02-3141-6553
팩스 02-3141-6555
출판등록 2008년 3월 18일 제313-1990-12호
이메일 gwang80@hanmail.net
블로그 http://blog.naver.com/dkffk1020

The Critical Media Literacy Guide: Engaging Media and Transforming Education
by Douglas Kellner & Jeff Share
Copyright ⓒ 2019 by Koninklijke Brill NV., Leiden, The Netherlands
All rights reserved
Korean translation copyright ⓒ 2022 by Sallimter Publishing Co., Seoul, Korea
Korean translation rights arranged with Koninklijke Brill NV. through Orange Agency

ISBN 979-11-5930-230-5 93070

참여, 소통, 그리고 미디어 교육

비판적
미디어
리터러시
가이드

더글러스 켈너·제프 셰어 지음
여은호·원숙경 옮김

살림터

우리의 삶과 공동체를 창조하기 위해 어떻게 미디어를 이용할 수 있을까?

여러분이 학교 교사, 교장, 교육자, 연구자, 아니면 학교나 어린이들 혹은 학생들과 일하는 데 관심이 있는 학자라면,『비판적 미디어 리터러시 가이드』에서 미디어, 문화와 정치, 그리고 일상생활의 이해를 돕는 유용한 도구들을 얻을 수 있을 것이다. 현대 사회는 현기증이 날 정도로 이데올로기적인 세뇌교육과 프로파간다로 가득 차 있다. 나날이 심각해지는 정치적·문화적 갈등으로, 디지털 미디어와 아날로그 미디어 기업들 사이에 생존과 이윤, 헤게모니를 둘러싼 전쟁이 매일 벌어지고 있다. 이 모든 문제는 허위 정보misinformation, 허위재현misrepresentation, 노골적인 거짓말이 커뮤니케이션의 규범이 되어 버려 생긴 것이다. 오늘날 비판적 미디어 리터러시가 지닌 중요성에 대해서는 굳이 말할 필요가 없다. 그런데도 대중 연설이나 출판, 디지털 매체의 영역에서 진실과 정직함, 예의civility와 도덕성, 그리고 일관성과 관련성에 관한 기존의 규범이나 새로운 이상ideal에 관한 외침에는 아무도 귀를 기울이지 않는다. 24시간 수많은 주장이 나오지만 새로운 트윗이나 문자, 또는 영상이 등장하면 낡은 것이 되어 즉시 사라지곤 한다. 이러한 환경에서 이상에 관한 외침은 시대착오적인 러다이트 운동¹처럼 공허한 문구이다.

디지털 미디어 시대에는 오랫동안 지속했던 경제 질서나 지정학적 혹은 문화 간의 합의가 서서히 붕괴하고 있다. 정보와 거래, 그리고 사회적 관계가 디지털화됨에 따라 미디어 환경도 더욱 세분화되었다. 모든 진실과 거짓, 주장과 반박들이 보도되고, 감시당하며, 재판매되고, 재활용된다. 모든 곳에 존재하는 동시에 어디에도 없는 디지털 기록보관소 때문에 이 정보들은 나타나고, 사라지고, 다시 나타난다. 기업과 정부가 작동하는 범위와 규모는 우리가 인지하고 이해하기 어려울 정도로 광범위해졌다. 디지털 네트워크상에서는 음모론자, 인터넷 인플루언서, 유별난 전문가와 블로거 등이 주장하는 관점과 과학자, 정치가, 저널리스트, 학자, 평범한 이웃, 그리고 여타 모든 이의 관점이 같이 전시된다. 악성 댓글을 다는 사람, 해커, 비평가 등의 디지털 행위는 하나가 되어 기호학적 배설물을 쏟아 낸다. 이 배설물은 그 의미가 모호하고 예측할 수 없지만, 어디에서나 볼 수 있다.

한편, 인쇄물을 기반으로 하는 학교교육과 교과과정은 일상생활의 모든 곳에 존재하는 텍스트와 메시지로부터 동떨어져 수면 상태에 빠져 있다. 학교는 아이들에게 전화기를 치우고 학습지를 풀라고 시킨다. 공공정책을 결정하는 회의에서는 언어적 발음에 관한 최근 논의나 선생들의 무기 소지 여부와 같은 이슈에만 관심을 쏟는다. 인쇄업계와 디지털 교육사업이 시장과 수요자를 놓고 서로 다투는 동안 빈민 지역의 교사들은 학생들을 위해 자신의 호주머니를 털어 연필, 펜, 학용품, 책, 크레용 등과 같은 인쇄물 페다고지의 기본 물품들을 산다. 반면 중산층 부

---

1. [옮긴이 주] '기계파괴운동'으로, 19세기 영국의 수공업자들이 자신들의 일자리를 빼앗은 섬유기계를 파괴하는 폭동을 일으킨 사건을 말한다.

모들은 지속적인 디지털 큐레이션, 디지털 감시, 전자기기 사용 시간 관리를 부모의 역할이라 여기고, 아이들이 때때로 같이 외출이나 식사를 하거나 혹은 전자기기 없이 대화의 시간을 보내기를 바란다.

비판적 리터러시는 지적 호기심을 바탕으로 멀티미디어나 텍스트로 전해지는 메시지에 관해 의문을 제기한다. 디지털 미디어 시대에 비판적 리터러시를 가르치지 않는 것은 민주적인 교육의 모든 가능성을 포기하는 것이다. 이 시대를 살아가는 세대generation가 다양성과 차이를 포용하고 공동의 목표와 평등한 관계를 유지하며 공동체를 이루어 살 수 있도록 윤리적이고 유익하며 지속가능한 규범과 가치와 관점들을 가르치는 것은 민주적 교육이 해야 할 일이다. 이를 위해서는 조용하고 지속적인 성찰, 비교와 간접측정triangulated을 통한 정보 분석, 긴밀하고 세밀한 읽기와 보기viewing, 차이점과 다양성, 사상이나 생활방식의 불일치, 풍성한 기초 학문적 지식, 세대 간의 지혜와 지적인 자기 이해 등에 대한 존중이 필요하다. 그런데 이 모두가 복고적이고, 구식이며, 지나치게 보수적이라는 이유로, 혹은 지나치게 급진적이라는 이유로, 혹은 단순히 표준화된 시험과 기본적 기술의 습득에 돈과 시간을 투자하는 교육 시스템에서는 실행하기 너무 어렵다는 이유로 쉽게 폄하되었다. 오스트레일리아의 커뮤니케이션 학자이며 음악가인 필 그레이엄Phil Graham은 이를 다음과 같이 설명하고 있다.

"우리는 어린이들이 타인을 향한 증오심을 키우는 과정보다는 그들이 숫자를 배우는 과정에 대해 훨씬 관심이 높다. 우리는 어린이들이 도덕성을 배우는 과정보다는 그들이 문자를 배우는 과정에 대해 더 잘 알고 있다. 이것이야말로 20세기 초에 등장한 극단적 과학지상주의의 유물이다."

더글러스 켈너와 제프 셰어가 제시한 비판적 미디어 리터러시의 접근 법은 이러한 문제점을 지적하고 있다. 이 책은 일상생활의 텍스트를 해석하고, 이해하며, 비판적으로 참여하고 생산하는 방법을 말해 준다. 또한 위태로운 미디어 문화와 시민 사회 그리고 지구환경 속에서 윤리적으로 살아가는 방법을 가르쳐 준다. 많은 사람이 지적하듯이 비판적 미디어 리터러시의 의제들은 새로운 것이 아니다. 우리는 비판적 미디어 리터러시를 인쇄산업을 기반으로 하는 전통적 학교교육 안에서 일어나는 하나의 급진적인 혁신인 것처럼 여겨서는 안 된다. 새로운 미디어가 등장할 때마다 일으키는 도덕적 혼란에 대한 논쟁은 20세기 초 라디오와 영화가 생기면서 본격화되었고, 전후에 텔레비전이 등장하면서 더욱 가열되었다.Luke, 1990 이데올로기적 프로파간다나 국가주의와 군사동원을 위해 미디어를 제도적으로 이용하는 것은 1차 세계대전 기간에 미국 정부가 시작한 일이다. 이러한 작업은 퓰리처Pulitzer나 허스트Hearst에서 머독Murdoch에 이르기까지 종이신문의 거물들에게는 이미 익숙한 일이다.Graham, 2017 미디어를 통한 이데올로기적 동원을 위해 엔터테인먼트와 접목하고, 나아가 대규모 미디어 행사를 개최하는 것은 지정학geopolitics이나 국가주의, 정체성, 사회 형성, 그리고 강력한 정부와 권위주의 정치를 합리화하는 수단으로 이용되었다. 이 현상은 지금도 진행 중이다.

이 책은 더글러스 켈너와 제프 셰어가 제시하는 기초 자료들, 관점, 그리고 전문가로서의 경험을 모은 비판적 미디어 리터러시의 독창적인 지침서이다. 이것은 소위 "황금 표준"의 과학, 즉 무관심한 제삼자의 관점이 아니며, 책상머리에서 나온 학문적 견해도 아니다. 저자들은 로스앤젤레스에 있는 교육자이며, 수십 년에 이르는 자신들의 삶과 일을 정치적·문화적 문제와 씨름하는 데 바친 사회운동가이다. 이 책에는 그들의 독자적인 깊이와 경험이 담겨 있다. 더글러스 켈너는 이 시대의 중요한 사회철학가로 꼽힌다. 그는 자신을 학문적 철학의 좁은 공간에 가두지 않았다. 프랑크푸르트학파의 전통을 이어받은 미국 이론가로서 자리를 굳힌 그가, 목적의식을 가지고 교육철학의 장으로 옮겨 가 20년간 학교 교사들과 함께 일한 것은 쉽지 않은 일이다. 그 결과 일련의 놀라운 철학적·정치적 참여가 가능했다. 켈너의 참여는 선거 부정에 관한 과학적 조사를 비롯해 군국주의 팽창 비판, 학교교육 현장의 총기사고와 남성우월주의를 방지하기 위한 의미 있는 작업, 권위주의적 성향이 미국 정치에서 재등장하는 사태에 관한 통렬한 분석 등에 이르기까지 광범위하다. 그의 강력한 비판적 작업은 전체적으로 미국 사회와 문화를 재형성하기 위한 페다고지와 이를 위한 미디어의 역할에 초점을 맞추고 있다. 프랑크푸르트학파의 전통을 이은 켈너의 비평에서 비판적 미디어 리터러시는 긍정적인 명제positive thesis이다. 이는 다음 세대와 함께 민주 사회와 윤리적 커뮤니케이션, 그리고 사회정의를 재생시키고 재건하는 데 필요한 하나의 규범적 실천normative praxis이다.

이 책에는 제프 셰어가 공동체 운동가로서 그리고 교사로서 미디어와 함께, 혹은 미디어 안에서 일하면서 만들어 간 그의 작품과 삶이 담겨 있다. 그의 작품들은 멕시코, 아르헨티나, 여타 남북미 국가들에서 습득한 광범위한 경험을 바탕으로 한다. 그는 사진작가로서 수상 경력이 있으며, 그의 사진들은 〈엘에이타임스LA Times〉, 〈타임Time〉, 〈롤링스톤Rolling Stone〉, 〈마더존스Mother Jones〉와 여러 매스미디어에 게재되었다. 그의 작품들은 오스카 바르낙 언론 사진상World Press Photo

Oskar Barnack Award, 인터프레스 사진/세계평화협의회 상Interpress Photo/ World Peace Council Award, 그리고 비핵화를 위한 세계언론동맹World Press Alliance for Nuclear Disarmament에서 주는 올리브 가지 상Olive Branch Award을 받았다. 그는 사회운동가와 국제 구호단체들을 위해 수많은 사진 전시회를 개최했다. 제프 셰어의 작품과 삶은 사회정의, 평화, 문화 간의 교류에 초점을 맞추고 있다. 그의 풍성하고 다양한 경험의 힘이 현실화된 것은, 로스앤젤레스에 있는 소수민족 공동체를 위한 초등학교에서 이중언어/이중문화를 지닌 학생들을 가르치며 10년 이상 신입 교원들을 훈련했을 때다. 그는 사회운동가로서, 저널리스트로서, 사진작가로서, 학부모로서, 그리고 교사로서 독창적인 관점과 접근법을 가지고 있다. 제프 셰어는 교육teaching과 행동주의activism를 그 임계점까지 밀어붙여 왔다. 이 책은 그 여정의 연장선에 있다.

편히 앉아서 이 책에 몰입할 때, 분석의 뒷면에는 저자들의 흥미진진한 삶의 역사와 전문가로서의 경험이 깔려 있다는 사실을 염두에 두기를 바란다. 켈너와 셰어에게 이 책은 단순한 학문이나 이론적인 체스 게임이 아니다. 오늘날 교육제도와 교육 공동체는 길을 잃었다. 민주적 사회제도와 문화적·언어적 전통, 직장과 사회관계가 붕괴하고 이로 인해 그들의 미래는 불확실성의 먹구름에 묻혀 버렸다. 이 책은 이러한 문제에 대한 그들의 대답이다. 커뮤니케이션을 위한 미디어는 얼굴을 맞대고 하는 대화에서 비주얼과 그래픽 아트에 이르기까지, 소설이나 수필을 쓰는 것에서 최신 디지털 커뮤니케이션 기기의 완벽한 활용에 이르기까지 모든 방식의 커뮤니케이션 수단을 의미한다. 이 책은 전례 없이 위태로운 경제적, 문화적, 정치적, 사회적인 환경과 생태적 조건 속에서 우리의 삶과 공동체를 창조하고 재창조하기 위해 미디어를 어떻게 이용할 수 있는지에 대한 것이다. 이 모든 것이 이 책에 잘 정리되어 있다.

2019년 2월 17일

오스트레일리아 브리즈번에서

앨런 루크Allan Luke

차례

서문

정보, 미디어, 기술의 융합은 우리 시대를 지배하는 새로운 생태계를 창출했다. 2018년부터 전 세계 인구의 절반 이상인 40억 명이 넘는 사람들이 인터넷을 사용하고 있다. 요람에서 무덤까지 우리는 전 세계로 연결된 미디어와 함께 소비사회에 살고 있다.

미디어와 정보기술은 엔터테인먼트와 교육을 제공하며, 우리에게 권한을 주기도 하고, 우리의 시선을 엉뚱한 곳으로 이끌어 우리를 기만하거나 조작할 수도 있다. 미디어와 정보기술은 우리가 어떻게 행동하고 무엇을 생각하고, 느끼고, 믿고, 두려워하고 열망해야 하는지 가르치는 문화적 페다고지의 근원이지만 사람들은 종종 그것을 인식하지 못한다. 커뮤니케이션, 재현representation, 생산, 분배, 그리고 소비와 관련된 이 복잡한 체계는 페다고지의 여러 가지 형태이며, 우리 자신과 우리를 둘러싼 세상에 관해 가르쳐 준다. 또한 미디어와 정보기술은 하나의 생태계로서 우리의 움직임, 커뮤니케이션과 개인 정보를 끊임없이 추적하고 판매한다. 질문과 분석을 통해 이러한 문화환경을 헤쳐 나가는 법을 배우는 것은 비판적 사고와 참여적 민주주의를 이루기 위한 필수 조건이다.

라디오, TV, 영화, 휴대전화, 대중가요, 인터넷, SNS, 그리고 여타의 미디어 문화 상품은 우리의 자아를 형성하는 원료를 제공한다. 젠더, 계급, 민족과 인종, 국가의 개념, 그리고 성 정체성에 관한 인식이 모두 여기에 들어 있다. 미디어 문화는 우리의 심층적인 가치관에 영향을 끼쳐, 우리가 세상을 바라볼 때 "우리"와 "그들"이라는 범주로 나누도록 유도한다. 이 범주로 인해 우리는 사물을 바라볼 때 좋은 것과 나쁜 것, 긍정적인 것과 부정적인 것, 도덕적인 것과 타락한 것으로 나누게 된다. 미디어가 제공하는 서사들은 상징과 신화를 비롯한 여러 가지 문화적 요소들로 이루어져 있으며 우리는 이러한 요소들을 전용appropriation하여 문화 속으로 들어가게 된다. 미디어가 제공하는 구경거리들은 권력을 지닌 자와 지니지 못한 자, 무력과 폭력을 사용해도 좋은 자와 그렇지 않은 자, 그리고 그 피해를 감수해야 하는 자들이 누구인지를 보여 주고 정당화한다.

우리는 이 책에서 미디어 문화에 맞서 개인의 주권을 강화하고, 비판적으로 읽고 쓰고 나아가 새로운 세상을 창조할 힘을 실어 주는 이론적 틀과 실천적 페다고지로서 비판적 미디어 리터러시를 소개하고자 한다. 21세기의 기술과 정보 혁명이 우리 삶의 기초가 되면서, 미디어 리터러시는 모든 사람이 반드시 습득해야 하는 과제가 되었다. 실제로 미디어 리터러시와 관련된 분석과 실용적 기술을 위해 여러 대학교가 영화와 TV에 관한 수업을 확장하거나 새로 개설해 예능 전공자는 물론 전교생을 대상으로 제공하고 있다. 비판적 미디어 교육을 목적으로 하는 페다고지는 교과과정의 필수 과정이 되어야 한다. 그런데 불행하게도 현실은 그렇지 않다. 다수의 교육기관은 21세기에 필요한 지식, 기술과 인지의 필수 요소인 비판적 미디어 리터러시에 대해 무시하거나 평가절하하고 있다.

우리는 학부생과 대학원생, 초·중·고 교사, 대학교수를 비롯해 비판적 미디어 리터러시에 관심 있는 일반 독자들을 위해 이 책을 썼다. 이 책에서 우리는 모든 종류의 미디어 문화를 비판적 관점에서 이해하고 해독할 수 있는 기본적 틀을 제시했다. 우리는 미디어의 종류를 일반적인 범주로 나누지 않고, 모든 종류의 미디어에 적용할 수 있는 비판적 이론과 실천을 독자들에게 소개하고, 그 고유한 특성과 저변에 깔린 공통점을 강조하였다.

미디어 기술의 지속적인 발전은 긍정적인 사용과 부정적인 사용의 새로운 가능성을 보여 준다. 기계학습machine learning(자신의 동작을 스스로 개선할 수 있는 슈퍼컴퓨터의 능력)이나 인공지능, 증강현실 등으로 인해 더 많은 사람이 디지털 정보를 조작할 수 있게 되었다. 그 결과 블록버스터 영화에 등장하는 훌륭한 컴퓨터 그래픽도 있지만, 순식간에 전 세계로 퍼져 나가는 가짜 뉴스나 조작된 이미지, 그리고 사람들을 호도하는 비디오의 수도 늘어나고 있다.

새로운 정보 커뮤니케이션 기술information communication technology, ICTS로 인해 지구상의 사람들은 서로 연결하고 공유할 강력한 기회를 얻었지만, 정보에 대한 접근과 통제가 편중되어 디지털 디바이스와 정보 불평등을 초래하기도 하였다. 오늘날 주요 스토리텔러인 거대 다국적 기업들은 병합과 확장을 수단으로 지구촌 구석구석까지 장악하고 있다. 소수의 기업이 지구상의 미디어 대부분을 소유하고 있다. 이로 인해 전례 없이 거대한 문화산업이 어떤 이들을 대변하고 무엇을 가르쳐야 하는가 하는 결정을 소수의 부유한 재벌이나 집권 계층이 하게 된

다.McChesney & Nichols, 2016

소수의 기업이 막대한 양의 정보를 생산하고 전파하는 권한을 갖게 되면서, 사상의 다양성이 위축되고 정보 남용의 가능성이 커졌다. 수용자들이 미디어와 메시지를 중립적이고 투명하다고 인식한다면, 미디어 합병은 특히 문제가 된다. 수용자들이 미디어 문화를 당연한 것으로 여기게 되면 미디어가 전하는 메시지에 의문이나 비판을 제기하는 일이 줄어드는 것이다. 특히 미디어의 메시지를 엔터테인먼트라고 여기는 경우 이러한 현상은 더 심해진다.

한편 SNS의 발달로 개인이나 그룹은 서로 연계하여 풀뿌리 연합grassroots coalition을 형성할 수 있는 새로운 가능성을 갖게 되었다. 예를 들어 아랍의 봄Arab Spring, 흑인 민권 운동Black Lives Matter, 미투 운동#MeToo movement 등은 구조적 억압에 대해 시민들이 서로 연계하고 조직하여 저항할 가능성을 보여 주었다. 하지만 공감을 바탕으로 사람들이 연대할 기회를 제공하는 SNS가 때에 따라 분노, 증오, 물리적 폭력을 부추기는 도구로 이용되기도 한다. 오늘날 이슬람국가Islamic State로부터 미국의 갱단에 이르기까지 다양한 집단이 SNS를 이용하여 추종자를 모집하고 자신들의 목표와 신념을 전파하며 SNS를 전쟁 무기로 사용하고 있다.Singer & Brooking, 2018

그러므로 리터러시와 교육에는 비판적 연구를 바탕으로 한 의식과 참여가 필수적인 요구 조건이다. 오늘날 테크놀로지, 미디어, 사회, 교육, 그리고 시민권의 변화에 대처하려면 비판적 미디어 리터러시를 발전시켜 학생들과 시민들이 미디어 메시지를 비판적으로 읽고 스스로 미디어를 제작하여 민주사회에 능동적으로 참여할 수 있게 해야 한다. 이를 위해서는 학생들과 시민들이 일상생활에서 미디어가 어떻게 작동하는지를 알아야 하며, 비판적 리터러시를 습득하여 미디어의 근본적인 의미와 메시지, 그 효과를 풀어낼 수 있어야 한다. 매스미디어와 SNS에서 매일 일어나고 있는 일상적인 대중 페다고지는 인종, 젠더, 계급, 성 정체성, 소비, 공포, 도덕성 등의 주제를 다루고 있다. 이것은 기업 이윤과 헤게모니적 이데올로기를 대변할 뿐 건강한 민주주의와 지구 환경을 위해 꼭 필요한 사회적 관심을 외면하고 있다.

학생들이 이러한 영향력을 인식하고 그에 대항할 수 있어야 하는데, 전통적인 교육은 전혀 도움이 되지 않는다. 그래서 더욱 견고한 방식의 리터러시가 필요하다. 리터러시는 정보와 권력의 관계에 대한 문제 제기를 위한 것이며, 새로운 정보 커뮤니케이션 테크놀로지와 미디어, 그리고 대중문화까지 비판적 의식을 확장하고, 페다고지의 실천을 더욱 복합적인 수준으로 심화하는 것이다. 여기서 얘기하는 비판의식Critical Awareness은 파울루 프레이리Paulo Freire, 2010가 주장한 혁명적인 비판의식conscientização[2]과 의미가 비슷하며, 억압에 관한 인식뿐 아니라 저항까지 포함한다. 지금의 미디어는 인종차별, 성차별, 계급차별, 동성애 혐오 등, 특정 사회 집단을 소외하는 다양한 방식의 차별을 재현과 서사를 통해 전달한다. 비판적 미디어 리터러시에서 비판의식이란 이러한 미디어를 식별하고, 분석하며, 그에 대해 문제 제기하는 것이다.

비판적 미디어 리터러시의 목적은 기존의 리터러시 개념을 확장하고 비판연구를 심화하여 미디어가 세상을 객관적으로 비추는 창문이라는 프레임에 관해 문제를 제기하는 것이다. 미디어 리터러시의 근본 개념은

---

2. [옮긴이 주] 포르투갈어로 비판적 의식 또는 양심을 의미한다. 마르크스주의 이후의 비판적 이론에 기초한 브라질의 교육학 및 교육이론가 파울루 프레이리(Paulo Freire) 가 주창한 대중교육이자 사회적 개념이다.

지식이 사회적으로 구축된다는 것이며, 그 영향에 대한 이해를 바탕으로 정보와 교육이 중립적이고 객관적이라는 잘못된 인식을 바로잡는 것이다. 리터러시 페다고지를 위한 비판적 접근은 두 가지의 가능성을 제시한다. 하나는 비판적 분석을 통해 미디어의 지배력에 관한 인식을 높이는 것이다. 다른 하나는 개인들이 대안 미디어를 제작하여 대항 헤게모니적counter-hegemonic 표현을 전파할 힘을 부여하는 것이다. 비판적 미디어 리터러시 페다고지는 학생과 교사에게 사회와 테크놀로지의 변화를 수용할 기회를 제공한다. 비판적 미디어 리터러시 페다고지의 관점에서 보면, 이 시대의 미디어 환경은 교육에 대한 위협이 아니다. 오히려 이 시대의 미디어 환경으로 인해 우리는 교육과 학습을 통한 의식 고취와 자율권 획득이 중요한 정치적 과정임을 깨닫게 된다.

전통적인 교육 시스템은 비판적 사고와 자율권보다는 순응과 단순 암기에 초점을 둔 억압적인 방식을 고수하고 있다. 여기서 우리는 더욱 진보적인 교육 방식을 제시하여 전통적 교육 방식의 악영향에 대해 문제 제기하고, 교육을 인간적이고 민주적으로 만들 필요성을 논할 것이다. 오늘날 교육은 표준화와 책무성accountability에 집착함으로써 성공과 평등이라는 기만적인 단어들에만 초점을 맞추고 있다. 그 결과 학생과 사회가 요구하는 사회·환경적 중요한 요소들은 교육에서 사라지고 말았다. 교육은 모든 사람이 힘을 합쳐 더욱 인간적이고, 지속가능하며 공감 능력이 높은 세상을 만들어 갈 수 있게 준비시키는 과정이어야 한다. 그래야 비로소 민주주의, 사회정의, 지구상 생명체들의 운명을 지켜 나갈 수 있다. 교사는 학생이 현상 유지를 위한 관행에서 벗어나 인종차별, 성차별, 계급차별, 동성애 혐오, 과소비 등을 비롯해 모든 형태의 억압과 착취를 부추기는 지배 이데올로기에 맞설 수 있도록 지도해야 한다.

민영화되고 표준화된 교육을 실행해야 한다는 압박이 커지는 동안, 컴퓨터, 정보, 커뮤니케이션, 그리고 멀티미디어 기술을 중심으로 하는 극적인 테크놀로지 혁명은 사람들의 일하는 방식에서부터 서로 커뮤니케이션하며 여가를 즐기는 것까지, 모든 삶의 방식을 바꾸었다. 정보통신기술의 등장을 흔히 지식사회 혹은 정보사회의 시작으로 보고, 교육이 우리 삶의 중심적인 역할을 하는 것으로 여긴다. 교육자들은 교육의 기본적인 원리에 대해 다시금 생각하고, 새로운 기술을 창의적이고 생산적인 방법으로 활용하고, 교육과정을 재구성하여 우리가 현재 경험하고 있는 테크놀로지적, 사회적 변화에 건설적이고 진보적으로 대응해야 한다는 엄청난 과제를 안고 있다. 이렇듯 정보통신기술의 변화가 진행되는 동안 미국을 비롯해 전 세계적으로 인구학적, 사회정치학적, 환경적인 측면에서 중요한 변화들이 일어나고 있었다. 이민 현상으로 다양한 문화, 계급, 사회적 배경을 지닌 사람들에게는 더욱 복잡해진 다문화 세상에 참여하고 성공할 수 있도록 도구와 능력을 제공해야 하는 어려운 과제가 생겼다. 게다가 지구 온난화 때문에 기본적인 생활을 할 수 없게 되어 자신의 나라를 떠나는 사람들이 앞으로 더욱 많아질 것이다.

소수의 거대 미디어와 기술 기업이 지배적인 기록자, 서사 작가, 정보의 게이트키퍼가 되어 같은 이야기를 반복하고, 이로 인해 수많은 다양한 시각과 창의적인 사고방식이 사라지는 이 시대에, 디지털 기술은 개인적인 참여와 대안적 시각들이 가능해질 기회를 열어 주었다. 이 시대의 많은 스토리텔러는 사실상 스토리를 판매하는 존재다. 이들은 아이디어와 상품을 팔러 다니는 행상과 같아서 정보를 전달하고, 사람들을 깨우치며, 영감을 주거나 비판적 사고를 기르는 일에는 관심이 없다. 어린이들이 미디어를 더 많이 사용할수록 미디어 기업에 의해 더 많이 이용당할 수 있다. 거대한 다국적 미디어 기술 기업은 개인 정보를 수집하고, 어린이들을 가장 가치 있는 시장으로 겨냥하여 브랜드 충성심brand loyalty을 기르거나 광고주를 비롯해 누구든 돈을 지급하는 사람에게 팔아넘긴다.

미국의 8~18세 아이들은 음악, 컴퓨터, 비디오 게임, 텔레비전, 영화, 인쇄물 등 여러 형태의 미디어를 매일 10시간 이상 이용한다고 조사되었다.Rideout, Lauricella, & Wartella, 2011 또 다른 조사에서는 "십 대의 아이 중 45%가 거의 종일 온라인에 접속하며…. 44%는 하루에 여러 차례 온라인에 접속한다. 바꾸어 말하자면 열 명 중 아홉 명의 십 대 아이들이 적어도 매일 여러 번 온라인에 접속한다Anderson & Jiang, 2018, p. 8"라는 결과가 나왔다. 십 대들의 미디어 사용은 대부분 접근의 용이성에 있다. 설문 조사에 응한 95%의 미국 십 대 아이들은 휴대전화를 소유하고 있거나 손쉽게 사용할 수 있다고 대답했다.p. 2 어떤 학자들은 휴대전화나 태블릿, 디지털 미디어를 소유한 사람이 늘고 디지털 미디어에 접근하기 쉬워짐에 따라 엄청난 양의 정보가 고강도의 자극과 함께 실시간 빛의 속도로 전달되고, 이로 인해 멀티태스킹이 불가피해지고, 그 결과 깊이 읽고 비판적으로 사고하는 데 필요한 집중력이 감퇴한다고 주장했다.Carr, 2014; Turkle, 2011, 2015; Wolf, 2018 또한 매리언 울프Maryanne Wolf, 2018는 "디지털 문화는 우리의 두뇌 회로를 '지속적인 부분 집중'에 적합하도록 재구성함으로써, 공감 능력, 다양성, 그리고 민주주의에 대한 위협이 되고 있다"라고 말했다.p. 7

오늘날 사람들의 미디어 이용 행태는 사용하는 시간이 늘었을 뿐 아니라 사용 방식도 더욱 상업적이고 무비판적이다. 스탠퍼드 대학교 연구팀은 2016년 미국 전역에 걸쳐 7,804명의 학생을 대상으로 온라인 미디어를 분석하는 능력을 조사했다. 보고서에 따르면 "어린이들이 인터넷에 유포되는 정보를 합리적으로 이해하는 능력은 한마디로 '절망적bleak'이다p. 4"라는 결과가 나왔다. 연구자들은 학생들이 "쉽게 현혹되고," 뉴스와 광고를 분간하지 못하며 웹사이트의 신뢰도를 판단하지 못한다는 것을 발견했다. 연구자들은 "우리는 전에 없이 많은 정보를 손쉽게 접하고 있다. 풍부한 정보로 인해 우리가 더욱 현명하고 박식해질 것인지, 아니면 무지하고 편협해질 것인지는, 우리가 이러한 문제점을 어떻게 인지하고 교육적으로 어떻게 대처하는가에 달려 있다Stanford History Education Group, 2016, p. 5"라고 설명했다. 우리가 매일 접하는 엄청난 양의 정보, 어디에나 존재하는 SNS와 인터넷, 휴대전화와 디지털 테크놀로지에 대한 우리의 의존도, 정보 고속도로의 상업화, 그리고 정보와 커뮤니케이션, 엔터테인먼트의 융합 등 역동적인 미디어 지형을 비판적으로 헤쳐 나가도록 이끌어 줄 페다고지가 학생들에게 필요하다. 새로운 디지털 문화 환경에서는 정보통신기술을 분석과 성찰 없이 사용하면 위험하다. 하지만 사회 및 환경 정의에 대한 교육, 권한 부여empowering 및 참여에 비판적으로 사용한다면 긍정적인 가능성이 생길 수 있다.

우리 사회는 매 순간 진화하고 있다. 미디어와 테크놀로지가 문화 형성, 사상의 전파, 공공 담론의 형성에 미치는 영향력은 날로 커지고 있다. 엔터테인먼트와 정치가 만드는 시너지 효과는 엄청나다. 2008년 버락 오바마의 대통령 선거 캠페인이 칸 국제광고 최고상Cannes Lions International Advertising Awards을 받은 것은 그 좋은 예다. 정치 캠페인이 광고상을 수상한다는 것은 미디어의 화려한 연출에 의해 민주주의가 뒷전으로 물러났다는 것을 의미한다.Kellner, 2003 이러한 변화로, 이제 모든 사람은 자신들이 듣고, 보고, 읽고, 만들고, 나누고, 이용하는 정보에 대해 스스로 질의응답을 하는 기술과 태도를 배울 필요가 있다.

가짜 뉴스(의도적으로 지어낸 사실을 미디어에 올리는 것)가 증가하는 현상과 트럼프 대통령과 보수주의자들이 멀쩡한 정보를 "가짜 뉴스"라고 몰아붙이는 현상도 교육자들이 끌어안아야 하는 또 하나의 과제다. 한때는 잘못된 정보를 구별해 내기 위해 유용하게 쓰이던 명칭이 이제는 프로파간다와 허위 정보의 도구가 되어 버렸다. 트럼프 대통령은 취임 초기에 매일 쓰는 트위터와 미디어 출연을 통해 자신에게 비판적인 기사를 "가짜 뉴스"라고 칭하며 "언론과의 전쟁"을 선언했다.kellner, 2017 트럼프와 그의 보좌관들은 자신들이 인정하지 않는 기사를 "가짜 뉴스"라고 부르면 주요 언론을 공격하고, 이들을 "공공의 진정한 적들"이라고 불렀다.Trump's tweet, October 29, 2018 〈워싱턴포스트〉 팩트체크는 주요 뉴스 매체를 공격하고, "의도적으로 허위 정보를 전국적 담론에 흘리는" 트럼프에게 한계 없는 피노키오Bottomless Pinocchio 등급을 주었다. 피노키오 등급은 거짓으로 밝혀진 주장을 하는 정치가에게 주는 것인데 원래 네 개의 피노키오가 최악의 등급이다. 글렌 케슬러Glen Kessler, 2018는 한계 없는 피노키오를 "거짓된 주장을 너무나 많이 반복해서 사실상 허위 사실을 퍼뜨리기 위해 캠페인을 하는 정치가에게 주는 등급"이라고 설명했다.

온라인 댓글 프로그램, 클릭 프로그램, 악성 댓글 부대, 가짜 아이디를 사용하여 SNS에 뿌리는 가짜 정보가 늘어나고 있다. "가짜 뉴스"라는 개념이 정치적으로 남용되는 것을 보고, 사람들은 미디어에서 담론, 토론, 그리고 논란을 읽어 내기 위한 비판적 읽기 능력이 필요함을 깨닫게 되었다. 어떤 이들은 인지능력과 비판적 시각만을 키운다면 참과 거짓을 구별할 수 있다고 말한다. 하지만 그렇게 간단한 문제가 아니다. 기술 발달로 인해, 사람들은 사실을 조작하고 미디어를 리믹스remix하며, 진짜와 구별이 거의 불가능한 "딥페이크deep fake"[3] 영상을 만들 수 있게 되었다.Chesney & Citron, 2018 미디어와 정보사회를 이해하는 것은 진리가 단순하게 발견될 수 있다는 환원주의자reductionist의 발상보다 훨씬 복잡하다. 사실과 거짓이라는 흑백논리로 정보를 판단하기 이전에, 학생들은 정보를 잘 평가하고 이해하기 위해 맥락과 다양한 정보원, 다른 관점, 그리고 여러 종류의 증거를 찾아 입체적으로 분석triangulate하여 정보를 평가하고 이해해야 한다.

지금처럼 타락한 정치 환경에서, 우리가 탈진실post-truth의 시대에 살고 있고 모든 것이 동등한 가치를 지닌다는 상대주의에 빠져서는 결코 안 된다. 왜냐하면 실제로 사건들은 일어나고, 인류와 지구상의 모든 생명체는 그 영향을 받기 때문이다. 조 킨첼로Joe Kincheloe, 2007는 "모든 지식은 해석"이며p.113 메시지의 의미를 이해하는 것은 실증적인 증거를 조사하고, 주관적인 편향성을 평가하며, 매체와 텍스트의 구성을 분석하고, 미디어 텍스트가 지니는 복합적인 의미와 그 사회적 맥락을 탐색하는 기술을 필요로 하는 복잡한 과정이라고 강조한다. 텍스트에 "진짜real" 또는 "가짜fake" 딱지를 붙이는 것은 지나치게 단순화하는 것이며, 우리의 미디어 문화를 이해하는 데 도움이 되지 않는다. 또 능숙하고 비판적인 이용자나 공공 담론의 정보 생산자가 되는 데 전혀 도움이 되지 않는다.

저널리스트 빌 코바치와 톰 로젠스틸Bill Kovach & Tom Rosenstiel, 2011은

---

3. [옮긴이 주] 인공지능(AI)을 이용해 특정 인물의 원본 콘텐츠에 이미지와 음성, 영상 등을 합성하는 기술을 말한다.

테크놀로지와 저널리즘의 변화로, 뉴스와 우리의 관계는 주류 미디어가 권위를 가지고 우리가 알아야 할 일들에 대해서 알려 주던 "신뢰trust me"의 시대가 끝나고 "확인show me"의 시대로 접어들었다고 주장했다. 또한 이들은 오늘날 뉴스에 관한 판단의 책임은 수용자인 우리에게 있다고 주장했다. 코바치와 로젠스틸Kovach & Rosenstiel, 2011은 "이는 디지털 시대에 일어난 권력의 이동을 반영한다. 게이트키퍼로서 저널리스트들이 가지던 권력이 사라지고 소비자, 즉 시민들이 스스로 편집인이 되었다. 권력의 이동에 따라 소비자는 회의적인 지식 획득의 기술을 채택하고 완벽하게 습득해야 하는 큰 책임을 떠맡게 되었다"p. 33라고 설명했다. 애초에 저널리스트들에게 그렇게 큰 권력을 주는 것이 좋은 일이었는지에 의문을 제기할 수도 있다. 어쨌든 디지털 시대의 도래는 우리가 더욱 책임감 있고 의심 많은 시민으로서 뉴스와 정보에 대한 이용자, 토론자, 또 생산자가 되어야 한다는 것을 일깨워 주었다.

그 어느 때보다도 교사들은 학생들이 책과 논문들로부터 디지털 팟캐스트와 멀티미디어에 이르기까지 다양한 텍스트를 읽고, 보고, 듣고, 교감하며, 생산할 것을 장려해야 한다. 교육자가 학생에게 우리를 둘러싼 테크놀로지와 미디어에 관해 비판적으로 사고할 수 있도록 지도할 때다. 미디어, 기술, 사회의 변화는 비판적 미디어 리터러시 교육을 요구하고 있다. 교사는 학생에게 비판적 미디어 리터러시를 이용해 권력을 부여하거나 억압하고, 즐거움을 선사하거나 주의를 돌리고, 정보를 제공하거나 허위 정보를 흘리고, 사는 방식부터 정치인에 이르기까지 모든 것을 팔고 사는 다양한 형식의 커뮤니케이션에 관해 의문을 제기하고, 스스로 커뮤니케이션을 제작하는 법을 가르칠 수 있다.

비판적 미디어 리터러시는 모든 주제에 걸쳐 리터러시 능력을 강화하고 학생들에게 다양한 형식의 미디어와 테크놀로지를 사용할 수 있는 능력을 함양시켜, 정보와 세상을 읽고 쓰게 하는 페다고지적 접근이다.Freire & Macedo, 1987 지금처럼 미디어와 컴퓨터 기술이 폭발적으로 발전하는 새로운 세상에서, 우리는 교육, 리터러시, 그리고 교육자의 역할을 다시 생각해 보아야 한다. 미디어 리터러시 강좌는 전 세계적으로 선택된 몇몇 지역에서만 시행되고 있으며 좋은 평가를 받고 있다. 미국에서는 비판적 미디어 리터러시를 옹호하는 사람들이 아직 홀대받고 있지만, 그 필요성을 인지하는 사람들이 증가하는 추세다. 새로운 정보통신 기술이 새로운 미디어 리터러시를 요구하고 있다는 것, 오늘날의 학교가 학생들과 시민들이 21세기를 헤쳐 나갈 수 있는 적합한 형태의 교육을 제공해야만 하는 어려운 과제에 직면해 있다는 것은 분명하다.

우리의 주장은 교육자들이 디지털 네트워크로 연결된 다문화 사회와 글로벌 문화에 적합하도록 교육을 재구성해야 하는 어려운 과제를 수행하기 위해 비판적 미디어 리터러시를 함양해야 한다는 것이다. 테크놀로지와 더불어 사회와 환경이 극적으로 변화하고 있다. 교육은 다양한 종류의 새로운 리터러시를 개발하여 현재의 페다고지가 시대의 요구에 부응할 수 있도록 도와야 한다. 우리는 사회와 문화의 모든 측면에 영향을 미치는 새로운 정보통신기술을 이해하고 활용하여 세계를 이해하고 변화시켜야 한다. 특히 비판적 미디어 리터러시를 도입하여 소외됐던 개인이나 집단에 권력을 부여함으로써, 우리는 민주적이고 다문화적인 사회를 향한 어려운 과제들에 더욱 잘 대응할 수 있도록 교육을 재구성할 수 있을 것이다.

1장

비판적 미디어 리터러시를 향하여

활자 혁명 이후 가장 중요한 미디어 기술 혁명을 겪고 있다는 주장을 살펴보면 우리가 당면한 문제가 얼마나 심각한지 알 수 있다.Best & Kellner, 2001; Castells, 1996 활자 리터러시와 서적 문화로의 이행은 교육에 극적인 변화를 불러일으켰다.McLuhan, 1962, 2003; Ong, 1995 마찬가지로 현재 진행되고 있는 미디어 기술 혁명을 수용하기 위해 오늘날의 교육은 새로운 교육과정, 페다고지, 리터러시, 실천, 그 목적을 교육과정에 도입하여 근본적인 변화를 추구해야 한다. 또한 미디어 기술 혁명으로 말미암아, 진보 시대[4]의 존 듀이John Dewey나 1960년대 이후 급진적인 개혁을 주장해 온 이반 일리치Ivan Illich, 파울루 프레이리Paulo Freire, 벨 훅스bell hooks[5] 등이 제시했던 교육과 사회의 급진적인 재구성이 가능해졌다.

역사적 관점에서 보면 근대 교육modern education은 산업화된 문명과 수동적 대의 민주주의라는 환경 속에서 시민을 미디어에서 벌어지

---

4. [옮긴이 주] 미국 역사상 사회운동 및 정치 개혁에 대한 열망이 들끓었던 1890년대에서 1920년대를 말한다.
5. [옮긴이 주] 글로리아 진 왓킨스(Gloria Jean Watkins)의 필명. 1952년생이며 미국에서 작가, 교수, 여성운동가, 사회운동가로 활동했다.

는 구경거리를 관람하는 관중으로 만드는 작업이었다고 할 수 있다. 그러나 경제, 문화, 정치 조직이 세계화되면서 더 많은 정보를 찾고 참여적이며 능동적인 노동자와 시민이 필요하게 되었다. 이로 인해 교육이 담당하는 역할과 과제가 더욱 중요해졌다. 요컨대 근대 교육은 권위에 굴복하고, 기계적인 암기에 치중할 것을 강조한다. 프레이리Freire, 2010는 이를 "은행저금식banking concept"교육이라고 불렀다. 이러한 교육은 복종conformity, 예속subordination, 표준화normalization, 기계적 반복 regurgitation 등을 주입함으로써 수동적으로 지식만 축적하는 학생들을 만들었다. 세계적으로 탈산업화되고 네트워크로 형성된 사회에서는 이러한 교육이 사라지고, 직장에서 활용할 수 있는 새로운 기술, 사회적·정치적 환경에의 참여, 새로운 형태의 문화와 일상생활과의 교감에 대한 요구가 높아지고 있다.

지속해서 진화하는 기술의 기반 시설infrastructure과 이주노동자의 증가로 인해 경제는 더욱 유연하게 발전하였다. 이로 인해 노동자들에게는 더욱 기술적이고 비판적인 리터러시, 상호작용성, 문화적 감수성, 지속적인 교육 등이 필요하게 되었다. 한편으로 민주주의에 활기를 불어넣기 위해서는 교육된informed 시민들의 참여가 필수적이다. 계몽주의 시대의 루소Rousseau나 울스턴크래프트Wollstonecraft 등을 비롯한 지난 세기의 급진주의자들은 교육의 전반적인 재구성이야말로 민주주의의 비결이라고 보았다. 오늘날 지속적인 기술 혁명은 그들이 요구했던 교육의 철저한 재구성을 위한 필요조건을 제공하고 있다. 그런데 오늘날 변화에 대한 압력은 교육개혁보다는 기술 발전이나 경제적 요구에서 출발하는 경향이 있다. 오늘날 경제는 새로운 리터러시가 필요하다. 글로벌 경제의 확장과 새로운 미디어 기술로 인해, 혁신적인 기술, 리터러시, 실천 등이 시대가 요구하는 필수적인 요소가 되었기 때문이다.

테크놀로지 혁명이 구체적으로 어떤 영향을 미칠지는 아직 미지수이다. 교육개혁가들은 새로운 교육제도가 민주주의와 인간을 위해 필요한 방향으로 나아갈지 아니면 기업과 글로벌 경제의 증진을 위해 사용될지를 결정하는 어려운 과제를 떠안게 되었다.

시급한 문제는 누구의 이익을 위해 어떤 목적으로 재구성이 어떻게 이루어져야 하는지를 고민하는 것이다. 교육의 목표와 목적, 교육 관행 educational practices과 제도를 통해 우리가 무엇을 하고 있으며 무엇을 성취하려고 하는지에 대한 철학적 성찰이 그 어느 때보다 필요하다. 이를 위해 존 듀이가 제시했던 교육과 민주주의의 연관성, 교육과 사회 재구성의 필요성, 그리고 당면한 교육 문제의 해결점을 찾기 위한 실험적 페다고지의 가치를 다시 살펴보는 것이 유익한 방법이 될 것이다.1916/1997; 1938/1963 교육을 진보적으로 재구성하는 것은 민주화를 증진하고, 새로운 미디어 기술에 누구나 접근할 수 있게 하며, 새로운 미디어 기술을 완전히 익히는 데 필요한 디지털과 미디어 리터러시 훈련을 제공하는 것이다. 학생들과 시민들은 교육의 재구성에 힘입어 이른바 정보 격차와 빈부격차를 극복할 수 있을 것이다. 그리하여 듀이1916/1997와 프레이리 2010가 제시한 것처럼 교육은 민주주의와 사회정의에 이바지한다.

계급, 성별, 인종의 분열이 얼마나 집요한 문제인지 듀이보다 더 잘 알고 있는 우리는, 다문화 민주주의와 교육을 위해 자의식을 갖고 일해야 한다. 이러한 작업을 위해서 우리는 존 듀이가 제시한 자유, 평등, 개인주의, 참여 등의 가치뿐 아니라, 문화적 특수성과 문화 간 차이의 가치에 대해서도 인식해야 한다. 사회와 문화 구석구석에 계급, 젠더, 인종에 따른 분열이 존재하는 것과 마찬가지로 정보와 기술을 소유한 이와 그렇지 못한 이들 사이에는 정보 격차가 존재한다. 민주적이고 다문화적인 교육 재구성을 이론화하려면 이러한 정보 격차에 맞서야 한다.

적절한 재원, 정책, 페다고지, 실천이 뒷받침된다면 교육자들은 비판적 미디어 리터러시 훈련을 광범위하게 제공해, 빈부격차를 줄일 수 있을 것이다. 이러한 훈련은 단지 기술에 대한 접근을 제공하는 것에 그쳐서는 안 된다. 학생들과 시민들이 새로운 기술과 미디어를 사용하고 재구성하는 능력을 키워서, 현시대의 사회적 담론, 미디어 제작과 창조, 사회정치적 실천에 참여하도록 해야 한다. 예를 들어 플로리다주 파크랜드에서 일어난 총기사건 당시, 학생들은 자신들이 가진 미디어 제작기술을 이용하여 총기 규제를 촉구하는 시위를 하고, 다른 학생들과 시민들을 동원하여 정치적 집회를 주도하고 총기 관련 법규를 개정하고 자신들의 의사를 잘 반영할 의원을 선출하기 위한 캠페인을 벌였다.Hogg & Hogg, 2018

비판적 미디어와 디지털 리터러시는 학생들에게 전문적 기술을 제공하는 것에서부터 미디어를 분석하고, 제작하며, 이용하는 것까지 광범위한 프로젝트들을 포함한다. 미디어 기술을 이용하는 것만으로는 사회의 민주화와 교육의 재구성에 충분하지 않다. 하지만 미디어 기술을 적절한 도구로 이용한다면 올바른 접근과 훈련을 기반으로 교육을 발전시킬 수 있을 것이다. 다시 말해, 테크놀로지의 사용만으로 학습의 수준을 높이거나 현존하는 사회경제적 차별을 극복할 수는 없다. 적절한 재원이나 페다고지 그리고 교육과정 등이 수반되지 않은 테크놀로지는 오히려 실질적인 학습에 장애물이나 부담이 될 수 있고, 현존하는 권력, 문화 자본, 부의 차이를 극복하기보다는 오히려 심화할 수 있다.

다음 장부터는 비판적 미디어 리터러시의 역할에 초점을 맞출 것이다. 구체적으로는 리터러시 개념을 확대하고 교육을 재구성한 비판적 미디어 리터러시가 학생들의 전반적인 삶에 영향을 주고 있는 미디어와 정보통신기술에 어떻게 대응하는가를 논의할 것이다.

우리가 제시하고자 하는 것은 새로운 정보통신기술과 비판적 미디어 리터러시가 특혜를 받은 개인이나 집단에 기술과 도구를 제공해서 그들의 문화 자본이나 사회적 힘을 강화하는 것이 아니라, 모든 사람에게 다가가는 더욱 민주적이고 평등한 사회를 만들어 가는 데 이바지할 수 있는 강력한 형태의 교육이다.

미디어 리터러시: 미완성의 도전

리터러시는 세상의 텍스트를 읽고 해석하기 위한 기술과 지식을 습득해, 세상이 제시하는 도전, 갈등, 그리고 위기를 탐색하고 극복하는 것이다. 리터러시는 사람들이 지역, 국가, 글로벌 차원의 경제, 문화, 정치에 참여하는 데 필수적인 도구다. 듀이Dewey, 1997는 사람들이 민주주의에 참여하기 위해서는 교육이 필수적이라고 주장하였다. 이는 교육, 정보, 그리고 리터러시를 갖춘 시민 없이는 건강한 민주주의가 불가능하기 때문이다. 나아가 리터러시, 민주주의, 임파워먼트[6], 참여는 근본적으로 서로 연결되어 있으므로 적절한 리터러시의 개발 없이는 빈부격차를 극복할 수 없다. 오히려 개인과 집단은 새로운 경제, 네트워크 사회, 그리고

---

6. [옮긴이 주] 임파워먼트(empowerment)란 의사결정 혹은 집행과정에서 조직 구성원에게 부여되는 재량권과 책임의 배분, 그리고 정보 공유 등을 통한 권한의 배분을 의미한다.

글로벌 문화에서 소외되어 사상 최악의 빈곤, 사회환경적 결핍, 또 다양한 형태의 억압에 시달리게 될 것이다.

미디어 기술 혁명 시대에 맞추어 교육을 재구성하려면 읽기, 쓰기, 전통적인 인쇄 리터러시뿐 아니라 효과적인 형태의 비판적 미디어 리터러시, 컴퓨터 리터러시, 그리고 멀티미디어 리터러시를 개발하여 "복합적 리터러시multiple literacy"를 함양해야 한다는 주장은 설득력이 있다. 컴퓨터와 멀티미디어 등 새로운 미디어를 다루는 데는 새로운 지식과 능력이 필요하다. 이 시대가 제시하는 문제와 도전적인 과제를 포용하기 위해서는 리터러시의 개념을 확장하여 새로운 교과과정과 페다고지에 반영해야 한다.

교육과 리터러시가 밀접하게 연결되어 있다는 데에는 전통주의자와 개혁주의자들 모두 동의할 것이다. 우리가 말하는 "리터러시"는 사회적으로 구조화된 형태의 커뮤니케이션과 재현을 효과적으로 사용하는 능력과 지식을 획득하는 것이다. 리터러시를 배우는 것은 규범과 관습에 기반한 맥락을 파악하는 능력을 얻는 것이다. 리터러시는 다양한 제도적 담론, 교육적 관행, 문화적 관행을 바탕으로 사회적으로 형성된다. 그러므로 리터러시는 사회문화적 변화와 헤게모니를 장악한 엘리트 집단의 이익에 대응하여 변화하며 진화한다.

서적과 활자를 위한 리터러시의 시대는 끝났다는 극단적인 주장을 거부해야 한다. 여러 가지 단절과 새로운 현상이 이 시대에 나타나는 것은 사실이지만, 의미 있는 연속성 또한 존재한다. 실제로 새로운 정보 커뮤니케이션 기술 환경에서, 사람들은 엄청난 양의 정보를 비판적으로 검색하고 조사해야 하므로, 기존의 인쇄 리터러시가 컴퓨터 매개 사이버 언어에서 점점 중요해지고, 읽고 쓰는 능력의 필요성이 새롭게 주목받고 있다. 예를 들어 사이버 공간의 포럼이나 대화방, 이메일, 블로그, 트윗, 그리고 모든 종류의 소셜 미디어SNS는 새로운 형태의 명료성과 정확성을 기반으로 하는 읽기와 쓰기 기술을 필요로 한다. 이러한 정보 포화 상태에서는 자기 생각이나 감정을 간단명료하게 전달하여 문화나 정보의 과부하를 줄이는 것이 윤리적 필수요건이다.

　새로운 멀티미디어 환경에서 비판적 미디어 리터러시가 그 어느 때보다 더 중요하다는 것은 설득력 있는 주장이다. 전 세계에 걸쳐 이민자, 유색인종, 그리고 가난한 사람들이 우경화된 정부의 핍박을 받고 있다. 이러한 상황에서, 문화연구와 비판적 페다고지Paris & Alim, 2017는 우리에게 미디어 문화의 편재성ubiquity을 인식시키고, 문화적으로 지속가능한 페다고지에 관한 필요성을 제기한다. 세계적인 맥락에서 볼 때도 다문화와 사회적 격차의 문제가 두드러져 사회적·환경적 정의를 지향하는 미디어 리터러시에 대한 요구는 갈수록 높아지고 있다. 미디어 재현은 우리의 이미지를 구축하고 세상에 대한 이해를 도와준다. 따라서 교육이 두 가지의 과업을 맡아야 한다는 인식이 높아지고 있다. 하나는 다문화 사회에서 미디어 리터러시를 가르치는 것이다. 다른 하나는 학생들과 공중이 성별, 인종, 계급에 따른 차별을 바탕으로 한 사회적 불평등과 불의에 민감해질 수 있도록 가르치는 것이다. 최근 비판적 연구는 사회적 불평등을 심화하거나 약화할 수 있는 주류 언론의 역할에 주목하고, 비판적 미디어 교육과 대안 미디어 제작으로 건강한 다양성과 다문화주의, 더욱 견고한 민주주의를 만들어 내는 방법들을 제시하고 있다. 이러한 비판적 연구는 오늘날 우리가 교육자로서, 또 일반 시민으로서 당면한 가장 어렵고 심각한 문제들을 다루고 있다.

　사회와 일상에 미디어 문화가 보편화되고 미디어 자체가 페다고지의

한 형식이 되었다. 대중문화에서 나타나는 왜곡된 가치, 이데올로기, 재현 등에 대한 비판에도, 미국의 초·중·고 교육에서는 미디어 교육이 체계적으로 개발되고 시행된 적이 없다. 최근 테크놀로지 혁명으로 인터넷이 미디어에 등장하는 문화 형태들을 급속도로 흡수하여 사이버 공간과 문화 형태, 그리고 페다고지를 만들게 되자, 텔레비전, 휴대전화, 대중가요, 영화, 비디오 게임, 디지털 플랫폼 등 미디어의 역할에 관한 관심이 그 어느 때보다 높아졌다. 인터넷과 미디어 문화가 포화 상태인 오늘날, 이러한 사회화와 교육의 역할을 외면하는 것은 무책임한 일이다. 교육을 비판적으로 재구성하여 비판적 미디어 리터러시를 포함한 페다고지를 만들고 학생, 교사, 시민이 미디어 문화의 본질과 효과를 이해할 수 있도록 해야 한다.

미디어 문화는 세상에 대해 적절한 행동과 그렇지 못한 행동, 젠더 역할, 가치, 지식을 가르치는 페다고지의 한 종류다. 많은 경우 미디어 문화는 눈에 보이지 않고 무의식적으로 작용하기 때문에 개인들은 종종 미디어 문화가 자신들을 교육하고 자신들의 인식을 구성한다는 것을 깨닫지 못하고 있다.

우리는 비판적 접근을 통해 미디어가 어떻게 의미를 구성하고, 수용자를 교육하고 영향을 미치며, 미디어의 메시지와 가치관을 강요하는지 인식할 필요가 있다. 미디어 리터러시 교육을 받은 사람은 미디어의 코드와 관행을 분석하는 기술을 가지고 미디어 문화에 내재한 고정관념, 가치, 이념 등을 분석할 수 있으며 다양한 의미와 메시지를 해석하고 창조할 능력을 지니게 된다. 미디어 리터러시는 사람들이 미디어를 지적으로 사용하고, 미디어 내용을 평가하고 분별하며, 미디어 형태를 비판적으로 분석하고, 미디어의 사용과 효과를 조사하며, 다양한 형태의 미디어 메시지를 제작할 수 있도록 돕는다.

교육자 집단 내에서는 미디어 페다고지의 영역을 둘러싼 논쟁이 지속되고 있다. "보호주의자protectionist"적인 접근에 기반을 둔 전통주의자들은 인쇄 리터러시, 고급문화 취향과 진실, 아름다움, 정의 등의 가치를 함양하고 모든 종류의 미디어와 컴퓨터 문화를 배척하여 청소년들을 미디어의 중독성과 조작적 효과로부터 "예방inoculate"하려 한다.Postman, 1985 반면 "미디어 리터러시" 운동은 전형적인 인쇄 리터러시의 심리학적 모델Luke & Freebody, 1997을 기반으로 학생들에게 미디어 텍스트를 읽고, 분석하며, 해석하는 법을 가르치려 한다. 미디어 아트 교육은 학생들에게 미디어의 미적 특성을 이해하고 다양한 미디어 기술을 사용하여 자신을 표현하고 창작 활동을 할 수 있도록 가르친다. 비판적 미디어 리터러시도 이러한 접근을 바탕으로 미디어 문화를 사회적 생산과 갈등의 산물로 분석하며, 학생들이 미디어 재현과 이념을 비판적으로 이해하는 한편, 미디어를 사용하여 자신을 표현하고 사회운동에 참여할 수 있도록 가르치는 것에 중점을 둔다.Kellner, 1995; Share, 2015a

비판적 미디어 리터러시 페다고지를 개발하려면, 인종과 종족의 다양성에 대한 다문화적 이해나 인종, 성별, 성 정체성, 종교에 기반을 둔 차별의 문제, 사회와 환경의 적대적 존재에 관한 정의에 중점을 둔 교육의 필요성 등과 같은 폭넓은 주제를 가르치기 위해 다양한 형태의 미디어를 긍정적으로 어떻게 사용할 수 있는지 생각해야 한다. 예를 들어 교육이 진정한 다양성을 확보하고 교과과정을 확장하려면 무엇보다 주류 교육에서 소외된 집단이 자신의 전통에 대해 배워야 하며, 주류 집단에 속한 사람들은 비주류 집단과 소외 집단의 경험과 의견을 살펴야 한다. 우리 사회는 다양한 문화와 하위문화들로 인해 점점 더 세계화되고 다문화적으로 변하고 있다. 비판적 미디어 리터러시는 이들이 지니는 이질성heterogeneity에 대한 이해와 참여를 바탕으로 다문화 리터러시를 증진할 뿐 아니라 계급, 인종, 성별, 그리고 섹슈얼리티를 둘러싼 다양한 형태의 억압과 차이, 도전에 관해 이해할 수 있도록 도와준다.

비판적 미디어 리터러시는 학생들이 미디어를 사용하여 미디어 조직에 저항하고 미디어를 생산적으로 사용하는 방법들을 가르칠 뿐 아니라 사회정치적 활동에 참여하는 능력을 갖춘 책임 있는 시민으로 성장하는 데 필요한 기술을 가르친다. 비판적 미디어 리터러시는 진보적 참여 민주주의를 위한 프로젝트와 연계되어 있으며 민주화와 참여를 증진하는 기술을 개발하는 것에 주목한다. 비판적 사고 능력, 그리고 사회적 커뮤니케이션과 사회적 변화를 위해 미디어를 사용하는 방법을 가르치려면 포괄적인 접근이 필요하다. 청소년과 시민의 커뮤니케이션 기술 접근이 점점 쉬워져, 미디어를 교육, 민주적 자기표현, 그리고 사회적 발전을 위해 이용할 수 있다. 미디어 기술은 정치를 미디어 쇼와 이미지 전쟁으로 변형시키고 수용자들을 문화적 좀비로 만들어 참여적 민주주의의 종말을 가져올 수 있지만, 민주주의적인 토론과 참여에 활력을 불어넣을 수도 있다.

비판적 미디어 리터러시의 개요

비판적 미디어 리터러시는 문화연구와 비판적 교육 페다고지 등 학제 간 연구 영역으로 발전해 왔다. 그 교육 목적은 리터러시에 모든 종류의 텍스트에 대한 읽기와 쓰기를 포함하고 미디어와 수용자, 그리고 정보와 권력의 관계에 대한 비판적 분석의 수준을 심화함으로써 인식의 지평을 확장하는 것이다. 비판적 미디어 리터러시는 개념적 이해를 위한 틀뿐 아니라 구체적인 지식 체계와 기술 집합으로 이루어져 있다.Buckingham, 2003 다음에 명시된 여섯 가지 항목은 미디어 리터러시를 구성하는 개념적 이해와 그에 상응하는 질문이다. 이는 전 세계 수많은 학자와 기관의 연구를 바탕으로 만들었다.Funk, Kellner, & Share, 2016

표에 나타난 개념적 이해와 질문들은 교육자와 학생들이 텍스트, 매

개념적 이해	질문
1. 사회구성주의(Social Constructivism) 모든 정보는 사회적 맥락 속에서 선택의 주체가 되는 개인이나 집단에 의해 구성된다.	미디어 텍스트를 만드는 과정에서 선택의 주체는 누구인가?
2. 언어/기호학(Languages/Semiotics) 모든 미디어는 특정한 문법과 의미론을 지닌 고유의 언어를 가진다.	미디어 텍스트는 어떻게 만들어지고, 전달되며, 사람들이 접하게 되는가?
3. 수용자/사회적 위치(Audience/Positionality) 다양한 사회적 맥락에 따라 개인과 집단은 미디어 메시지를 유사하게 혹은 다르게 이해한다.	수용자에 따라 미디어 텍스트가 어떻게 차별적으로 이해되는가?
4. 재현의 정치학(Politics of Representation) 미디어 메시지와 이를 전달하는 매체는 언제나 편향성을 지니며 지배층의 권력, 특권, 즐거움의 지배적 위계질서를 두둔하거나 비판한다.	미디어가 텍스트를 통해 누락하거나 재현하는 가치, 관점, 그리고 이데올로기는 무엇인가?
5. 생산/제도(Production/Institutions) 모든 미디어 텍스트는 종종 이윤이나 권력과 연관된 목적이 있으며, 이러한 목적은 텍스트가 작동시키는 체제 혹은 제작자에 의해 실현된다.	미디어 텍스트가 만들어지고 공유되는 정치적·경제적 배경과 제도적 장치는 무엇인가?
6. 사회환경적 정의(Social and Environmental Justice) 미디어 문화는 사람, 집단, 그리고 이슈에 대한 부정적 혹은 긍정적인 아이디어를 강화하거나 도전하는 투쟁의 장이다. 그것은 결코 가치 중립적일 수 없다.	미디어 텍스트는 누구에게 유리하고 누구에게 불리하게 작용하는가?

체, 그리고 맥락에 관해 비판적 탐구를 할 수 있도록 돕는다. 코바치와 로젠스틸Kovach & Rosenstiel, 2011은 "질문을 던지는 것은 우리 앞에 있는 미디어 콘텐츠를 해체deconstruct하는 과정의 시작이다. 비판적 사고는 공식formula이 아니라 여정journey이다"p. 210라고 설명한다.

비판적 미디어 연구의 기반이 된 많은 이론은 비판 커뮤니케이션과 문화연구에서 발전한 것이다. 20세기에 시작된 비판연구 분야는 유럽에서 시작하여 미디어와 사회에 대한 새로운 비판과 함께 성장하고 있다. 1930년대에 시작하여 1960년대까지 프랑크푸르트 사회조사연구소 Frankfurt Institute for Social Research의 학자들은 비판적 사회이론을 사용하여 미디어 문화와 새로운 커뮤니케이션 테크놀로지 도구가 지배 이데올로기와 사회통제를 어떻게 재생산하는지를 분석했다. 1960년대에 버밍엄Birmingham 대학교 현대문화연구센터Center for Contemporary Cultural Studies의 학자들은 이데올로기에 관한 기존의 연구를 더욱 정교한 형태로 확장하여 수용자를 단순히 외적인 현실을 반영하는 존재가 아닌, 능동적 현실 구성자로 인식하고, 이데올로기 개념에 계급뿐 아니라 인종, 젠더, 섹슈얼리티 등을 포함시켰다. 문화연구도 발전을 거듭하여 기호학, 페미니즘, 다문화주의, 포스트모더니즘까지 포함하게 되었다.Kellner, 1995 문화연구는 정치경제학, 텍스트 분석, 그리고 수용자 이론이 지닌 변증법적 인식을 포함한다. 문화연구가 제공하는 비평은 미디어 문화가 엔터테인먼트, 교육뿐 아니라 지배 이데올로기를 재생산하는 역동적 담론인 동시에 대항 헤게모니를 위한 대안이 될 수 있다는 관점이다.

비판적 미디어 리터러시의 개념적 이해는 듀이와 프레이리 등 변혁적 교육자transformative educator가 제시한 비판적 페다고지를 기반으로 한 민주적인 방식의 진보 교육으로 이해할 수 있다. 확장된 참여적 민주주의를 생산하는 동력으로서 교육의 포괄적인 비판적 시각이 없다면, 교육의 중심 개념은 단순히 수단적 진보주의에 그치게 되고Robins & Webster, 2001, 변혁의 가능성을 상실할 수 있다.Ferguson, 2004 미디어 교육이 진화함에 따라 비판적 페다고지를 중심 요소로 인식하고, 비판적 미디어 리터러시를 사회환경적 정의, 참여 민주주의, 그리고 진보적 사회 변혁과 연계하는 것이 중요해졌다.

비판적 미디어 리터러시의 페다고지적 배경

존 듀이

존 듀이John Dewey, 1859~1952는 교육철학에서 중요한 인물로서 현대 진보적 교육의 이해에 크게 이바지한 사람이다. 안토니아 다더Antonia Darder, 마르타 발토다노Marta Baltodano, 로돌포 토레스Rodolfo Torres는 비판적 페다고지의 역사에 관한 저서에서2003 "듀이가 교육을 통해 민주적인 이상을 발전시키는 데 관심 있는 진보적 교육자들에게 지대한 영향을 끼쳤다"p. 3라며 그에게 경의를 표했다. 듀이는 환경의 중요성에 주목했으며 환경을 이해하고, 환경과 연결하는 것이 교육의 본질이라고 생각했다. 그는 "환경은 살아 있는 존재가 지닌 특유한 행위를 촉진하거나 방해하거나 자극하거나 억제하는 조건"이라고 말했다.Dewey, 1916/1997, p. 11 듀이는 환경에 관한 행동을 통해, 인간의 삶이 "자기 혁신의 과정self-renewing process"을 거치게 된다고 보았다.p. 2 오늘날 미디어는 대부분의 미국 학생에게 중요한 환경이며, 비판적 미디어 리터러시는 미디어라는 환경에 대응하여 미디어를 변화시킬 수 있는 직접적인 방법이다.

민주주의를 향한 듀이의 진보적 목표는 경험을 바탕으로 한 교수법 teaching이라는 실용적인 접근을 통해 현실화하였다. 그는 "모든 경험은 움직이는 힘이 있다. 어디를 향해 움직이는가에 따라 그 힘의 가치를 판단할 수 있다"1938/1963, p. 38라고 설명했다. 듀이는 진보적 교육을 소용돌이와 같은 지속적인 발전 과정으로 바라보았다. 이 과정에서 교사가 학생의 호기심을 끌어내 참여, 탐험, 실험을 통해 체계적인 체험을 습득하도록 도와야 한다. 학생은 새로운 체험에 능동적으로 도전하면서 더욱 많은 질문을 던지게 되고, 이는 다시 더욱 많은 체험으로 이어진다고 보았다. 듀이는 이 과정을 이렇게 설명한다.

> 문제의식은 사고를 촉진한다. 그렇지만 주어진 체험을 새로운 분야로 연결하지 못한다면 문제의식으로 발전할 수 없다. 경험을 바탕으로 한 교육이 지닌 특징은 체험으로 발견한 상황이 새로운 문제의식의 토대가 되어야 한다는 것이다. 이것이 전통적 교육과 차별되는 특징이다.p. 79

듀이의 설명은 사회적 순응과 사실 전달에 중점을 둔 전통적 교육과 경험에 바탕을 둔 진보적 교육을 명확하게 구별한다. 듀이는 민주주의라는 목적과 더불어 능동학습, 실험, 그리고 문제 해결에 바탕을 둔 교육을 강조했다. 듀이는 수업 내용과 자신을 연결할 수 있을 때 학생이 교육에 흥미를 느낄 수 있다고 주장한다. 듀이의 실용적인 접근은 이론과 실천을 연결하고 있으며, 학생도 마찬가지의 방식으로 행위와 성찰 reflection을 연결하게 된다. 듀이의 말에 의하면 "숫자가 학습의 대상인 이유는 단지 수학이라는 과목이 이미 존재하기 때문이 아니라, 숫자가

우리의 행위가 이루어지는 이 세계의 특성과 관계를 나타내며, 우리의
목적 달성을 위해 필요한 요인이기 때문이다"1916/1997, p. 134라는 것이다.
그는 전환적transformative[7] 미디어 교육을 위해서 아래와 같은 비판적 페
다고지가 필요하다고 주장했다.

> 지식이 인문주의적인 이유는 인간이 과거에 이룬 일들을
> 다루는 것이 아니라 인간의 지성과 감성을 해방하는 데 이바
> 지하기 때문이다. 이에 도움이 되는 과목은 인도적humane이라
> 고 할 수 있다. 이에 도움이 되지 않는 과목은 교육이라고 부
> 를 수도 없다.Dewey, 1916/1997, p. 230

전환적 교육을 위해서는 연대를 바탕으로 한 비판적 페다고지가 필
수적이다. 이러한 연대는 감정이입과 연민을 제공하여 학생이 지배와 종
속의 체제 속에서 사람들이 서로 어떻게 연결되어 있는지 이해하도록
돕는다. 비판적 미디어 리터러시는 미디어 제작과 비판적 분석이 결합하
여 해방적 페다고지를 창출할 수 있는 잠재력을 가지고 있다.

파울루 프레이리

브라질의 교육자 파울루 프레이리Paulo Freire, 1921~1997는 진보적 교
육과 비판적 페다고지의 발전에 이바지한 중요한 인물이다. 다더Darder
와 그의 동료들2003은 "많은 학자가 프레이리를 비판적 페다고지 철학

---

7. [옮긴이 주] 전환학습(transformative learning)은 전통적 학습과 달리 개인이 가진
   기본적 가치와 가정들이 학습을 통해 변화하는 하나의 과정을 의미한다. 메지로우는
   전환학습 과정을 비판적 성찰, 비판적 성찰로 획득한 통찰력을 확인하기 위한 담론,
   행동의 단계로 구분하고 있다[한국기업교육학회(2010). 『HRD 용어사전』. 중앙경제].

과 실천을 발전시키는 데 가장 공헌한 교육 철학자로 여긴다"라고 기술 했다.p. 5 듀이와 프레이리 모두 기존의 교육제도에 비판적으로 접근했고, 진보적 사회 변화를 지지했으며, 이론과 실천을 융합해야 한다고 믿었다. 듀이의 자유주의적 개혁은 억압으로부터의 해방에 기반을 둔 프레이리의 혁명적 페다고지에 비하면 온건하다. 프레이리와 듀이는 인간을 진화의 과정에 있는 존재로 보았으며, 교육을 더 인간적이고 완전하게 만들어 가는 수단으로 생각했다. 듀이는 이원론dualism에 반대했지만, 프레이리는 변증법적 시각에서 자유를 억압의 반대 개념이라고 정의했다. 프레이리Freire, 2010는 "인간화humanizaiton에 관심을 두는 순간, 비인간화dehumanization가 존재론적 가능성이 아니라 역사적 현실임을 깨닫게 된다"p. 43라고 말했다.

프레이리의 비판적 페다고지는 억압에 대한 인식뿐 아니라 행위를 포괄하는 비판적 의식conscientização을 추구한다는 점에서 급진적인 정치적 특성을 띤다. 그는 오늘날 대부분 학교에서 시행하고 있는 은행저금식 교육banking education에 대한 해방적 대안으로 문제제기식 페다고지 problem-posing pedagogy를 제시했다. 은행저금식 교육은 계좌에 돈을 입금하듯 학생들을 수동적인 존재로 보고 이들에게 파편화된 정보를 주입하는 소외의 시스템이다. 은행저금식 교육의 실질적인 결과는 사상을 주입하고 저항을 약화하는 것이다. 프레이리는 "피억압자들이 상황을 받아들이도록 더 많이 유도할수록 지배가 더욱 쉬워진다"p. 74라고 설명한다.

프레이리의 문제제기식 대안 교육의 필수적인 요소는 학생과 교사가 대화적인 커뮤니케이션을 통해 서로를 가르치며, 서로에게서 배우는 것이다. 프레이리Freire, 2010는 "사람은 다른 이들과 연대하는 삶을 추구해야 한다. 교사가 학생과 떨어져 있거나 단순히 학생과 공존하는 것은 불가능하다. 연대를 위해서는 진정한 커뮤니케이션이 필수적이다"pp. 76-77라고 말했다. 이는 혁명적인 행동이며, 이를 위해서는 사회를 변화시키기 위한 성찰과 행동의 결합, 즉 프락시스praxis가 필수적이다. 프레이리는 또한 "변증법적 시각에서 보면 세상과 행동은 서로 밀접하게 상호의존적이다"라고 기술했다.p. 53 프락시스는 비판적 미디어 리터러시의 중요한 개념이다. 그러므로 비판적 미디어 리터러시는 학생들에게 미디어 제작, 미디어 문화의 비판적 참여, 미디어 메시지 분석 등을 가르친다. 헨리 젱킨스Henry Jenkins, 2006는 "청소년이 자신을 단순한 소비자 혹은 비판적인 소비자로만 여기지 않고, 문화 제작자, 그리고 참여자로 인식할 수 있도록 미디어 교육의 목적을 재고해야 한다"p. 259라고 주장했다.

프레이리의 주장은 현재의 학교교육 체계schooling system에서 학생들이 지식의 생산자나 창조자가 되지 못하고 수동적인 청중이 되고 만다는 것이다. 프레이리의 연구는 "은행저금banking"이라는 개념에 토대한 교육 비평으로 잘 알려져 있다. 은행저금식 교육에서 학생은 머리가 비어 있는 수용자이며 교사는 그 공간에 지식을 채워 넣는 역할을 한다. 교육은 학생을 수동적인 수용자로 바꿔 놓는다. 학생의 사고와 행동을 제어하며 세상에 자신을 맞추도록 유도하여 창의적인 힘을 방해한다.p. 77 나아가 프레이리는 "반대화적 신화화antidialogical mythicizing"라는 개념을 사용하여 소수의 지배세력이 다수를 지배하기 위해 소외와 수동성을 심화하는 과정을 설명했다. 반대화적 신화화는 소수가 만들어 낸 헤게모니적 신화로 사회 전체를 장악하는 과정이다. 예를 들어 성공을 위해 권위에 순응해야 한다든지, "자유시장"과 경쟁구조가 모든 사람의 이익을 위한 최선의 사회구조라는 자본주의 신화는 학교에서 가르치고,

미디어를 통해 반복되어, 사회 전체의 지배적 관점으로 받아들여지게 된다.

프레이리는 억압적 신화가 "수용자들에게 잘 짜인 프로파간다와 슬로 건의 형태로 전달되며, 이러한 소외가 마치 진정한 커뮤니케이션인 것처 럼 대중적인 '커뮤니케이션'을 표방하는 매스미디어를 통해 전달된다"라 고 설명한다.p.140 미디어가 헤게모니와 억압을 유지하는 역할을 하고 있 다는 인식을 바탕으로 프레이리는 문제제기식 교육에서 대화를 통해 문 제점들을 찾아내고, 이러한 신화를 학생들에게 보여 줄 필요성을 제안 했다. 그는 "내가 비판하는 것은 미디어 자체가 아니라 미디어가 사용되 는 방법이다"라고 주장한다.2010, p.140 비판적 미디어 리터러시를 통해 학 생은 신화를 해체deconstruct하고, 대상이 아닌 주체가 된다. 학생은 대 항 헤게모니적 미디어를 제작하고 자신이 사는 세상을 스스로 이름 짓 는다. 학생은 미디어의 재현이 왜곡되어 있다는 것을 밝힘으로써 저변 에 깔린 이데올로기를 폭로할 수 있다. 그런데 단순히 성차별주의, 인종 차별주의, 계급 차별주의, 동성애 혐오를 담고 있는 메시지를 파악하거 나 그 시발점을 찾아내는 것으로는 충분하지 않다. 학생들이 교육과정 을 통해 억압적인 이데올로기가 유지되고 규범화되는 과정에 관해 의문 을 갖게 하고, 나아가 대안적 읽기를 제안해 이데올로기적 담론과 서사 를 폭로하고 비판할 수 있는 능력을 함양하도록 해야 한다.

21세기를 위한 비판적 미디어 리터러시의 재구성

이전의 비판적 페다고지와 미디어 리터러시는 20세기 사회경제적 환경, 즉 산업과 테크놀로지 혁명, 빈부격차, 주기적인 사회경제적 위기, 환경문제 등에 대응하여 발달한 것이다. 비판적 교육자들은 이러한 문제들에 대응하여, 복잡하고 다변적인 도전에 직면한 세상에서 학생들이 시민으로 살아갈 수 있는 능력을 함양하고자 했다.

세계 각지에서 냉전Cold War으로 인한 갈등이 격화되고, 남반구 전체에서 반식민주의anticolonial 운동과 탈식민주의postcolonial 운동으로 인한 갈등이 심각했다. 미국과 같은 민주적 자본주의 국가의 내부에서는 인종, 계급, 젠더, 섹슈얼리티, 종교, 정치 이데올로기 등을 둘러싼 갈등이 깊어지고 있다.

2020년대에 접어든 지금, 교육은 오늘날의 사회문화적, 경제적, 정치적, 글로벌 난제들에 대응할 수 있도록 재고rethink되고, 재구성reconstruct되어야 한다. 20세기와 21세기 사이에 변하지 않은 것이 있다면 급속한 테크놀로지 발전과 지속적인 사회, 정치, 문화적 도전이다. 교육자들은 새로운 미디어 기술과 소셜 미디어에 비판적으로 참여하여 리터러시의 영역을 책에서부터 미디어, 디지털까지 확장해야 하며, 이를 통해 학생들과 시민들은 이 시대가 품고 있는 사회적 갈등과 위기에 자율적empowered인 참여자가 될 수 있어야 한다.

비판적 미디어와 디지털 리터러시는 계급 불평등, 젠더, 인종, 성적 억압, 종교차별, 정치적 편견을 둘러싼 갈등을 적극적으로 다루어야 한다. 학생들은 이를 통해 책에서부터, 방송 미디어, 새로운 디지털 미디어와 소셜네트워크에 이르기까지 다양한 텍스트를 비판적이고 차별적으로 읽을 수 있다. 리터러시는 새로운 기술뿐 아니라 새로운 형태의 문화와 커뮤니케이션 형태를 수용하기 위해 끊임없이 진화해야 한다. 이를 토대로 리터러시의 비판적 접근은 학생들을 안목 있는 독자, 비평가, 그리고 미디어 텍스트와 새로운 형태의 사회적 커뮤니케이션 생산자가 될 수 있도록 돕는다.

디지털 기술로 인해 협업과 미디어 제작이 그 어느 때보다 저렴하고, 쉬워지고, 접근성이 향상되었다. 공통핵심기준Common Core State Standards 이 미국 전역에 퍼짐에 따라 이제는 교육자들이 비판적 미디어 리터러시가 지닌 전환 교육을 위한 잠재력을 탐구해야 할 때다. 표준화, 사유화, 그리고 부담이 큰 평가시험의 압력으로 인해, 현재의 공공교육은 민주적인 이상이나 사회정의보다는 글로벌 경쟁에 초점을 맞추고 있다. 이 책에서 우리가 제안하는 바는 비판적 미디어 리터러시 페다고지가 중요한 교육 전략으로 채택되어 정보력과 힘을 지닌 시민을 육성함으로써 시민 참여를 강화하고 민주주의의 목적을 재확인하는 것이다. 우리는 중요한 이론적 논의들을 탐색하고, 비판적 미디어 리터러시 페다고지를 실무에 적용하고 교육자 양성 프로그램에 포함하는 방법을 논의하려 한다. 이러한 교육자 양성 프로그램을 이수한 교사의 지도하에 학생은 정보 커뮤니케이션 기술과 대중문화를 비판적 탐구의 수단이자 대상으로 삼을 수 있다.

프레이리Freire, 2010, 진Zinn, 2005을 비롯한 많은 학자가 주장하듯, 전환적 교육과 민주주의의 발전을 위해서는 교육과 리터러시가 지니는 정치적 본질을 인식해야만 한다. 비판적 미디어 리터러시는 하나의 페다고지로서, 교사와 학생이 자신을 둘러싼 세상에 대해 비판적인 사고를 할 수 있도록 도와주며, 불평등에 도전할 수 있는 기술과 사회적 의식consciousness을 가진 책임감 있는 시민으로 행동할 힘을 준다. 비판적 미디어 리터러시는 문화연구, 비판이론, 그리고 새로운 디지털 리터러시의 중요 개념들을 기반으로 발전했다.boyd, 2014; Ferguson, 2004; Hall, 1998;

Kellner, 1995; Masterman, 2001; Morrell, 2012 또한 비판적 미디어 리터러시는 사람들이 다양한 형식의 정보를 비판적으로 읽고, 권력 체계, 사회 규범과 불평등에 대한 문제를 제기하는 대안적 재현을 만들고, 변화의 주체가 될 수 있는 기본적인 틀을 제공한다.

테크놀로지의 엄청난 성장과 미디어 기업들의 합병, 또 새로운 미디어 플랫폼으로 말미암아 사회는 급속도로 변화하고, 학생들은 그 어느 때보다 미디어와 소셜네트워크에 둘러싸여 살고 있다.Jenkins, 2006; McChesney, 2015; Prensky, 2010 2004년에 설립된 페이스북의 실제 사용자 수는 이미 세계 인구의 5분의 1을 넘었으며, 10억 4,700만 명이 매일 사용하고 있다.Facebook, 2018 스냅챗Snapchat과 인스타그램Instagram에 밀려 미국 청소년들이 가장 선호하는 소셜 미디어의 자리를 내줬지만PEW, 2018, 페이스북은 여전히 세계에서 가장 큰 기업 중 하나다. 수백만 명의 청소년이 포켓 크기의 기기를 들고 수업에 들어간다. 이 기기는 정보와 엔터테인먼트를 제공할 뿐 아니라 몇 초 안에 전 세계에 퍼질 수 있는 멀티미디어 메시지를 제작하고 전송할 수 있다.

비판적 미디어 리터러시는 학생들과 교육자들이 가르침과 배움을 사회의식 고양과 권한을 획득하는 정치적 행위로 재고할 기회를 제공한다. 심각한 문제가 있긴 하지만Brady, 2012, 공통핵심기준CCSS은 하나의 도구로 사용될 수 있다. 이를 통해 교육자들은 비판적인 접근을 수용하여, 모든 교과목에 리터러시 교육을 도입해야 한다. 학생들은 디지털 미디어를 학습 수단과 교육 참여의 대상으로 삼을 수 있다. 공통핵심기준의 요구사항은 교실에 더욱 많은 미디어 기술을 도입하는 것이다. 그러나 단순히 테크놀로지를 많이 사용한다고 해서 교육이 향상되지는 않는다는 점을 인식해야 한다. 미디어 기술은 가치 중립적인 도구가 아니다. 미디어 기술은 사회정치적 맥락 속에서 작용한다. 이를 스토다드 Stoddard, 2014는 아래와 같이 설명한다.

> 인터넷의 핵심이자 하드웨어인 광케이블과 서버들의 연결
> 을 가치 중립적이고 통제할 수 없는 것으로 보는 경우가 많다.
> 이러한 가치 중립성의 전제는 사람들과 (사람들이 만든) 소프
> 트웨어가, 광케이블을 거쳐 통신위성, 와이파이, 혹은 휴대전화
> 네트워크를 통해 정보를 창조하고, 번역하며, 전달하는 중심적
> 역할을 하고 있다는 사실을 간과하고 있다.p. 1

공통핵심기준이 미디어 기술에 초점을 맞추는 것은 올바른 움직임이다.Moore & Bonilla, 2014 하지만 이러한 새로운 도구가 책임감 있는 참여 민주주의의 목표에 이바지하기 위해서는 비판적 미디어 리터러시의 틀 안에서 사용되어야 한다.

새로운 기술, 새로운 리터러시

무수한 커뮤니케이션 체계와 더불어 언어 문화적 다양성이 날로 높아지는 이 시대에 한 국가의 표준어와 발음에 초점을 둔 전통적 의미의 리터러시로는 충분하지 않다.New London Group, 1996 전통적인 읽기와 쓰기의 모델은 실증주의적 심리학에 기반을 두고 있다. 이 모델에 따르면 리터러시란 고정된 외적 실재external reality를 발견하는 개인적인 인지 기술이다. 우리는 이 패러다임을 발전시켜, 더욱 깊은 사회적 인식

을 바탕으로 한 리터러시로 나아가야 한다. 리터러시는 사회적 실천이며, "문자문화literate culture에서 일상에 존재하는 정치와 권력관계와 연관된"다양한 관점을 포용한다.Luke & Freebody, 1997, p. 185 루이스와 잘리Lewis & Jhally, 1998, p. 3는 미국의 미디어 교육이 광범위한 사회적 현실social realities에 존재하는 미디어 텍스트를 찾을 수 없다면 더 큰 어려움을 겪을 것이라고 우려한다. 이들은 미디어 리터러시가 맥락을 배제한 텍스트에만 집중하게 되면 이데올로기, 권력, 정치경제학, 제작, 수용 등에 관련된 중요한 문제들을 놓치게 된다고 주장한다. 루이스와 잘리의 주장은 텍스트보다 맥락이 더 중요하다는 것이 아니다. 루크와 프리바디Luke & Freebody, 1997와 마찬가지로 그들은 심리학과 인지론에 치우친 현재의 리터러시 교육에 사회학적인 시각을 포함해야 한다고 주장한다. 텍스트를 넘어서는 이러한 읽기와 쓰기는 네 가지 리소스 모델Four Resources ModelLuke & Freebody, 1999의 중심 요소이기도 하다. 루크와 프리바디는 호주에서 일하는 동안 개발한 네 가지 리소스 모델을 통해 복합 양식multi-modal의 세상에서 리터러시에 필요한 네 가지 역량을 제시한다. 네 가지 역량이란 텍스트 코드 해독하기, 텍스트 의미에 참여하기, 텍스트를 기능적으로 사용하기, 텍스트를 비판적으로 분석하고 변형하기 등이다.Luke & Freebody, 1999 한편, 바스케스Vasquez, 2003는 이를 다음과 같이 설명한다.

> 루크와 프리바디의 주장에 따르면 읽기는 편향성이 있는 문화적 관행이며 독자들은 유리한 입장이나 불리한 상황에 놓인다. 루크와 프리바디에 의하면, 독자들은 텍스트에 내재한 가정assumptions과 이데올로기를 탐구할 능력을 갖춰야 하며,

텍스트를 제작할 때 사회문화적 존재인 독자 자신이 텍스트에 포함하는 가정들을 인식할 수 있어야 한다. 이는 다음과 같은 질문으로 이어진다. 누구의 목소리가 드러나는가? 누구의 목소리가 드러나지 않는가? 누가 구축한 현실이 드러나는가? 누가 구축한 현실이 드러나지 않는가? 누가 이득을 얻는가? 누가 불이익을 당하는가? 이러한 질문들은 특정한 사회적 관행들을 선호하고 유지하는 담론과 생활양식을 분석할 수 있는 공간을 열어 준다.

판디아와 오커맨Pandya & Aukerman, 2014은 네 가지 리소스 모델을 바탕으로 공통 핵심 기준의 기술을 분석하고, 새로운 기준을 설명하는 문구에 비판적 역량에 대한 인식이 결여되어 있음을 밝혔다. 기술과 관련된 새로운 기준에 대해 판디아와 오커맨이 제시하는 바는 다음과 같다. "텍스트를 비판하고 분석하며 디지털 텍스트와 새로운 인쇄물을 재설계하는(가끔은 비판의 한 부분으로) 능력, 텍스트는 가치 중립일 수 없으며 언제나 특정한 시각을 구현한다는 인식" 등이다.p.432 판디아와 오커맨은 선생들이 "학생들의 비판적 역량을 함양하는 것을 등한시한다면 선생과 학생들 모두 (디지털) 텍스트를 해석하고 제작하며 공유하는 것에 그칠 뿐 텍스트의 저변에 깔려 있으며 또한 텍스트에 의해 형성되는 권력관계를 분석하고 비판하지 못하게 될 것"Pandya & Aukerman, 2014, p.432 이라고 경고했다. 특히 오늘날 학생들이 민주주의를 만들어 가는 데 이바지하기 위해서는 여러 방면에서 메시지에 참여할 수 있는 기술과 태도를 습득할 필요가 있다. 리터러시에 대한 사회학적 이해는 맥락적인 접근을 통해 젠더, 인종, 계급을 둘러싼 지배 이데올로기를 비판하는 전환적 페다고지와 미디어 교육으로 연결될 수 있다. 전환적 페다고지는 이데올로기적 틀이 문화적 환경에서 어떻게 작동하는지를 다룬다. 미디어와 미디어 참여자는 문화적 환경에 의해 형성되며, 또한 문화적 환경을 만들어 간다. 페다고지의 목적은 수용자, 정보, 엔터테인먼트, 권력, 그리고 이데올로기 간의 복잡한 관계를 탐색하는 것이다.

미디어, 권력, 그리고 이데올로기

1848년 시민혁명 중 부르주아 민주주의를 위해 투쟁하면서 카를 마르크스Karl Marx와 프리드리히 엥겔스Friedrich Engels는 이데올로기에 대한 비판적 접근을 발전시켰다.Marx & Engels, 1978 마르크스와 엥겔스에 의하면 이데올로기는 "지배적인 물적 관계가 관념idea으로 표현됨으로써 발생하는 것이다. 이 관계에서 하나의 계급이 다른 계급을 지배하며, 따라서 이데올로기는 그 지배적인 관념"에서 비롯된다.Durham & Kellner, 2006, p.44 마르크스의 관점에서 볼 때, 신흥 지배계급은 부르주아이며, 자율규제 시장, 경쟁, 개인주의 등 부르주아의 지배적 신념을 구성하는 이데올로기가 자본주의 시장 시스템을 정당화했다.

이데올로기는 사회적 차원을 함의하고 있으며, 개인적인 시각들이 공평한 조건에서 경쟁을 통해 선택되는 것이 아니다.Ferguson, 2004; Orlowski, 2006 더럼과 켈너Durham & Kellner, p.xiv는 이데올로기를 공부함으로써 "독자들은 모든 문화적 텍스트가 뚜렷한 편향성, 이해관계, 가치관을 담고 있으며, 이를 통해 텍스트를 생산한 사람의 관점, 그리고 지배적 사회 집단의 가치를 종종 재생산한다"라고 설명한다. 문화적 텍스트가 지닌 이데올로기적 가정assumption을 검토함으로써 학생들은 자신들이 "정상 normal"이라고 여기거나 "상식"이라고 생각했던 것들에 의문을 제기하는 방법을 배울 수 있다. 우리가 어떤 것을 "상식적"이라고 생각하게 되는 것은 강력한 거대서사master-narrative에 내재하는 지배적 사고의 틀을 통해 이데올로기와 텍스트가 생산되고 전파되기 때문이다. 이러한 거대 서사는 종종 미디어, 학교, 정부, 종교, 그리고 가족에 의해 전달된다. 마르크스의 사상을 토대로 프랑크푸르트 사회연구소(프랑크푸르트학파라고 불리며, 아도르노, 벤야민, 하버마스, 호르크하이머, 마르쿠제 등이 대표적인 학자)는 1930년대부터 1960년대에 걸쳐 미디어를 통해 일어난 대중문화의 발전을 연구했다. 이들의 연구에 의하면 미디어는 문화산업과 연계되어 이데올로기적 메시지가 전파되는 과정에 있으며, 영화, 라디오, 신문을 비롯한 여러 커뮤니케이션 및 문화 기관들은 자신들이 속한 사회의 지배적 이데올로기를 전파했다. 프랑크푸르트학파는 비판적 사회 이론을 바탕으로, 대중문화와 새로운 형태의 커뮤니케이션 기술이 이데올로기와 사회적 지배를 어떻게 영속화하는지를 분석했다. 프랑크푸르트학파 중 여럿이 독일의 파시즘을 피해 1934년 뉴욕으로 이주했다. 그들은 나치가 영화와 라디오를 비롯한 여타의 미디어를 이용하여 파시즘과 전체주의 이데올로기를 전파하는 과정을 직접 경험했다.Kellner, 1989; 1995 이 독일 이론가들은 소련이 미디어를 이용하여 공산주의의 지배적 이데올로기를 전파하는 과정 또한 연구했다. 그들은 미국의 대중문화와 미디어가 지배적인 미국과 자본주의적 이데올로기를 전파한다고 결론지었다.

프랑크푸르트학파 이론가들은 수용자들이 미디어 메시지를 수동적으로 받아들인다고 보았다. 영국의 버밍엄Birmingham을 중심으로 한 학자들로 이루어진 버밍엄 학파는 프랑크푸르트학파의 관점을 비판하고 메시지의 의미를 찾는 수용자의 능동적인 역할에 관한 더욱 정교한 이론을 발전시켰다. 버밍엄 대학교의 현대문화연구센터Center for Contemporary Cultural Studies(1964년에 윌리엄스, 호가트, 홀 등에 의해 만들어졌다)를 중심으로 만들어진 버밍엄 학파는 미디어를 수용하는(혹은 소비하는) 과정에서 수용자의 역할이 능동적이라는 점을 강조했다. 또한 1980년대에는 맥로비McRobbie와 길로이Gilroy 같은 여성 학자와 유색인종의 학자들이 합류했다. 이들은 미디어가 성차별주의자, 인종주의자, 동성애 혐오적 이미지와 서사를 재현하여 가부장적, 인종주의적, 동성애 차별적 지배 이데올로기를 재생산하고 있다고 보았기 때문에, 이데올로기의 개념을 확장하여 젠더, 인종, 섹슈얼리티에 대한 재현representations까지 포함해야 한다고 주장했다.Kellner, 1995; 2010 버밍엄 학파는 또한, 개인이 자신의 계급, 젠더, 인종, 여타의 사회적 위치를 토대로 미디어를 경험하고 해석할 수 있으며, 계급주의자, 성차별주의자, 인종주의자의 이데올로기에 대항하여 맞설 수 있는 잠재력을 가졌다고 생각했다. 수용자 이론을 바탕으로 한 연구가 활발해지면서 수용자를 소비자로 보는 시각이 학계에 만연했다. 버밍엄 학파의 학자들은 이러한 연구들이 시청자/청취자/이용자가 미디어를 읽고, 듣고, 소비하며 그 의미를 자신의 삶 속에 받아들이는 방식이 다양함을 간과하고 있다고 강하게 비판했다.Buckingham, 1993; 1996; Gauntlett & Hill, 1999

맥락을 이해하는 것은 세상을 읽고 쓰는 데 필수적이다. 인쇄된 활자, 이미지, 영상, 노래를 포함한 어떤 텍스트라도 맥락과 분리되어 다시 제공되거나re-presented 리믹스 되면, 독자가 부여하는 맥락, 독자의 기존 지식, 독자의 신념과 경험에 따라 그 메시지에 대한 이해가 달라진다. 메시지가 구성되는 맥락, 재현의 정치(메시지를 구성하는 사람들의 주관성과 정보를 공유하는 사람들의 편향성), 정보가 전달되는 매체의 특성, 텍스트의 코드와 관례 또한 메시지 이해에 영향을 미친다. 맥락의 역할은 매우 중요하며 수용자가 알건 모르건 언제나 메시지에 영향을 미친다. 중립적인 메시지는 존재하지 않으며 모든 기술은 특정한 방식으로 메시지에 영향을 미친다.McLuhan, 2003 텍스트의 구성과 맥락을 조사할 수 있는 능력은 어떤 정보를 이해하기 위해 학생이 습득해야 할 기술이다. 이는 인터넷 게시물의 정확성이나 뉴스 기사의 편향성을 분석하는 것과 마찬가지로 어려운 작업이다. 정보가 매체나 네트워크를 통해 공유되고, 샘플링되고, "매시드 업mashed up"[8]됨에 따라 맥락으로부터 분리되면 이러한 작업은 더욱 어려워진다. 보이드boyd, 2004는 대중이 네트워크화되면 맥락이 붕괴하여 필요한 세부 사항들이 분리되고, 연관성 없는 정보들이 합쳐짐에 따라 의미를 파악하는 것이 더욱 복잡해진다는 점을 강조한다. 소셜 미디어에서는 종종 메시지가 맥락과 분리되기 때문에 사용자의 커뮤니케이션 능력에 문제가 생기는 것이다.

미디어 교육은 여러 학문 분야를 바탕으로 발전했다. 그중 비판적 미디어 리터러시의 중요한 이론적 바탕은 문화연구라는 다학제간multidisciplinary 연구 분야에서 온 것이다. 문화연구는 프랑크푸르트학파와 버밍엄 학파의 학자들, 페미니즘, 퀴어 이론, 비판적 인종 이론, 비판적 토착 이론indigenous theory을 연구하는 학자들, 그리고 문화산업의 효과를 조사하는 여러 학자의 비판적 연구로 이루어진 학술 영역이다. 이 학자들은 계급 외에도 젠더, 섹슈얼리티, 그리고 정체성과 억압에 관

---

8. [옮긴이 주] 매시업(mash-up)은 각종 콘텐츠와 웹 서비스가 유기적으로 결합하여 완전히 새로운 웹 서비스를 만드는 일을 의미한다.

련된 여러 세력forces을 포함해 기존의 이데올로기 개념을 확장하는 한편, 수용자를 의미 창출의 능동적 존재로 이해하는 정교한 이론을 제시했다. 비판적 미디어 리터러시는 기호학, 페미니즘, 다문화주의, 포스트모더니즘, 변증법적 정치경제학, 텍스트 분석과 수용자 이론의 개념들을 응용하여 미디어와 대중문화를 분석하는 실천적 분야로 발전했다. 비판적 미디어 리터러시에 의하면 미디어와 대중문화는 지배문화를 재생산하는 역동적인 담론으로서 엔터테인먼트와 교육, 대항적 헤게모니를 위한 대안을 제시할 가능성도 지니고 있다.

문화연구는 1980년대에 교육 분야로 들어오기 시작했다. 렌 매스터먼Len Masterman이 『Teaching the Media』1985를 출판한 이후, 전 세계의 많은 교육자가 미디어 교육을 개념적 이해의 틀framework of conceptual understanding로 받아들였다.Buckingham, 2003 미디어 리터러시와 연관된 많은 교육기관은 저마다 기본적인 생각이 달랐지만, 적어도 다섯 가지의 중요한 요소에 대해서는 대부분 공감했다. (1) 텍스트는 독자적이고 가치 중립적이며 명료한 정보 전달자가 아니며 미디어와 커뮤니케이션의 구성은 사회적 과정이라는 인식, (2) 텍스트의 언어, 장르, 코드, 그리고 관행에 대한 텍스트 분석textual analysis, (3) 의미 절충 과정에서 수용자의 역할에 관한 탐구 (4) 재현의 과정에 대한 문제 제기, 그리고 이를 통한 이데올로기, 권력, 쾌락의 이슈들에 대한 발견과 관여, (5) 미디어 산업을 이윤 추구 산업으로 만들기 위한 동기를 부여하고 구조화하는 생산과 제도에 관한 조사 등이다.

불행히도, 미국에서 출판된 미디어 교육에 대한 문헌들은 대부분 비판적 미디어 리터러시를 예외적인 분야로 취급하거나 보호주의자라는 딱지를 붙이고 있으며Grieco, 2012; Hobbs, 2013, 미디어 리터러시의 주요 개넘들이 비판연구의 전통과 틀에서 발전했다는 것을 인정하지 않는다. 매스터먼Masterman, 1985은 자신이 저술한 미디어 리터러시 개론서의 한 장을 이데올로기에 대한 논의에 할애하고, 헤게모니와 지배적인 신화에 대한 문제 제기가 미디어 교육의 중요한 부분이라고 강조했다. 그는 "미디어 교육의 목적이 탈신화적demystificatory이고 비판적이라는 것을 분명히 해야 한다"p. 19라고 기술했다. 비판적 미디어 리터러시를 도외시하는 것은 아마 비판적 미디어 리터러시가 비판성criticality에 초점을 맞추고 있기 때문일 것이다.

"비판적critical"이라는 단어는 가끔 부정적인 평가나 비난의 시각과 혼동되기도 한다. 훅스hooks, 2010는 "의식을 확장하기 위한 비평critique과 다른 이를 공격하고 헐뜯는 맹목적 비난을 구별하는 것이 좋다"p. 137라고 말한다. 비판적 미디어 리터러시가 "비판적"이라는 것은 변증법적, 사회문화적, 그리고 분석적 과정의 요소를 가지고 있음을 의미한다. 캠벨, 젠슨, 고머리, 파보스, 프레쳇Campbell, Jensen, Gomery, Fabos, and Frechette, 2013은 "비판적 접근은 미디어 스타일이나 관행을 총체적으로 부정하는 냉소적인 접근이 아니라, 미디어가 제작되고 유통되고 해석되는 제도적이며 해석적인 과정을 이해하려는 접근법"p. 8이라고 주장한다. 비판적 이해를 위해서는 비판적 사고가 필요하며, 비판적 사고는 단순한 인지적 사고를 넘어선다. 또한 비판적 이해는 사회문화적 이해이며 학생들은 미디어의 작동 원리를 이해하는 실용적 지식뿐 아니라 사회적 의식도 함양하게 된다. 이러한 비판의 개념criticality은 프레이리Freire, 2010가 제시한 "양심적 의식conscientização, 혹은 비판의식critical consciousness," 즉 세상과 연계한 삶에 대한 인간 해방적 이해를 지향하고 있다. 비판성은 학생들이 헤게모니와 사회적 불평등에 대한 문제를 제기하고, 프락시스(성찰과 행동)로 대항 서사counter-narratives를 제작하여 지배적 서사에 대항할 것을 장려한다. 비판적 미디어 리터러시는 사회적 정의의 이슈를 해결하는 데 중요한 역할을 담당하며 정상성normality을 비롯해 사회적으로 구축된 다양한 억압과 저항의 방식을 밝힐 수 있는 비판적 역량을 제공한다.

1985년, 매스터먼은 미디어가 이데올로기적 시각을 지니며, 미디어가 선택한 "사실(그리고 허구)"이 "정상적normal"인 것이 된다는 점을 강조했다. 그는 또한 이데올로기와 연관된 미디어의 가장 중요한 역할은 "사실"을 보도하는 과정을 통해 이루어지는데, 사람들은 대부분, 이 과정이 이데올로기와 무관하다고 생각한다"Masterman, 1985, p. 129라고 주장한다. 그의 주장에 따르면 교육자들은 학생들의 비판적 사고를 함양하여 미디어 메시지의 저변에 깔린 의미를 드러내야 할 뿐 아니라 사회적 대화를 촉진하여 이데올로기적 프레임, 즉 무엇이 정보를 "정상적"인 것으로 만드는지에 대해 문제를 제기해야 한다. 다음 장에서 살펴볼 것은 바로 이러한 이데올로기의 사회적 구축이다.

2장

이데올로기와 재현의 정치학

이데올로기의 기능이 복잡하고 은밀하므로, 비판적 미디어 리터러시는 일반적인 미디어 교육 교수법보다 이해하고 가르치는 것이 까다롭다. 로버트 퍼거슨Robert Ferguson, 1998은 "이데올로기는 경험과 이해의 대상이며, 직접 관찰할 수 없다. 우리에게 보이는 것은 권력과 복종의 관계에 뿌리를 둔 다양한 사회적, 재현적 징후들"p. 43이라고 기술한다. 권력관계와 이데올로기는 자연화naturalizing 과정을 통해 "자연스러운" 것, 그리고 "정상적인" 것으로 받아들여지며 그것이 형성되는 사회적, 역사적 과정을 은폐한다. 사람들은 보이지 않는 것에 대해 문제 제기를 잘 하지 않는다. 그러므로 진보적 교육자들은 학생들이 비판적 문제 제기를 통해 이데올로기적 헤게모니에 의해 은폐된 구조, 역사, 그리고 사회적 맥락을 밝힐 수 있도록 지도해야 한다.

영국 문화연구에 초석을 놓은 스튜어트 홀Stuart Hall, 2003의 주장에 따르면 "이데올로기는 소위 '상식적인' 전제를 기반으로 작동한다. 이 상식적인 전제는 특정한 것을 '정상적'인 것으로, 그리고 다른 모든 것들을 '타자others'로 규정한다. '규범norm'이라고 규정한 것 이외의 모든 것을 '타자화othering'하는 과정에서 '정상성normality'[9]에 관한 이데올로기적 담론이 구축"된다. 이러한 맥락에서 퍼거슨Ferguson, 1998은 "문화적으로 정치적으로 허용되는 행동 양식의 패턴을 기반으로 형성된 정상성은 이데올로기적 주장의 초석이 된다. 이렇게 형성된 이데올로기적 주장은 개인, 집단, 그리고 국가 전체를 '타자'로 만들어 버린다"라고 말했다.p. 154 나아가 홀Hall, 2003은 "이데올로기는 모두가 당연하게 받아들이는 이른바 '자연화naturalized'한 상식의 세계 속으로 스며들어 드러나지 않는다. 젠더와 마찬가지로 인종을 자연적인 현상처럼 여긴다. 인종차별은 현존하는 이데올로기 중에서 가장 뿌리 깊게 자연화된 것이다"라고 말했다.p. 90 퍼거슨Ferguson, 1998은 미디어 교육자들이 인종을 중요한 이슈로 다루어야 하는 이유를 다음과 같이 설명한다.

"타자others"와 "인종"에 대한 정보 대부분은 매스미디어를 통해 얻는다. 국제적이며 글로벌한 차원을 지닌 인종에 관한 재현은 지방이나 지역적 이슈에 관한 재현보다 더욱 심각한 문제를 안고 있다. "인종" 문제에 대한 이미지는 다중적이고, 파편화되어 있으며, 일시적일 수 있다.p. 253

미디어와 인종 문제의 연관성을 이해하는 것은 중요하다. 다문화 교육자인 제임스 뱅크James Banks, 2000가 주장한 바와 같이 "사람과 집단에 대한 미디어의 재현은 어린이의 인식, 태도, 가치 등에 영향을 끼치는 설

---

9. [옮긴이 주] 뒤르켐(Durkheim, 1895)의 『사회학적 방법의 기준』에 의하면, 이항 대립적 의미로 사용될 때 쓰는 용어로서 정상과 대치되는 언어로 '비정상'이라 사용한다. 사상(事象)을 대조적인 이항(二項) 때문에 의미화한 것이다. 여기서 정상이라는 것은 상대적으로 구분하기 위해 사용한 단어이다[출처: 『新社會學辭典』(2000). 有斐閣].

득력 있는 요인"p. xiii이다. 미디어 재현이 어린이에 미치는 영향력 때문에 "미디어 다문화 커리큘럼"이 만들어졌다. 카를로스 코르테스Carlos Cortés, 2000는 이 커리큘럼으로 인해 "교육자들은 다문화 교육의 시행에 관한 결정 권한을 박탈당했으며, 교육의 주도권을 미디어가 가지게 될 것"p. xvi이라고 주장했다. 코르테스가 지향하는 미디어 리터러시는 다문화주의를 중시하며 일반화generalization와 스테레오타입stereotype을 구별하는 교육에 중점을 두고 있다. 그는 매스미디어 다문화 커리큘럼이 인종차별을 조장하지는 않지만 "다양성에 관해 미국 사회 전체가 가지는 느낌, 인식, 행동에 큰 영향을 끼친다"p. 69라고 기술했다. 코르테스에 의하면, 미디어가 민족, 인종, 계급, 젠더, 섹슈얼리티로 정의되는 종속 집단을 지배 집단에 비하여 "타자적"이며 "열등한" 모양으로 재현하고 있다. 어린이가 "타자"의 개념을 어떻게 인식하는가에 대한 미디어의 영향력은 이러한 재현을 얼마나 "자주, 그리고 다양하게" 제공하는가에 달려 있다고 보았다.p. 154 퍼거슨Ferguson, 1998에 의하면 인종에 대한 가장 일반적인 미디어 재현은 인종차별의 사회적 구성보다 개인 인물에 더 집중해, "역사적으로 형성된 인종차별의 구조적 과정"을 은폐한다.p. 218 퍼거슨은 인종차별이 자연적인지 인위적인지를 논하기보다는 역사적 시각을 바탕으로 인종차별이 이데올로기적 구축임을 인식하는 것이 더 중요하다고 제안했다.

교차성Intersectionality

미디어와 대중문화가 지닌 다양한 측면 때문에 비판적 미디어 리터러시를 가르치는 교육자들은 다양한 이론과 시각을 이용하여 미디어 재현의 정치에 능동적으로 참여할 필요가 있다. 다원주의적 접근 multiperspectival approach은 여러 형태의 비판이론을 사용하여 미디어 텍스트가 아이덴티티를 재현하고 차별을 영구화하는 방식을 탐구한다.Kellner, 1995 교차성은 킴벌리 크렌쇼Kimberlé Crenshaw, 1991가 명확하게 제시한 개념으로서 계급, 인종, 젠더를 비롯한 여러 형태의 억압의 경계를 가로지르는 억압과 지배의 교차를 밝히는 유용한 개념이다. 교차성은 여러 가지 억압의 형태가 서로 교차해 함께 작동하는 현상을 의미한다. 문화연구 이론가들은 교차성이라는 개념을 사용하여 인종, 계급, 젠더 등의 다양한 아이덴티티 생산 기재들의 재현이 서로 교차하는 방식과 이러한 교차를 통해 무력감을 느끼게 하는 요인들이 다양하게 만들어지는 방식을 연구해 왔다. 오늘날 미디어 문화의 경쟁적인 지형에서 저항과 해방을 묘사하며 억압의 형태에 저항하는 재현을 탐구하는 것 또한 비판적 문화연구의 관심 영역이다.

퍼트리샤 힐 콜린스Patricia Hill Collins, 2000는 "인종, 계급, 젠더, 섹슈얼리티, 그리고 국가를 둘러싼 헤게모니적 이데올로기들이 뿌리 깊게 자리 잡는 중요한 이유는, 매스미디어가 교차 억압을 조율하는 방식이 나날이 정교해져서이다"p. 284라고 말한다. 콜린스에 따르면 미디어에 등장하는 흑인 여성들의 지배적인 재현은 물화objectify와 종속subordinate의 이미지를 조장하며, "흑인 여성을 전형적인 유모, 여성 가장, 복지 수혜자, 혹은 섹시한 여성 등으로 묘사하는 것이 흑인 여성에 대한 억압을 정당화"p. 69하고 있다고 보았다. 콜린스는 구체적인 이미지와 스테레오타입은 변하더라도 "전체적인 지배 이데올로기 자체는 교차 억압을 지속하는 것이 특징"p. 88이라고 주장했다.

비판적 미디어 리터러시는 다양한 이론과 관점을 운용하여 광범위한 재현의 정치학에 전반적으로 관여한다. 재현의 정치학을 보면 미디어 텍스트가 계급, 인종, 젠더, 섹슈얼리티와 여타의 정체성 구성 요소를 재현하여 억압과 계급차별, 인종차별, 성차별, 동성애 차별 등 여러 가지 차별을 조장하고 지속해서 촉진하고 있다. 이론theory이라는 낱말의 어원은 그리스어 테오리아theoria이며, 세상의 현상을 바라보는 방법a way of seeing이라는 뜻이다. 하나의 이론은 초점focus과 맹점blind spot을 동시에 지니고 있다. 예를 들어 마르크시즘은 계급, 자본주의, 경제적 주제, 이데올로기 비판에 중점을 두고 있지만, 베버Weber의 분석은 국가, 관료주의, 그리고 정치제도와 절차에 관한 이슈에 초점을 맞추고 있다. 고전적 페미니스트 이론은 젠더와 젠더 관계에 집중하여 성차별과 가부장적 재현과 내러티브 비판에 초점을 맞추었다. 비판적 인종 이론은 인종과 민족의 구성에 관여하여 인종차별과 인종 스테레오타입을 비판하며 관습적으로 왜곡된 재현을 타파하는 새로운 재현을 추구한다. 레즈비언, 게이, 양성애자, 트랜스젠더, 성 소수자 이론은 젠더와 섹슈얼리티의 이론에 집중하여 이성애 중심주의, 동성애 혐오, 트랜스젠더 혐오를 비판하고 젠더와 섹슈얼리티에 연관된 긍정적이고 다양한 이미지를 추구한다. 이 모든 이론은 나름대로의 장점과 강조점이 있으며 동시에 단점도 있다. 이 모든 것을 고려할 때, 이러한 이론들은 재현의 정치라는 경쟁이 치열한 영역에 참여하기 위한 강력한 레퍼토리를 구성한다.

확실히, 마르크시즘, 페미니즘, 여타의 비판이론이 교차적 접근을 수용하지만, 비판적 미디어 리터러시는 지난 수십 년간 사회운동을 통해 등장한 현시대의 비판이론 중 연관된 모든 이론을 활용한다. 이러한 의미에서 이론은 바라보는 방법이며, 이론은 미디어 텍스트가 여러 사회 집단과 사회적 존재의 다양한 측면을 어떻게 재현하는지를 기술한다. 우리는 이론을 통해 정체성 표지identity marker를 비롯하여 재현의 정치학의 여러 측면과 연관되어 텍스트에서 나타나는 재현에 초점을 맞출 수 있다. 이론은 또한 해석의 방식modes of interpretation을 제공하며 특정한 사회 역사적 맥락에서 텍스트의 의미, 정치학, 그리고 효과를 기술한다.

관점 인식론Standpoint Epistemologies

가부장제의 이데올로기 구조를 연구하면서부터, 퍼트리샤 힐 콜린스를 비롯한 많은 페미니스트는 관점 인식론을 발전시켰다.Harding, 2004 이러한 인식론은 비판적 미디어 리터러시를 위해 유용하게 사용할 수 있다. 특권privileges과 지배dominance는 사각지대를 형성하며, 억압을 통해 이득을 보는 사람들은 억압의 이데올로기와 구조를 보지 못한다. 반면에, 소외 계층의 사람들은 인종차별, 성차별, 계급차별 등 여러 형태의 구조적 억압 문제를 삶을 통해 경험하고 인식한다. 관점이론standpoint theory은 소외 계층의 관점에서 접근하여 헤게모니적 이데올로기에 가려져 보이지 않는 전체적인 사회구조를 바라볼 수 있게 해 준다. 억압을 경험한 사람들에게는 억압의 구조를 인식할 수 있는 잠재력이 있지만, 비판적 인식은 자동으로 생기지 않는다. 페미니스트 관점이론가들은 "피억압 계층을 위한 비전은 투쟁을 통해 얻어진다"라고 주장한다.Hartsock, 1997, p. 153

대부분의 연구와 미디어 보고서는 지배적 관점에서 시작하기 때문에[10] 관점이론가들은 관점을 바꿔서 억압의 구조와 시스템으로 인해 가장 피해를 많이 보는 사람들로부터 시작해야 한다고 말한다. 연구를 시작하는 지점을 바꾸는 것은 지배적 담론에서 부족한 경험과 통찰을 얻을 수 있다. 이는 또한, 사회적으로 구축된 현상을 "자연화naturalize"하고 "정상화normalize"하여 "상식"으로 만드는 이데올로기의 은폐 막과 사각지대를 줄일 수 있다.

비판적 페다고지와 관점 인식론을 결합한 비판적 미디어 리터러시는 학생들이 억압의 구조를 발견하고, 그러한 구조를 은폐하고 있는 이데올로기의 역할을 분석하며, 인종차별, 성차별, 계급차별을 포함한 모든 종류의 억압에 맞서는 주체적 행위자가 되는 방법을 제공할 수 있다. 대안 미디어를 만들고 목소리를 내는 것은 모든 사람, 특히 자신의 목소리를 내지 못해 왔던 사람들에게는 중요한 일이지만, 이는 비판적 분석 없이는 쉽지 않다. 게다가 소수의 인종차별주의자나 성차별주의자도 자신의 목소리를 내야 한다는 주장도 있어, 억압 구조를 탐색하고 폭로하는 비판적 분석이 필수적이다.

소외된 이들이 집단적으로 억압에 대항하며 자신들의 관심사에 관해 소리를 내고 자신들의 대안적 재현을 창조할 수 있는 공간과 기회가 열려 있어야 한다. 이러한 과정을 통해 지배적 위치에 있는 학생들도 자신들의 사각지대를 인식하고 자신들이 기득권을 누리는 억압의 구조에 관한 감수성을 가지게 된다. 탐구의 시작점을 위에서 아래로 바꿈으로써 우리는 비판적 인식을 함양하고 억압에 관한 감수성을 높이며 이데올로기적 헤게모니에 가려져 있는 지배적 제도와 시스템을 꿰뚫어 볼 수 있게 된다.

---

10. 예를 들어 TV의 전쟁 보도에서는 군인 관계자들과의 인터뷰가 민간인 피해자들에 관한 이야기보다 먼저 나온다.

권력

그룹 토의, 비판적 분석, 정치 투쟁을 통해 교실은 단순한 사회적 재생산이 아닌, 해방을 위한 페다고지의 공간Freire, 2010으로 탈바꿈할 수 있다. 소외 계층의 목소리와 대안적 관점은 지배적 담론에 맞서 정보와 지식이 객관적이며 권력과 별개의 것이라는 신화를 폭로하는 강력한 잠재력을 지니고 있다. 푸코Michel Foucault, 1995는 "지식 영역의 구축과 연관성이 없는 권력관계는 존재하지 않는다. 지식은 언제나 권력관계를 형성하며 동시에 권력관계를 전제로 한다"p. 27라고 기술했다. 사람들은 누구나 욕망, 공포, 편견을 가지고, 사회적·역사적 맥락에서 지식을 구축하기 때문에, 객관적이거나 중립적인 정보나 지식은 존재하지 않는다. 샌드라 하딩Sandra Harding, 2004은 "개념적인 틀이 가치 중립적으로 보일수록, 지배적 집단의 헤게모니적 이익으로 기울어져 있기 쉽고, 사회적 관계의 중요한 실상을 외면하기 쉽다"p. 6라고 설명했다. 헤게모니에 대항하는 하나의 전략은 그 구조를 폭로하고 모든 커뮤니케이션에 내재하는 편견을 드러내는 것이다.

학생들이 집단으로 문제에 참여하여 해결책을 찾기 위해 노력하는 프레이리의 문제제기식problem-posing 교육은 관점이론이나 비판적 미디어 리터러시와 통한다. 프레이리는 "대화 주체들은 협동을 통해 현실을 더욱 주의 깊게 살필 수 있다. 현실은 대화 주체들을 중재하며 동시에 그들에게 도전하는 문제이기도 하다. 이러한 도전에 관한 대화 주체들의 대응은 현실을 변화시키려는 행동이다"1970, p. 168라고 기술했다. 페미니스트인 제인 플랙스Jane Flax는 비판적 페미니즘의 시각으로 볼 때 "'현실'은 지금 우리가 생각하는 것보다 더욱 불안정하고, 복합적이며, 무질

서한 것으로 나타날 것"p. 178이라고 말했다. 현실을 문제화problematizing함으로써 소외 계층의 지식과 이야기가 헤게모니와 여타의 인식론들의 신화를 폭로할 수 있는 잠재력은 더욱 강화된다. 사회변혁을 목적으로 할 때 학생들은 소외 계층의 관점에서 조사를 시작하고, 탐구는 집단적 정치 투쟁의 과정이어야 한다. 이러한 생각은 공공교육의 측면에서 보면, 너무 급진적으로 보일 수 있지만, 사실 이것은 민주주의의 기본 원칙, 미국의 「권리장전」 정신과 일치한다. 민주주의와 자유는 단순히 읽고 쓸 줄 아는 수준을 뛰어넘는 리터러시를 요구한다. 헨리 지루Henry Giroux, 1987는 "글을 안다는 것은 자유로워지기 위한 것이 아니다. 그것은 자신의 목소리, 역사, 그리고 미래에 대한 권리를 요구하는 투쟁에 능동적으로 참여하기 위한 것이다"p. 11라고 말했다.

학생들이 비판적 미디어 리터러시의 틀과 관점이론의 방법론을 통해 미디어를 해체하고 재구성하는 것을 배우게 되면, 헤게모니적 신화를 인식하는 능력을 키우고, 구조적 억압에 대한 이해가 깊어지며 권리를 위해 투쟁하는 사람들과 연계하여 행동할 수 있는 공감 능력이 높아진다. 비판적 미디어 리터러시의 첫 번째 개념적 이해는 "모든 정보는 사회적 맥락에서 선택하는 개인들과 집단에 의해 상호구성co-constructed된다"라는 것이다. 하딩Harding, 1998은 상호구성주의co-constructivism라는 용어를 사용하여 다음과 같은 현상을 강조했다.

체계적인 지식 추구는 어떤 문화, 사회, 혹은 지역적 사회 구성에 항상 존재하는 하나의 요소이다. 이는 교육제도, 법제도, 경제 관계, 종교적 신념과 활동, 국책사업(예를 들어 전쟁), 젠더 관계 등의 다른 요소들을 바꾸고 변혁한다. 마찬가지로

지식 추구는 이러한 요소들에 의해 변혁된다.ᴾ·⁴

　상호구성주의에 대한, 이 설명은 사회구성 과정에서 신화적 요소를 제거함과 동시에 사람, 생각, 그리고 사회의 상호 연결을 잘 드러내고 있다. 하딩Harding, 1998은 "문화와 문화 지식 사업들이 지닌 상호진화co-evolving, 혹은 상호구성co-constructing을 염두에 둔다면 우리는 사회적 세계와 재현, 그리고 재현이 표방하고자 하는 것들을 잘 이해하기 위해 사실주의자와 구성주의자의 시각을 모두 받아들일 수 있을 것이다"ᴾ·²⁰라고 말했다.

　퍼거슨Ferguson, 2001에 따르면 비판적 연대critical solidarity를 형성하기 위해서는 이러한 상호연결성interconnectedness과 상호의존성inter-dependence을 이해해야 한다. 그는 미디어와 관계는 반사적이지 않고, 사회적 맥락에서 우리가 어떤 관점을 취하느냐에 따라 달라진다고 주장했다. 우리가 특정한 입장을 갖는 것은 불가피한 일이다. 퍼거슨Ferguson, 2001은 "우리의 생각과 분석이 지닌 사회적 측면을 인식하기 위한 수단으로서, 또한 우리의 분석 기술을 발전시키고 상대적인 자율성을 확보하기 위한 장치"ᴾ·⁴²로서 비판적 연대를 형성할 것을 촉구한다. 비판적 연대는 학생들이 정보와 커뮤니케이션을 인문학적, 사회적, 역사적, 정치적, 경제적 맥락에서 해석하여 자신들의 삶과 행동이 지니는 상호관계와 그 영향을 이해하도록 가르치는 것이다. 이는 또한, 더욱 정의로운 세상을 만들기 위해 소외 계층과의 연대에 동참하는 것을 의미한다.

　전 세계에 걸쳐 미디어 교육에 대한 아이디어들이 관심을 끌고 있는 이 시점에 비판적 페다고지가 그 중심이 되는 것이 무엇보다 중요하다. 비판적 미디어 리터러시는 듀이의 경험적 교육과 프레이리의 문제제기식 페다고지 사상을 토대로 견고하게 구축되어야 한다. 이 교육이론들에 의하면 학습이란 학생이 이미 가지고 있는 지식에서 출발해야 하며, 학생 자신의 경험을 토대로, 그들이 일상생활에서 맞닥뜨리는 문제를 다루어야 한다. 또한, 학습은 학생이 자신의 생각과 관심사를 교실을 넘어 일반 대중에게 전달할 수 있도록 돕는다. 학생이 의미를 개척하고 탐구하는 학생 중심의 교육은 새로운 배움의 영역으로 확대·발전한다. 비판적 연대의 목표가 미디어 교육을 주도할 때, 학생은 협업을 통해 미디어의 실체를 드러내고 신화를 타파할 수 있다.

현대 사회에서는 계급, 젠더, 인종, 섹슈얼리티, 능력, 종교 등을 비롯한 여러 가지 정체성 지표로 사람들을 구분한다. 우리는 이 책에서 미디어를 통해 전달되는 이미지와 내러티브가 지배계급, 인종, 젠더의 입장을 정당화하고 인종차별, 계급차별, 성차별, 동성애 혐오 등 다양한 형태의 차별과 억압을 재생산하는 과정을 중점적으로 다루었다. 미디어에서 나타나는 계급과 계급차별의 재현이 그 논의의 시작이다. 이 분야에 대한 논의가 인종, 젠더, 섹슈얼리티 등의 재현에 관한 연구보다 진척이 상대적으로 덜 되었기 때문이다. 하지만 이 모두는 비판적 미디어 리터러시의 필수 분야들이다.

계급 분화의 재현

미국의 상업 미디어는 노동계급과 빈곤층의 내러티브를 무시하고 과소비와 부를 바탕으로 한 생활양식을 지나치게 찬양한다. 미디어는 계급의 문제를 다룰 때 사회적·경제적 불균형을 유지하는 사회적 구조나

제도들은 도외시하면서, 전형적으로 빈곤층을 위험하거나 게으른 사람으로 깎아내린다. 계급 분화와 구조적 불평등은 사회를 구성하고 사람들의 삶을 지배하는 강력한 시스템으로 오랫동안 작동해 왔다. 거대한 다국적 기업들이 정보와 엔터테인먼트의 많은 부분을 지배하고 있어, 계급에 대한 그들의 이야기를 해체deconstruct, 분석하고, 문제 제기하며 재구성할 필요가 있다. 비판적 미디어 리터러시가 계급의 문제, 그것이 우리 삶의 모든 측면과 연결된 방식들을 다루어야만 하는 것은, 사회 경제학에 대한 이해를 내러티브로 구성하고 시청자의 생각을 유도하는 미디어 문화의 힘 때문이다.

　사회경제적 지위와 연관해서 비판적 미디어 리터러시는 사회의 가장 근원적인 구성 요소라고 여기는 것들에 대해 문제 제기를 할 필요가 있다는 것을 교사와 학생에게 일깨워 준다. 비판 교육학자인 마이클 애플Michael Apple, 2004, 프레이리Freire, 2010, 헨리 지루Henry Giroux, 204, 벨 훅스bell hooks, 2010는 교육에서 계급 불공평성inequities 문제를 제기했다. 지배 이데올로기는 현대 미국 사회에서 계급이 사라지고 있다는 태도를 고수하지만, 인종 문제와 연계된 계급적 차별은 사실 더욱 커지고 있다. 소득이 아닌 재산의 불평등에 초점을 둔 한 보고서는 "심각한 변화가 없다면 미국은 인종적, 경제적 차별의 국가로 치달을 것"이라고 주장했다.Asante-Muhammad, Collins, Hoxie, & Nieves, 2017, p. 3

　앳킨슨Atkinson, 2010과 피케티Piketty, 2014 등은 계급으로 인한 큰 불평등이 해소되었다고 하는 현대 사회의 이데올로그들의 말은 거짓일 뿐이라고 주장한다. 텔레비전 등과 같은 지배적 미디어 대부분은 부와 권력을 지닌 사람들을 칭송하고 빈곤층과 노동자들을 부정적으로 재현하는 경우가 많다. 미국의 텔레비전은 전통적으로 노동계급의 생활을 무시하면서, 중산층 가정, 의사, 변호사, 기업 경영진 등과 같은 전문가들에게 초점을 맞춘다. 계급의 묘사에 대해 40여 년간 미국에서 프라임타임에 방송된 시트콤을 분석한 리처드 부치Richard Butsch, 2003는 노동자 계급과 노동자 계급 남성이 과소재현underrepresent되는 패턴이 지속적이라고 보고했다. 그는 이러한 재현이 "현대 자본주의의 계급 관계를 정당화"하는 데 효과가 있다고 주장했다.p. 575 현대 할리우드 영화들과 〈더 허니무너The Honeymooner〉, 〈올 인 더 패밀리All in the Family〉, 〈샌퍼드 앤 선Sanford and Son〉, 〈로잰Roseanne〉, 〈셰임리스Shameless〉, 〈슈퍼스토어Superstore〉, 〈원 데이 앳 어 타임One Day at a Time〉 등의 텔레비전 시리즈가 노동계급의 삶에서 일어나는 문제와 갈등에 동정적인 시각을 보이고, 케이블 방송사와 인터넷의 성장이 다양성을 표방하는 것은 사실이다. 그런데 실제 대부분의 재현은 노동계급과 빈곤층을 무시하고 부유한 계층을 부각하고 있다. 사회계급의 묘사를 논의하면서, 미디어 지형 전체를 일차원적인 단일체로 단순화해서는 안 되지만, 미디어가 사회적 구조와 예속, 상호 지지, 투쟁의 공동체를 외면하고 집요한 개인주의를 바탕으로 한 경제적 성공 모델을 중점적으로 묘사하고 있다는 것은 사실이다.

전형적인 미국 사회에서는 모든 사람이 중산층에 속하는 무계급의 사회에 살고 있다고 말하면서 계급에 대한 논의를 잘 하지 않는다. "아메리칸드림"이라는 지배 이데올로기는 노력하면 누구라도 사회경제적 사다리를 올라가서 최고의 꿈과 열망을 이룰 수 있다고 말한다. 미국 사회에서 교육을 통해 특권과 금권을 넘어 성공한 사람이 많은 것은 사실이지만, 누구나 그런 것은 아니다. 계급 간의 격차와 부유층과 빈곤층 사이의 엄청난 불평등으로 인하여. 빈곤을 탈출해 부와 특권을 지닌 사회적 지위를 획득하는 것이 불가능하지는 않지만, 극도로 희박한 일이다.

그런데도 1800년대의 인기 미디어였던 청소년 소설처럼 대중 매체에는 허레이쇼 앨저Horatio Alger[11]의 신화가 여전히 살아 있다. 이는 열심히 일한다면 누구나 가난뱅이에서 부자가 될 수 있다는 것을 암시한다.

유럽 사회는 전통적으로 계급을 기반으로 형성되어 계급의 배열, 제약, 사회적 관계가 구성원들에게 뚜렷하게 드러나지만, 미국에서는 계급을 보기가 어렵다. 사실상 어디에서 무엇을 관찰해야 하는지 알지 못하면 계급은 눈에 띄지 않는다. 사회적 계급은 다양한 개념을 내포하는 특정한 단어와 이미지로 복잡하게 코드화되어 있으며 빈곤 계급과 노동자 계급을 비하하는 스테레오타입을 유발하고 상류 계급의 우월성에 대한 믿음을 조장한다. 복지welfare, 백인 빈곤층White trash, 트레일러하우스 지역trailer park, 노숙자homeless, 거지beggar 등의 단어는 계급의 의미를 함축하고 있으며, 부정적인 의미로 사용된다. 계급에 대해서는 결핍 논리deficit thinking가 자주 등장한다. 정치적, 사회적, 그리고 미디어 담론은 교육, 양육, 직업훈련, 자기발전의 기회가 결핍되어 있다고 하층계급을 비난한다. 그러나 결핍은 인간 본연적이거나 유전적인 특징이 아니라 사회적으로 만들어진 것이다. 개인적 특성을 이야기할 때, 빈곤 계급은 종종 능력주의의 렌즈를 통해 판단된 나머지, 열심히 노력하지 않고 "의욕grit"도 결핍되었다는 비난을 받곤 한다. 이러한 결핍 논리는 그들이 굳은 의지를 다지고 더 열심히 일한다면 원하는 바를 모두 이룰 수 있으리라는 생각이 바탕에 깔려 있으며 사회적 불공평이나 구조적 억압의 시스템에 대한 인식을 배제하고 있다.

---

11. [옮긴이 주] 19세기 미국의 인기 대중소설가. 그의 작품들은 불우한 환경에 처한 청소년이 성실, 근면, 용감함, 정직함 등의 청교도적 가치를 통해 보상받는다는 이야기를 담고 있다. 이를 허레이쇼 앨저의 신화라고 부른다.

영화 〈마이 페어 레이디My Fair Lady〉에서 보듯이 영국 사회는 말의 억양을 오랫동안 계급 표지class markers로 여겼다. 미국에서는 이미지와 담론을 통해 좋은 치아를 가진 것이 계급을 드러내는 표시가 되었다. 예를 들어 1997년 12월 1일 자 〈뉴스위크Newsweek〉지는 표지 사진 속 여성의 치아 이미지를 조작했다. 사진에 나온 아홉 쌍둥이의 엄마인 보비 맥코이Bobbi McCaughey는 치아가 고른 모습이었다. 같은 주에 〈타임Time〉지에 올린 사진에는 치아 이미지가 조작되지 않았다. 〈뉴스위크〉지가 여성의 이미지를 조작한 것은 계급의 표지를 교묘하게 삽입하여 "올바른proper" 미국인의 표준 이미지를 제공한 것이라고 볼 수 있다.

비판적 미디어 리터러시를 통해 우리는 현대 사회에서 미디어의 이미지가 어떻게 계급의 표지, 위계, 관계 등을 구축하는지 파악할 수 있다. 교차성Crenshaw, 1991의 개념은 계급, 젠더, 인종, 섹슈얼리티가 어떻게 교차하며 공존co-constructed하는지 설명한다. 예를 들어, 많은 경우 계급을 묘사하는 미디어 내러티브는 젠더, 인종, 섹슈얼리티 등과 연관된 주제들을 다루므로, 성차별, 인종차별, 동성애 혐오를 비판하는 비판적 미디어 리터러시는 계급주의에 대한 비판을 동반한다.

또한 비판적 미디어 리터러시는 미디어 이미지가 노동자 계급을 폄훼하며 부유층이나 중산층을 찬양하는 등 특정한 사회계층에 대한 이미지와 메시지를 긍정적, 부정적, 혹은 모호하게 묘사하는 방식을 탐구한다. 계급에 대한 왜곡된 재현을 비판하는 것과 마찬가지로, 노동자 계급, 여성, 유색인종, 성 소수자 등 주류 언론이 부정적으로 재현하는 대상에 대해 긍정적인 이미지를 전달하는 미디어 텍스트를 해석하고 입증하는 것도 비판적 미디어 리터러시의 중요한 측면이다. 이러한 재현들이 종종 중복되고 교차하기 때문에 수업에서는 교차성을 통해 복합적이고 생산적인 분석을 할 수 있다.

2011년에 일어난 '점령하라 운동Occupy Movement'은 1%와 99% 사이의 계급 분화를 잘 드러낸 사건이다. 이로 인해 계급 분화와 불평등에 대한 공적 담론이 형성되었다. 2016년 버니 샌더스의 대통령 선거운동은 빈부격차, 급진적 정치 변화의 필요성, 계급을 포함하여 미국 사회의 여러 가지 불평등에 초점을 맞춘 강력한 사회운동을 끌어냈다.

미디어 리터러시와 연관된 수업에서는 미디어가 계급을 재현하는 다양한 방식을 분석할 수 있다. 예를 들어 빈곤을 부정적인 상황으로 묘사하며 젠트리피케이션을 긍정적인 발전으로 묘사하는 것과 같다. 비판적 미디어 리터러시는 자본주의가 어떻게 계급을 구축하고 사회를 소유계급과 노동계급, 그리고 그 중간에 큰 비중을 차지하는 중산층이라는 구도로 가르는지에 대한 논의를 제공한다. 정치 시스템은 종종 부유층의 이익을 위해서만 작동하며 빈곤층을 위한 프로그램이 가난의 악순환을 영속시킨다고 비판한다.

이러한 정치 시스템을 변화시키기 위해 비판적 미디어 리터러시는 그 과정에 우리가 참여할 수 있도록 돕는다. 수업에서 학생들은 특정 정치 집단이 사회복지 프로그램에 최소한의 지원만을 해야 한다고 주장하는 이유에 대해 논의할 수 있다.

또한 비판적 미디어 리터러시는 계급과 환경, 건강, 사회정의 등이 어떤 연결고리가 있는지 의문을 제기하며, 빈곤층의 생활과 노동 조건이 부유층과 비교할 때 열악함을 폭로하고, 계급과 환경의 문제를 연결해 설명한다. 나오미 클라인Naomi Klein, 2014은 『이것이 모든 것을 변화시킨다: 자본주의와 기후』에서 계급, 경제, 그리고 환경개발과 위기에 대한 논의를 종합하여 환경적 정의에 관해 기술하고 있다. 간단히 말해서, 비판적 미디어 리터러시 수업은 권력과 정보, 계급과 교육 사이의 관련성을 다루는 것이다. 이러한 접근을 위해서는 자본주의 사회의 사회계급에 대해 문제를 제기하며, 당연한 것으로 여기는 경제 구조를 분석하는 것이 필수적이다.

인종과 인종차별주의

재현의 정치학을 탐색하려면 미디어와 연관된 인종과 인종차별주의의 문제를 논의할 필요가 있다. "미국 역사 전반에 걸쳐, 인종은 상위 범주master category로서 불평등, 소외, 차별의 패턴을 형성하는 본보기"Omi & Winant, 2015, p. viii이기 때문이다. 미국 인종차별주의의 역사는 파괴적인 영향력을 지니고 있으며 오늘날에도 지속해서 백인을 미국인의 아이덴티티로 규범화하고 있다. 그로 인해 여타 인종은 주변화되고, 이른바 "유색인종 차별color line"로 국가를 양분화시켜, 유색인종보다 백인에게 이로운 이데올로기와 구조적 시스템을 형성했다. 로버트 퍼거슨Robert Ferguson, 1998은 인종을 "자의적이거나 자연적"p. 78인 것으로 인식하는 것을 피하기 위해 역사적인 시각이 중요하다고 주장했다. 유럽인들이 북미에 도착했을 때부터 인종차별주의는 아메리카 원주민을 섬멸(살인, 약탈, 인종학살 등)하고 아프리카를 비롯한 세계 각지에서 인간을 납치하고 노예로 부리는 일을 정당화하는 데 이용되었다. 미국 백인과 미국 경제는 원주민의 땅을 뺏고 노예를 착취하여 막대한 이득을 보았다.

유색인종을 희생하여 백인에게 이득을 주는 이러한 행위와 정책 그리고 법은 미국 역사 전반에 걸쳐 지속되었다. 예일 대학교의 법학 교수인 제임스 휘트먼James Whitman, 2017은 다음과 같이 기술했다.

> 20세기 초의 미국은 단순히 인종차별주의 국가가 아니었
> 다. 미국은 인종차별주의를 주도하는 법을 가진 유일한 국가였
> 다. 뿌리 깊은 백인우월주의와 활발하고 혁신적인 법률 문화가
> 어울려 인종차별적인 법을 만드는 선두주자였다. 나치 독일조
> 차도 미국을 보며 영감을 받을 정도였다.p. 138

휘트먼은 선거법과 법적인 인종 분리를 포함한 짐 크로 인종차별법
Jim Crow segregation[12], 이민법, 귀화법, 시민권법, 이등국민신분제second
class citizenship, 혼혈 반대, 우생학 운동, 소수 인종에 대한 린치 등 미국
의 인종차별적 법과 사회 정책이 나치의 뉘른베르크 법Nuremberg law에
깊은 영향을 끼친 과정을 책으로 출판했다.

1900년대 초반까지 인종을 이해하기 위한 미국 사회의 지배적 패러
다임은 생물학과 종교다. 1차 세계대전 이후에 문화와 민족성ethnicity
을 기반으로 인종을 사회적 구성으로 보는 새로운 접근법이 등장했다.
패러다임이 인종과 민족에 대한 사회학적 접근으로 이동한 것은 인종
이 유전학적 혹은 신의 행위라는 이전의 사고방식에서 진보한 것이라고
볼 수 있다. 문화의 다양성과 동화현상assimilation에 초점을 둔 이 패러
다임은 역사, 시각적 신체 특징, 경제, 사회구조 등 인종의 본질적인 요
인들을 간과하고 있다.Omi & Winant, 2015 또한 민족성이라는 개념은 백인

---

12. [옮긴이 주] 짐 크로 법(Jim Crow laws)은 1876년부터 1965년까지 시행됐던 미국
의 주법이다. 이 법은 옛날 남부 연맹에 있는 모든 공공기관에서 합법적으로 인종 간
분리를 하도록 명시했으며, 미국의 흑인들은 "분리되어 있지만 평등하다"라는 사회적
지위에 처하게 되었다.

성Whiteness을 모든 민족이 동화해야 하는 규범으로 보편화하는 경향이 있다. 1960년대, 시민 인권 운동이 성장하면서 블랙파워Black Power, 치카노파워Chican@ Power 등을 비롯한 여러 단체는 인종과 인종차별에 대한 깊은 이해를 촉진했다. 이러한 움직임이 일어나자 주류 인종 프로젝트[13]는 민족성이라는 시각을 전용하여 우경화했다. 1970년대에 이르러 민족/인종 패러다임은 인종불문주의colorblindness라는 신보수주의적인 헤게모니를 촉진하는 역할을 했다. 인종 프로젝트는 인종과 인종차별의 이데올로기와 구조적 현실이 합쳐져서 만들어졌다. 이는 미국 사회의 인종 간의 관계를 형성했다. 그 결과 인종 경계color line가 유지되는 것이다. 이에 대해 마이클 오미Michael Omi와 하워드 위넌트Howard Winant는 다음과 같이 기술했다.

> 구조와 의미화signification 사이의 연계를 통해 인종 형성 과정이 생겨난다. 인종 프로젝트는 이데올로기적, 그리고 현실적 '작업work'을 통해 이러한 연결을 만들어 둘 사이의 연관성을 명확하게 한다. "인종 프로젝트는 인종적 정체성과 의미에 대한 해석이고, 재현이며, 설명일 뿐 아니라 동시에 특정한 인종 경계에 따라 (경제적, 정치적, 문화적) 자원을 조직하고 분배하려는 시도다."2015, p. 125

미국의 경우 쿠 클럭스 클랜Ku Klux Klan을 찬양한 『국가의 탄생

---

13. [옮긴이 주] 인종 프로젝트(racial project)는 오미와 위넌트(Omi & Winant)가 주창한 인종형성이론(racial formation theory)의 한 개념으로서 인종을 해석하고 표현하며 특정 인종 개념을 바탕으로 사회적 재원을 조직, 재분배하는 행위를 말한다.

The Birth of a Nation』^{D. W. Griffith, 1914}으로부터 유색인종을 하인이나 위험한 범죄자로 그리는 할리우드 장르 영화^{Benshoff & Griffin, 2009; Bogle, 1989; Fregoso, 1993; Shaheen, 2001}에 이르기까지 영화, 방송, 텔레비전의 역사 전반에 걸쳐 유색인종에 대한 인종차별적 재현의 전통이 존재했다.

2018년 중간 선거 기간 동안 방송 뉴스, 소셜 미디어, 우익 프로파간다 등은 이민자의 행렬이 미국으로 전염병을 옮기는 "범죄적인 신원 미상의 중동인들"이라는 근거 없는 주장을 퍼뜨려, 공포 분위기를 만들었다.^{Berr, 2018; Roose, 2018; Vernon, 2018} 공화당이 만든 이민자 행렬에 관한 광고는 지나치게 인종차별적이어서 CNN에 이어 NBC가 방영을 거부했다. 폭스뉴스^{Fox News}는 처음에는 방영하다가 결국 중단했다.^{https://tinyurl.com/yc3j7ffk}

미디어 메시지에 대한 비판적 분석은 인종 재현과 차별적 사회구조 간의 관련성 때문에 매우 중요하다. 이는 텍스트의 의미가 고정되어 있거나 투명하지 않기 때문이다. 홀^{Hall, 2013}은 의미가 "맥락, 용례, 그리고 역사적 조건에 따라 잽싸게 변하는 까다로운 고객"^{p. xxv}이라고 설명했다. 그는 의미로 인해 우리가 강력한 긍정, 혹은 부정적 감정을 느낄 수 있다고 주장하며 다음과 같이 기술했다. "의미는 가끔 우리의 정체성에 이의를 제기한다. 이것은 중요한 문제이기 때문에 우리는 이러한 이의제기에 대응하기 위해 투쟁한다. 이는 심각한 결과를 초래할 수 있는 경쟁이다. 의미는 무엇이 '정상^{normal}'이며, 누가 거기에 속해 있는지, 그리고 결과적으로 누가 배제되는지를 결정한다. 의미는 권력관계 속에 깊숙이 새겨져 있다."^{p. xxv} 이어서 홀^{Hall, 2013}은 다음과 같이 말했다.

인문사회과학에서 "문화적 전환^{cultural turn}" 이후에는 의

미가 단순히 "발견되는found" 것이 아닌, 생산되고produced 구축되는constructed 것으로 여겨졌다. 따라서 "사회구성주의적 접근social constructionist approach"에 의하면 재현은 사물의 구성 과정에서 발생한다. 따라서 문화는 역사적 사건이 일어난 이후의 세상을 반영하는 것이 아니라 사회적 주체와 역사적 사건을 형성하는 존재로, 경제적, 물질적인 "토대"만큼이나 중요한 근원적, "구성적constitutive" 과정으로 개념화되었다.

미디어 재현을 통한 의미화의 힘은 인종과 인종차별의 문제를 다룰 때, 당면하게 되는 어려운 문제다. 지배 이데올로기의 많은 부분이 역사적, 사회적, 경제적, 혹은 정치적 맥락을 배제하고 인종을 자연적, 생물학적인 개념으로 정상화normalized해 버렸기 때문이다. 이러한 과정에 도전하기 위해서 퍼거슨Ferguson, 1998은 생산적 불편productive unease이라는 개념을 제시한다.

신념과 판단의 사회적 기원을 없애는 방식으로 권력과 종속의 관계를 정당화naturalize하려는 경향은 항상 존재했다. 권력과 종속의 인종차별적 관계를 정당화하는 과정은 여전히 우리 사회의 중심적인 특성을 이루고 있다. 우리는 그 기반을 무너뜨려 그것을 제거해야 한다. 미디어 재현을 비정상화denaturalisation하기 위해서는 일상적인 개념definition을 거부하고 생산적 불편이라고 명명한 상태에서 살아야 한다.p. 6

비판적 미디어 리터러시 페다고지는 학생들이 백인우월주의 이데올로기와 인종과 생물학의 결합이라는 허구를 타파함으로써 인종의 사회적 구축에 대해 문제를 제기하고 인종차별이라는 고통스러운 현실을 인정함으로써 "생산적 불편"을 촉진한다. 교육자들은 흑인 미디어 리터러시 Afro-Media Literacy[Byard, 2012]를 적용하여, 미디어와 대중문화에 등장하는 현대 사회 흑인들의 모습을 통해 역사, 과학, 경제학, 그리고 이데올로기 사이의 연관성을 탐구할 수 있다. 샤니 바이어드[Shani Byard, 2012]가 제시한 흑인 미디어 리터러시는 수 세기를 통해 미국 사회에서 유럽 출신의 백인 이민자들과 그 후손들의 이익을 위해 유색인종, 특히 흑인을 희생시킨 인종 및 인종차별의 방식, 그리고 이를 형성한 지배구조에 관한 문제를 학생들이 제기할 수 있도록 한다. 흑인 미디어 리터러시는 다음과 같은 틀로 구성된다.

(1) 미국 사회에서 인종차별의 결정적인 지점은 노예제도이다.
(2) 인종의 위계성을 정당화한 것이 우생학이라는 점을 인식한다.
(3) 경제학이 이윤과 권력을 위해 인종차별을 통해 착취한 과정을 탐구한다.
(4) 백인우월주의와 흑인열등주의를 조장하는 도구인 색차별주의 colorism에 대항한다.

우생학과 과학적 인종차별주의의 역사가 〈뉴욕타임스〉 베스트셀러인 『벨 커브Bell Curve』[Hernstein & Murray, 1994]와 〈뉴욕타임스〉의 30년 경력 과학 기자인 웨이드[Wade, 2014]가 저술한 『부담스러운 유산: 유전자, 인종, 그리고 인간의 역사Troublesome Inheritance: Genes, Race and Human History』처럼 인기 있는 대중서나 다수의 미디어 메시지에 영향을 미치고 있음에도 미국의 많은 학생은 인식하지 못하고 있다. 우생학에 대한 최근 비판은 2018년 10월 26일 미국 공영방송PBS의 '아메리칸 익스피리언스American Experience'라는 유명한 프로그램에서 방영한 〈우생학 십자군: 완전함, 무엇이 문제인가?The Eugenics Crusade: What's wrong with Perfect?〉https://tinyurl.com/ycs9rpsq를 들 수 있다. 이 다큐멘터리는 대학과 고등학교에서 효율적인 강의 교재로 사용할 수 있다.

백인우월주의라는 사고방식은 지난 수백 년간 미국의 많은 주류 미디어에 등장했으며 이러한 현상은 오늘날에도 지속되고 있다. 2018년에 이르러서야 비로소 〈내셔널지오그래픽 매거진National Geographic Magazine〉은 자신들의 기사가 인종차별을 조장하는 역할을 했다는 점을 시인했다. 편집장인 수전 골드버그Susan Goldberg, 2018는 "우리 잡지의 경악스러운 과거 이야기를 공개하는 것은 마음 아픈 일"이라면서 "우리가 인종 문제를 어떻게 다루었는지가 중요하다"라고 인정했다.pp. 4-6 1888년부터 〈내셔널지오그래픽 매거진〉은 세계 각지의 문화와 사람들에 관련한 기사와 사진을 통해 인종차별적 식민주의 사상을 강화했다. 골드버그는 이 잡지가 사회문제를 제기하거나 유색인종의 목소리를 대변하지 못하고 "잘 알려진 바와 같이 다른 지역에 사는 소위 '원주민'들을 이국적인 모습으로, 종종 알몸인 채로 행복한 사냥꾼이나 고귀한 야만인으로 소개하는 등 각양각색의 진부한 어투를 보였다"p. 4라고 설명했다. 1916년 호주에 관한 이야기에 나온 한 사진 캡션에는 다음과 같이 적혀 있다. "남호주 흑인들: 이 야만인들의 지능은 모든 인간 중 가장 낮다."pp. 4-6 이러한 반복적인 재현은 백인우월주의 이데올로기를 정상화normalizing하는 과정에 지대한 공헌을 했다. 오늘날의 미디어 묘사는 더욱 교묘하지만, 많은 제작물을 통해 여전히 같은 사고방식을 영속화하고 있다. 무슬림 대량 살상자는 "테러리스트"라고 부르고, 반면 같은 경우 백인은 "정신장애" 혹은 "사회적 외톨이lone wolf"라고 부른다. 이와 유사하게 남미 출신의 이민자에게 "범죄자" 딱지를 붙이면서 동유럽 출신의 이민자는 "망명자"라고 부르는 것, 무명의 흑인 시위자를 "폭력배"라고 하고, 경찰을 향해 자동 소총을 겨누는 백인 무장 민병대는 "사회운동가 activist"라고 부르는 것 등이 그 좋은 예다.Pearce, Duara, & Yardley, 2016

스튜어트 홀Stuart Hall, 2003은 단어와 이미지가 이데올로기적 틀을 통해(혹은 연결되어) 표현되면 다양한 의미를 함축하게 된다고 설명한다. 결핍 논리deficit thinking는 널리 퍼져 있는 이데올로기로서 특정한 집단에 속하는 사람들에게, 예를 들어 정직, 지성, 어려운 일을 견디는 책임감, 자신을 발전시키려는 욕구 등 특정한 긍정적인 특성이 빠져 있다는 주장을 담고 있다. 이 결핍이라는 전제는 현재 상황이 이 사람들 자신의 잘못이므로 어려운 처지를 겪는 것이 마땅하다는 사고를 부추긴다. 미국 역사를 통틀어 보면, 시대에 따라 다양한 그룹이 인종차별의 대상이 되어 결핍 논리의 희생양이 되었음을 알 수 있다. 특히 아메리칸 인디언과 흑인들은 지속해서 결핍 논리의 피해자였으며, 이는 종종 역사적 트라우마의 경험으로 이어졌다.Arrows, 2013; DeGruy, 200

상업적 미디어는 가난한 사람들의 빈곤을 그들이 너무 게을러서 열심히 일하지 않았다거나 만족할 줄 모르는 모습으로 그려, 빈곤이 그들의 잘못이라고 프레이밍함으로써 결핍 논리를 재생산했다. 특히 유색인종의 빈곤에 관한 미국 사회의 지배적 담론은 오랜 기간 빈곤 문화나 열등한 유전자, 혹은 무능한 부모와 가정환경을 지적해 왔다.Valencia & Solórzano, 2004 지배 이데올로기는 결핍 논리를 이용해, 가난한 이들에게 '성공할 능력이 없다'라고 비난하고, 억압적인 제도, 구조, 시스템의 책임을 인종차별의 희생자들에게 전가함으로써 불평등과 불의injustice를 정당화했다. 교육자들은 자신들의 편견을 인식하고, 불평등을 창출하는 사회구조를 조사하며, 학생들의 경험, 문화, 그리고 지식 자본funds of knowledge[14]을 근거로 한 자산기반적 접근asset-based approach[15]을 이용해, 결핍 논리에 대항할 수 있다.González, Moll, & Amanti, 2005

인종을 넘어서야 한다는 주장이 대중적 담론을 형성하고 있는 지금, 인종차별주의라는 개념을 이해하려면, 과거에 시작된 인종의 사회적 구축을 탐구하는 것이 특히 중요하다. 과거와 비교하면 겉으로 잘 드러나지 않지만, 기회, 특권, 차별적 관습, 미묘한 차별microaggressions과 함께 인종 간의 격차가 지속적으로 개인과 사회에 미치는 해악은 과거와 변함이 없다. 클로드 스틸Claude Steele과 그 동료들이 진행한 수십 년에 걸친 "고정관념 위협Stereotype Threat"에 관한 연구는 말, 몸짓, 그리고 의미화가 인간의 육체에 미치는 파괴적인 힘에 대한 실증적 증거를 제공한다. 자신들의 주변성marginality을 제시하는 말이나 행동(신호, cues)을

---

14. [옮긴이 주] 역사적, 문화적으로 습득된 지식과 기술의 총체이다. 지식 자본은 애리조나 대학교 교육학과 교수인 몰(Moll)과 그 동료들에 의해 교육학적 접근으로 발전했다. 지식자본이론은 소외 계층 학생들의 가정과 문화적 배경을 이해하고 그들이 가진 기술을 발견하여 수업에 활용하는 것으로 결핍 이론의 대항적 접근이다[원문: González, N., & Moll, L. C. (2002). Cruzando el puente: Building bridges to funds of knowledge. Educational Policy, 16(4), 623-641. 인용문은 이은혜·임고은(2020). 「지식자본이론(found of knowledge)이 국내 학부모들의 학교 참여 논의에 주는 함의」, 『교육문화연구』 26(3), 367-388].

15. [옮긴이 주] 자산기반적 접근은 형평성을 기반으로 한다. 이 접근법은 각자의 사고방식, 문화, 개인적 특성을 교육을 위한 긍정적인 자산으로 본다. 수업에서 교사와 학생은 자신들에게 결핍된 것을 채우기보다, 자신들의 자산을 교실에서 나누는 과정이 더 중요하다고 생각하는 접근 방식이다[NYU. (2020, September 16). Teacher Education Reinvented Supporting Excellence in Teacher Education. NYU/Steinhardt.: https://teachereducation.steinhardt.nyu.edu/an-asset-based-approach-to-education-what-it-is-and-why-it-matters/#:~:text=In%20the%20simplest%20terms%2C%20an,to%20work%20on%20or%20lack.].

경험할 때 고정관념 위협이 일어나, 불안감을 유발하고, 생리적 반응(식은땀, 혈압상승, 심장박동수 상승, 고혈압)을 일으키며, 인지적 사고 능력이 저하된다.Steele, 2010 스틸이 진행한 실험에서 연구자는 특정한 피실험자에게 부정적인 고정관념을 유발하는 말을 한 다음 모든 피실험자에게 시험을 치게 했다. 그 결과 부정적 고정관념을 유발하는 말을 들은 피실험자들의 시험점수가 듣지 않은 피실험자들보다 더 낮았다. 예를 들어 지능 측정을 위한 시험을 칠 것이라는 말을 들은 흑인 학생들이나, 수학 시험을 치기 직전에 자신의 젠더에 관한 말을 들은 여성들, 또는 시험 전에 기억 능력에 관한 질문을 받은 나이 든 사람 등, 자신의 자아에 대한 부정적 고정관념과 연관된 말을 들은 사람들은 그렇지 않은 사람들에 비해 모두 시험에서 낮은 성적을 보였다. 고정관념 위협 현상은 고정관념이 얼마나 위력적인지, 또 노골적인 인종차별뿐 아니라 간접적인 미묘한 차별을 분석하고 이에 대항하는 것이 얼마나 중요한지 보여 준다.

미묘한 인종차별Racial Microaggressions이란 개념은, 1970년 체스터 피어스Chester Pierce가 처음으로 제시한 후 법률에서 교육에 이르기까지 다양한 분야에서 사용되고 있다. 미묘한 차별은 은밀하며, 가끔 비언어적이고, 상투적이며, 주변인 집단에 속한 사람들에게 부정적인 메시지를 전달한다. 미묘한 차별의 목적이 악의를 지닌 부정적인 경우도 있지만, 좋은 의도를 지닌 긍정적인 목적이 부정적 결과를 초래하는 예도 있다. 그러므로 교사는 학생이 의도보다는 효과에 초점을 맞추도록 이끌어야 한다. 의도와 상관없이 미묘한 차별의 효과는 유해하기 때문이다. 김기윤Kiyun Kim, 2013은 포드햄 대학교Fordham University에서 대안 미디어 프로젝트를 진행하며 미묘한 인종차별에 대항했다. 그녀는 급우들에게 "너는 진짜 동양인이 아니야.", "왜 너는 백인같이 말하니?", 또는 "아니, 그러니까 진짜 고향이 어디냐고?" 등 그들이 실제로 들었던 미묘한 인종 차별의 표현들이 적힌 표지판을 들게 한 뒤 사진을 찍었다. 이 사진들은 인터넷에서 널리 퍼졌고, 웹사이트들이 이를 옮겨 실었다.^{이 사진들은 http://} nortonism.tumblr.com에서 볼 수 있다.

미묘한 차별은 코멘트부터 재현의 생략, 기억해야 할 주제나 인물의 선정에 이르기까지 여러 가지 형태로 나타난다. 제임스 로웬^{James Lowen,} ¹⁹⁹⁹은 "테네시 출신의 남부군 기병대장이자 KKK_{Ku Klux Klan}의 창시자 인 네이선 베드퍼드 포레스트_{Nathan Bedford Forrest}"가 미국의 모든 주를 통틀어 가장 기념물이 많은 사람이라고 지적했다.^{p. 16} 최근에는 남부군 의 상징과 동상들을 공적 장소에 전시하는 것을 반대하는 시위가 많이 일어났지만, 남부군에 대한 기념물이나 헌정물이 1,700개 이상 남아 있 다.^{Southern Poverty Law Center, 2018} 이렇게 남북전쟁을 미화하는 것은 많은 사람에게 노예제도라는 잔인한 역사의 아픈 상처를 상기시킨다.

스포츠팀들이 자신들의 문화를 조롱하는 이름이나 마스코트를 사용 할 때, 아메리칸 인디언들도 이와 유사한 경험을 하게 된다. 1890년대 이 후 미국에는 약 200여 개의 개척자 동상이 세워졌다. 대부분은 백인만 묘사했지만 가끔 아메리칸 인디언이 그들의 발밑에 깔린 모습도 있다. 신시아 프레스콧_{Cynthia Prescott, 2018}은 이러한 동상들이 "지배적인 백인, 즉 개척시대의 서부_{Wild West}가 아메리칸 인디언이라는 '야만성'으로부터 백인적인 '문명'으로 발전했다고 노골적으로 찬양하고 있다"라고 설명했 다. 이러한 백인우월주의 찬양은 인종차별적 정책, 조약 무시, 오보 전략 등 미국 역사상 가장 잔혹한 사건들의 맥을 잇고 있다. 동상과 기념비는 미디어인데, 특히 정보와 권력의 결합이라는 측면에서 다른 미디어 텍스 트와 마찬가지로 비판적 미디어 리터러시가 탐구해야 할 대상이다.

여행하거나 인터넷을 검색할 때 접하게 되는 책이나 미디어로부터 사람들이 어떤 정보와 재현을 접할지 결정하는 힘은 사고방식을 형성하고 지배 내러티브를 유지하는 데 강력한 영향력을 발휘한다. 검색 엔진의 급속한 발달로 인해 사람들이 정보를 찾고 그 신뢰도를 판단하는 방식이 변화했다. 현재 구글 검색은 하루에 약 35억 건이 이루어진다. 스콧 갤러웨이Scott Galloway, 2017는 "구글은 현대인의 신이 되었다. 그것은 우리 지식의 원천이며 항상 존재하고, 우리의 가장 깊은 비밀을 알고 있으며, 우리가 어디에 있고 어디로 가야 하는지를 다시 확인시켜 주며, 시시한 문제부터 심오한 질문까지 모두 대답해 준다. 구글만큼 신뢰와 믿음을 받는 기관은 없다"p. 5라고 기술했다. 하지만 이러한 검색 엔진은 공적인 정보 기구가 아니며 도서관과 같은 공적인 공간도 아니다. 사피야 노블 Safiya Noble, 2018은 구글이 광고회사이며 이윤 창출을 목적으로 자신들만 아는 알고리듬과 페이지랭크 검색 프로토콜을 사용하기 때문에 인종차별적이고 성차별적인 검색 결과가 나타난다는 것을 강조했다.

노블은 자신의 어린 조카와 그 친구들의 지적 전통과 성취에 대해 알아보려고 구글 검색 엔진에 "흑인 여자아이들"이라는 검색어를 입력한 적이 있었다. 그러자 수많은 외설 사이트들이 결과에 올라왔다.Noble, 2012 이를 계기로 노블은 검색 엔진의 편향성을 조사하게 되었다. 그 결과가 2018년 출간한 『억압의 알고리듬: 검색 엔진은 어떻게 인종차별주의를 강화하는가Algorithms of Oppression: How Search Engines Reinforce Racism』이다. 노블은 대부분의 사람이 검색 엔진을 모든 질문에 중립적으로 대답하는 중립적인 도구라고 여기는 것이 심각한 문제라고 보았다. 이윤을 추구하는 회사들이 만들어 낸 자동 시스템이 우리를 대신해서 수많은 결정을 내리고 있으므로 어떤 가치가 우선시되고, 그로 인해 피해를 보는 사람이 누구인가에 대해 문제를 제기해야 한다는 것이다.

21세기에 교사 양성 교육자가 담당해야 할 역할에 대해 타이론 하워드Tyrone Howard, 2010는 모든 교육자는 인종적 인식racial awareness을 해야 하며 "미국에서 소수 인종 그룹의 일원이기 때문에 겪어야 하는 역사적, 사회적, 정치적, 경제적 상황을 인지해야 한다"p. 121라고 주장했다. 타이론은 인종적 인지는 단순히 차이를 인정하는 것 이상이며 미국에서 인종에 대한 인식이 어떻게 발현되었는지를 이해하는 것이라고 본다. 인종적 인식은 또한, "백인성Whiteness"이 미국의 이데올로기, 문화, 관습에 어떻게 침투해 있는가에 관한 실질적인 지식을 의미한다.p. 121 교사들이 인종과 인종차별주의에 대해 학생들과 용기 있는 대화를 이끌어 가려면 이러한 사안들을 탐구해야 한다. 하워드Howard, 2010는 "교사 양성 교육자는 인종에 대해 심층적인 논의가 이루어지는 불편한 공간으로 학생을 끌어들여야 한다"p. 123라고 설명한다. 준비되지 않은 교사는 "학생들의 인종적 아이덴티티를 무시하고 '인종불문주의colorblindness'[16]라는 안전한 관행으로 후퇴할 수 있으며" 이는 종종 "학생들이 인종에 대해 의식하지 못하게끔 하여" 백인성을 규범으로 만든다.p. 123 하워드는 "인종불문주의적 시각은 내면화된 인종차별주의internalized racism를 불러일으키고, 인종적 위계를 강화해 학생들의 인종에 대한 결핍 모델로 이어질 수 있다"p. 124라고 경고했다.

비판적 미디어 리터러시는 인종과 인종차별주의에 대한 용감한 대화

---

16. [옮긴이 주] 인종불문주의는 오히려 인종차별을 유발할 수 있다는 관점이다. 정체성, 인종주 경험 등을 무시하고, 백인에 관한 이해 축소, 유색인종에 관한 부정적 이미지를 형성하고, 인종 격차의 추적을 방해한다. 인종차별주의는 다른 형태의 인종주의라는 관점이다[Jon Greenberg(2015). 7 Reasons Why 'Colorblindness' Contributes to Racism Instead of Solves(https://everydayfeminism.com/2015/02/colorblindness-adds-to-racism/)].

에 필요한 "생산적인 불편productive unease"을 만드는 틀을 제공한다. 인종과 인종차별주의의 미디어 재현에 문제를 제기함으로써 우리는 정보와 권력이 몇몇 사람들의 이익을 위해서 다른 이들을 희생시키는 방식에 대한 분석을 시작할 수 있다.

젠더와 섹슈얼리티

기독교 성경에서 최근에 유행하는 비디오 게임에 이르기까지, 가부장적 가치는 지속해서 현대 상업 미디어의 이데올로기적 기반을 구성하는 한 부분을 담당하고 있다. 남성이 태생적으로 강하고 머리가 좋으며 우월하므로 여성 위에 군림해야 한다는, 소위 "상식적인" 전제는 보편적인 것이 아니다. 이 전제는 부분적으로 미디어의 재현과 문화적 관행에 힘입어 세계 여러 지역에서 만들어진 현대 사회의 구축물이다. 가부장제의 문화적 지배는 남성들이 누리는 특권적 지위와 관련된 종속적 역할을 여성이 맡아야 한다는 전제를 만들어 낸다. 비판적 미디어 리터러시는 가부장제와 여성의 지배가 어떻게 여성의 신체를 물화objectify하고 그들의 정신적 요소를 무시하는 미디어 재현 때문에 어떻게 발전하거나 도전하는지를 문제 제기한다.

가부장제와 성차별주의가 지닌 이데올로기와 구조는 이성애주의와 만난다. 이성애heterosexuality가 섹슈얼리티를 이해하는 "정상적인" 방식으로 재현될 때, 영화, 가요, 광고에서 나타나는 애정romantic relationship 은 남성과 여성 간의 관계로 제한되어 버린다. 이성 간의 사랑과 젠더에 관한 동조gender conformity는 미디어의 어디에서나 나타난다. 이는 성 소수자LGBTQ와 그들의 공동체를 소외시키는 동시에 이성애가 유일한 선택이라는 가정을 강화한다. 젠더와 섹슈얼리티가 사회적으로 구축되고 이와 공조하여 미디어가 우리의 인식을 구축하는 방식을 조사하는 것은 중요하다. 비판적 젠더 연구자들은 가부장적, 동성애 차별적 사회에서 일어나는 지배와 종속과 관련하여 남성성masculinities과 여성성femininities을 비롯한 다양한 젠더 정체성을 사회적으로 구축하는 미디어의 역할에 주목한다.

온라인에는 젠더브레드퍼슨Genderbread Person[http://tinyurl.com/qxw7g7u], 젠더유니콘Gender Unicorn[http://www.transstudnet.org/gender] 등과 같이 젠더와 섹슈얼리티의 사회적 구축에 관한 조사를 시작하는 데 유용한 도구들이 있다. 여기에 있는 시각적 그래픽은 젠더 정체성, 젠더 표현gender expression, 생물학적 성biological sex, 육체적/성적 끌림, 감성적/애정적 끌림 등의 차이를 잘 보여 준다. 이러한 조사의 목적은 이분법적 구분을 넘어 젠더와 섹슈얼리티가 유동적임을 이해하는 것이다. 많은 경우 젠더와 섹슈얼리티의 다양한 측면들을 잘못 인식하거나 마치 똑같은 것으로 취급하고 있다.

주류 매체에 등장하는 논쟁들은 여전히 젠더에는 두 종류(남성과 여성)밖에 없으며 이성애가 유일하게 "정상적인" 성적 지향sexual orientation이라는 신화를 재생산하고 있다.

남녀 성 이분법의 문제는 호르몬 수치 때문에 2014년 국제 경기에서 참가 자격을 상실한 인도의 육상선수 듀티 찬드Dutee Chand의 이야기에서 잘 드러난다. 스포츠에서 젠더 확인 테스트는 여성들이(남성의 경우는 거의 없다) 염색체, 호르몬, 신체적 조건에 대한 무분별한 규정을 바탕으로 수치감을 유발하는 검사를 받게 만든 이력이 있다.[Padawer, 2016]

인도 육상 연맹에 보낸 편지에서 찬드는 "여성으로 참가한다는 이유만으로 나의 신체를 특정한 방식으로 바꾸어야 한다는 것을 이해할 수 없다. 나는 여성으로 태어나고 키워졌다. 나 자신을 여성으로 인식하고 있으므로, 다른 여성들과 경쟁할 기회를 얻어야 한다고 생각한다. 내 경쟁자들 다수가 나보다 키가 크거나 더 좋은 배경을 가지고 있다. 그들은 나보다 유리한 조건을 지니고 있다"Padawer, 2016라고 주장했다. 찬드의 사례를 검토한 스포츠 중재 위원회가 국제 올림픽 연맹의 남성 호르몬에 관한 정책testosterone policy을 일시적으로 중단시켰다. 하지만 스포츠에서 성 검사sex testing에 대한 논쟁은 여전히 남아 있다.

의료계조차도 섹슈얼리티 담론에 대한 논쟁이 늦게 일어나, 1987년에 와서야 미국정신병리학회American Psychiatric Association의 진단과 통계 매뉴얼Statistical Manual of Mental Disorders에서 동성애를 삭제했다.Burton, 2015 버턴Burton은 국제보건기구WHO가 "1992년 〈ICD-10〉[17]을 발간하면서 비로소 국제질병분류ICD에서 동성애를 제외했다"라고 기술했다. 과학, 종교, 미디어 등은 오래전부터 성 소수자에 관한 부정적 고정관념과 젠더에 관한 신화를 강화해 왔으며, 이성애 규범성Heteronormativity과 성차별을 재생산하고 있다(대중 매체에 나타난 젠더의 재현에 관한 보고서로는 Smith, Choueiti, Pieper, Case, Choi, 2018이 있으며, 지나데이비스연구소Geena Davis Institute http://seejane.org/research-informs-empowers/ 사이트에 다수의 보고서를 올려놓았다). 젠더와 섹슈얼리티에 대한 편견misconception에 도전하기 위해서 학생들은 이러한 사고방식이 사회적으로 구성되는 과정과 오늘날 젠더와 섹슈얼리티에 대한 부정적인 고정관

---

17. [옮긴이 주] 〈ICD-10〉은 국제질병분류센터의 10번째 수정판을 의미한다.

념을 강화하는 미디어의 역할을 탐구해야 한다.

프로듀서, 감독, 작가 등을 비롯한 엔터테인먼트 산업의 다양한 분야에서 남성이 여성을 압도하는 사실에 관한 최근의 연구를 살펴보면, 엔터테인먼트 산업이 여전히 남성 중심적이며 여성은 엔터테인먼트 산업의 직급, 직종, 역할 등 모든 분야에 걸쳐 종속적인 위치를 차지하고 있음을 알 수 있다.Hunt, Ramón, Tran, Sargent, & Roychoudhury, 2018 2018년에는 미투 운동#Metoo movement으로 언어폭력에서 강간에 이르기까지 많은 분야에서 일어나는 여러 가지의 성적 학대에 대한 고발을 공론화하였다. 최근 미디어에서는 폭스뉴스의 전 회장인 로저 에일스Roger Ailes, 시비에스CBS 회장 레스 문브스Les Moonves, 하비 웨인스타인Harvey Weinstein 등 주요 영화감독, 빌 코스비Bill Cosby 등 배우들을 비롯해, 토크쇼, 연예계, 뉴스 분야에 이르기까지 다양한 분야에 종사하는 사람들이 행한 끔찍한 성적 학대 등에 관한 폭로가 있었다.

메시지를 생산하는 사람 대부분이 남성이라면 가부장제가 지속되기 쉽다. 그러나 우리는 많은 여성이 제작자, 작가, 감독, 배우가 되는 미디어 지형의 변화를 목격했다. 그중 많은 이들이 여성에게 권한을 부여하는 역할을 만들려고 힘썼다 또한 전통적 고정관념으로 만들어진 재현, 즉 제한된 이미지와 내러티브로 여성을 어머니, 딸, 정부lover 혹은 남성에게 종속된 사람으로 그리는 재현에 맞서 투쟁하고 있다. 전통적으로 할리우드는 여성을 어머니, 연애의 대상, 혹은 타락한 "나쁜" 여자로 재현하는 특권을 지니고 있다. 전통적인 역할에 충실하며 남성에 대한 복종을 받아들이면 "좋은 여성"이고, 전통적 여성의 역할과 도덕성의 경계를 벗어나면 "나쁜 여성"이 된다.Haskell, 1974 할리우드 영화계, 라디오 방송과 초기 네트워크 텔레비전 또한 모든 장르에 걸쳐 이성애 규범성을 강화했다. 주류 영화, 텔레비전 시리즈는 남성과 여성 간의 애정 관계와 부르주아의 도덕성을 찬양하고, 규범의 경계를 벗어나는 이들을 "부도덕"하다고 단죄했다. 나아가 은밀하게 성 소수자의 코드를 지닌 등장인물은 이방인으로 취급되고, 처벌을 받거나 조롱당했다.[Russo, 1995]

1960년대 여성운동과 성해방운동을 기점으로 미디어 재현에 나타난 남성과 여성의 역할, 여성에 관한 재현 방식이 변화했다. 1950년대의 할리우드 영화, 라디오 방송, 초기 텔레비전 방송의 경우 지배적인 여성 장르인 멜로드라마나 여성 영화에서 여성은 가족의 구성원인 엄마 혹은 딸이 아니면 애정의 대상, 말하자면 부르주와 질서를 파괴하는 "나쁜 여성"으로 재현되었다.[Haskell, 1974] 〈내 사랑 루시I love Lucy〉, 〈아우어 미스 브룩스Our Miss Brooks〉 등의 코미디 영화나 텔레비전 코미디에서 코믹한 역할로 재현된 여성은 종종 성차별을 재생산하는 방식으로 조롱거리가 되었다. 오늘날 영화와 텔레비전에서 여성은 정부나 기업, 권력이 있는 위치에서 임무를 수행할 뿐 아니라 다양한 개성과 섹슈얼리티를 가진 모습으로 등장한다.

지난 10여 년간 코믹스와 영화에 나타난 슈퍼 히어로 장르물에는 블랙 캡틴 아메리카, 이슬람교도 파키스탄인인 미즈 마블Ms. Marvel, 트랜스젠더인 배트걸 #1Batgirl #1, 그리고 카일Kyle과 노스스타Northstar의 동성결혼 커플 등 더욱 다양한 캐릭터가 나와 인종, 젠더, 섹슈얼리티에 관한 기존의 고정관념에 도전하고 있다. 커티스와 카르도Curtis & Cardo, 2018는 이러한 변화가 코믹스 제작에 참여하는 여성의 증가, 그리고 "부분적으로는 교차성intersectionality이라는 구심점과 제3세대 페미니즘[18]의 다원성"[p. 282]에 기인한 것으로 보았다. 지난 10년간 마블Marvel과 디시 코믹스DC comics는 제각기 10여 종류의 여성 캐릭터를 개발했다.Curtis &

2017~2018년 텔레비전에 등장한 성 소수자 캐릭터에 대한 GLAAD Gays-Lesbians Alliance Against Defamation[19] 연례 보고서에 따르면, 성 소수자 캐릭터 재현이 향상되었고 성 소수자의 역할이 증가했으나 전체 캐릭터 중 성 소수자로 나타나는 캐릭터 비율은 6.4%에 불과했다. 18~34세의 미국인 중 자신을 성 소수자로 생각하는 사람의 비율이 20%라는 것을 고려할 때 이는 미미한 숫자다.GLAAD Media Institute, 2018 나아가, 지배적인 미디어 문화의 형태는 여성의 물화objectification에 적극적이다. 진 킬본Jean Kilbourne은 광고에 관한 자신의 연구 결과를 토대로, 광고에 나타난 여성은 대체로 어머니, 소비자 또는 성적 대상으로 구축되고 있음을 알 수 있다고 주장했다. 실제로 미디어 문화는 처음부터 여성을 성적 열망의 대상으로 정형화하였으며, 미디어 문화에 나타난 여성의 지배적 형태는 유혹적이고 관능적이며 좋은 옷을 입고 화장을 한 욕망의 대상으로 표현하도록 부추겨 왔다. 나아가 여성들은 여성을 지배하는 남성, 말하자면 경찰, 형사, 군인, 의사, 법조인 등 남성의 문화와 지배를 묘사하는 다양한 남성 하위문화를 특징으로 한 미디어 내러티브에서 소외되었다. 앨리슨 벡델Alison Bechdel은 여성의 소외를 폭로하기 위해 벡델 테스트를 고안했다. 이 테스트는 가상 이야기에서 여성을 어떻게 묘사하는가를 평가하는 방법이다. 이 테스트는 작품이 적어도 두 여성 사이에

---

18. [옮긴이 주] 제3세대 페미니즘은 제2세대 페미니즘에서 제외된 여성들, 특히 유색 여성과 제3세대 여성까지 확장하면서 페미니즘의 부활을 도모한 운동이다. 1991년 대법관 후보 클래런스 토머스를 상대로 아니타 힐이 제기했던 성희롱 소송을 둘러싸고 일어난 일로, 힐의 증언에도 토머스가 대법관으로 임명되자, 이에 분노한 레버카 위커가 〈미즈(Ms)〉에 실은 「나는 제3세대다」라는 도발적인 반격의 글에서 기원했다.

19. [옮긴이 주] 성 소수자의 인권과 관련해, "성 소수자의 인권은 사람의 인권"이라는 캐치프레이즈로 활동하는 게이-레즈비언 동맹이다.

서 남성이 아닌 다른 주제로 대화가 이루어지는 장면을 그리고 있는지 물어본다.http://en.wikipedia.org/wiki/Bechdel_test 학생들에게 벡델 테스트를 이용하여 영화 속에 등장하는 젠더에 관한 재현을 조사하는 것은 미디어에 등장하는 여성상 구축의 문제점을 조명하는 훈련이기도 하다.

반면 남성에 관한 미디어 재현은 여성을 유혹하고, 정복하며, 궁극적으로는 소유해야 하는 존재로 구축되었다. 공격성, 강인함 등의 마초적 특성을 비롯해 잭슨 캐츠Jackson Katz, 2006의 "독소적 남성성toxic masculinity" 성향은 다양한 장르의 작품들에 등장하는 남성 캐릭터의 규범이 되었다. 스포츠와 군대는 일상적으로 독소적 남성성이 구축되고 실행되는 분야다. 경쟁적인 프로 스포츠팀은 대개 상태 팀을 "파괴destroy"하는 것이 목적인 군대와 비슷하다. 미식축구처럼 육체적 접촉을 통해 경쟁하는 스포츠가 어린이와 운동선수들에게 끼치는 위험성에 관한 연구가 이루어진 것은 비교적 최근의 일이다. 나아가 남성들은 스포츠 팬이 되도록 문화화enculturate되며, 미디어는 많은 시간을 스포츠에 할애하여 남성과 여성 시청자들이 경쟁, 개인적 성공, 그리고 다른 사회적 집단보다 우세해야 한다는 가치를 지니도록 사회화socialize한다. 실제로 1990년대 케이블 텔레비전이 등장한 때부터 시청자들은 각종 스포츠 네트워크 덕분에 하루 24시간 일주일 내내 스포츠 경기를 시청할 수 있게 되었다.

스포츠는 팀워크, 페어플레이, 협동, 단체를 위한 희생 등의 긍정적인 가치를 배울 기회를 제공했다. 유색인종과 노동계급은 스포츠를 통해 대학 진학, 고수입의 전문직, 성공 등 여러 긍정적 가치를 얻을 기회를 얻었다. 또한 스포츠는 1940년대와 1950년대에 유명 야구선수들이 인종차별과 인종 분리에 반대하는 운동을 하거나, 1968년 올림픽에서 흑인 선수들이 블랙파워 경례[20]로 인종차별의 지속과 흑인 지도자들의 죽음에 항의하는 저항의 장이 되었다. 트럼프 정권에서 미식축구 선수들은 유색인종에 대한 경찰 폭력의 증가에 항의하며 국가가 연주될 때 무릎을 꿇었다. 다른 프로 경기 팀들은 도널드 트럼프의 인종차별적인 언사와 정책에 항의하며 백악관 초청을 거절했다.

미디어, 대중문학, 그리고 전통적인 남성적 사회화는 "남자다움"을 총기 문화와 연계하여 규정함으로써 독소적 남성성을 구축했다. 수많은 학교 총기 사건과 여타의 총기 난사 사건에는 화가 난 젊은 남성이 폭력적 행동을 통해 남성성의 혼란을 해결하려고 한다는 공통점이 있다.[Kellner, 2008] "남성성의 공황Crises in masculinities"이란 남성성과 터프가이 사이의 지배적인 사회적 연계를 나타낸다. 캐츠[Katz, 2006]는 이를 "터프 가이즈tough guise"라고 했다. 이는 자신의 취약함을 숨기기 위해 공격적인 단호함이라는 가면을 쓰는 것을 말한다. 이러한 공황은 남성들이 솟구치는 분노를 행동으로 옮기게 하여 폭력과 사회 전반적인 살인의 증가로 이어지며 정치적 암살, 연쇄살인, 대량 살상이나 학교, 교회, 모스크, 절, 그리고 직장의 총기 난사 사건 등 다양한 형태의 극단적인 폭력으로 나타난다. 학교 총기 난사를 벌인 남학생은 총기나 무기에 대한 페티시즘을 보이며 화려한 미디어 사건이 될 수 있도록 그러한 범행을 계획했다. 남성의 분노와 공황, 정신적 문제, 미디어의 선정성, 총기에 대한 집착, 그리고 느슨한 총기 규제의 조합은 치명적이며 이 시대를 학교 총기 난사와 대규모의 총기 폭력 사태로 얼룩지게 했다.

---

20. [옮긴이 주] 1968년 하계 올림픽에서 인종차별에 항의하는 의미로 주먹을 들어 올린 흑인 선수들의 사례를 의미한다(블랙파워 설루트 사건. 참조: https://ko.wikipedia.org/wiki/불끈_쥔_주먹).

소셜 미디어 또한 속도, 익명성, 사회적 탈육화social disembodiment 등 소셜 미디어의 특성과 소셜 미디어에 등장한 새로운 남성권리운동 가men's rights activists, MARS 온라인 커뮤니티인 매노스피어manosphere[21] 는 독소적 남성성을 확산했다. 이러한 커뮤니티는 자신을 인셀incel, involuntary celibates, 베타패그즈betafags, 긱스geeks, 여자 사냥꾼pick-up artists 등으로 부른다. 데비 깅Debbie Ging, 2007은 매노스피어의 증가가 강력한 여성 혐오의 기반이 되었다고 본다. 온라인 성폭력, 강간 협박, 살인 협박, 심지어 오리건Oregon과 캘리포니아의 이슬라 비스타Isla Vista에서 발생한 학교 총기 난사 사건과도 관련이 있다. 깅은 메노스피어를 영화 〈매트릭스The Matrix〉1999에 등장하는 특정한 철학과 연결된 온라인 커뮤니티의 집합체라고 기술했다. 이 철학은 영화 속에서 네오Neo가 빨간 알약을 먹기로 하는 장면에서 나온 것이다.[22] 깅은 "빨간 알약이 철학적으로 암시하는 바는 남성 혐오를 조장하는 페미니즘이라는 세뇌로부터 깨어나는 것이며 이것이 이 모든 온라인 커뮤니티를 결집하는 중심 개념"P. 3이라고 설명했다. 도나 저커버그Donna Zuckerberg, 2008는 소셜 미디어가 여성 혐오를 악화시킨다는 주장에 동의한다. 그녀는 여성 혐오적 발상을 소셜 미디어를 통해 촉진하는 남성들이 고대 그리스와 로마 등 여성들에게 권한이 없었던 시대의 철학, 문학, 그리고 상징 등을 자

---

21. [옮긴이 주] 남성계(男性界). 영어로 매노스피어(Manosphere), 안드로스피어 (Androsphere)는 페미니즘에 대응하는 혹은 반대하는 남성들이 남성 및 남성성과 관련된 주제에 관심을 지닌 느슨하고 일상적인 블로그와 포럼 및 웹사이트와 같은 비공식 집단에 붙여진 이름을 뜻한다. 이들의 주제는 다양하며, 남성 인권 쟁점과 부권 운동 활동 및 반여성주의, 픽업 아티스트에 대한 논란 등을 포함한다(출처: https:// www.internetmatters.org/hub/news-blogs/what-is-the-manosphere-and-why- is-it-a-concern/).
22. [옮긴이 주] 영화에서는 모피스트가 네오에게 "빨간 약을 먹으면 거짓 세상에서 각성하게 될 것이며, 파란 약을 먹으면 거짓 세상에서 계속 살 것"이라면서 양자택일을 하라는 장면이다.

의적으로 사용하고 있다고 주장했다. 저커버그는 이러한 남성들이 "고대 문학을 이용하여 자신들이 살고 싶어 하는 세상을 지향하는 사상을 그려 내고 있다. 그들이 이상적으로 그리고 있는 모델은 지난 2000년간의 사회적 진보를 대부분 지우고 있다"Iqbal, 2018라고 말했다. 매노스피어는 극도로 여성 혐오적이고 인터넷을 통해 폭력적인 수사rhetoric를 전파하며 자신을 억압의 피해자로 여기는 성난 백인 남성들의 운동을 부추기고 있다. 이러한 남성 피해의식과 폭력적인 남성성 문화는 신체적·상징적 행동을 통해 여성에 대한 폭력으로 이어지고 있다.

언어는 시청자들이 특정한 방식으로 읽고 생각하도록 만드는 강력한 도구이다. "마이애미데이드Miami-Dade의 경찰관, 아내가 병원으로 옮겨진 후 체포되다"라는 마이애미 CBS 방송 헤드라인에서 알 수 있듯이 여성을 대상으로 한 남성의 폭력에 관한 보도는(흔히 무관심하게 '가정폭력'이라고 부른다) 대체로 수동적인 표현을 사용한다.Tester, 2017 수동적인 표현은 범행에 대한 책임을 범인과 분리하여 마치 아내가 병원으로 옮겨졌을 때 그녀의 남편이 공교롭게도 체포된 듯한 인상을 준다. 로러델Lauredhel, 2007은 "이렇게 보도의 대상을 위장하는 것은 겉으로는 악의 없어 보이지만 실질적인 영향을 준다. 그것을 알아채지 못한다면 대항할 수도, 비판할 수도 없다. 폭력을 저지른 자들이 보이지 않게 되고, 범인은 프레임의 밖으로 옮겨진다"라고 기술했다. 능동적인 표현은 "그 남성이 그 여성을 성폭행했다"이지만, 수동적인 표현을 쓰면 "그 여성은 성폭행을 당했다"가 된다. 이러한 변형은 결과적으로 성폭행의 피해자인 여성에게 "성폭행을 당한 여성"이라는 딱지를 붙이고 남성은 관련 없는 존재가 되어 버린다. 미국에 관한 비판적인 보도 기사에서도 수동적인 표현을 사용한다. 〈뉴욕타임스〉는 미군이 아프가니스탄의 병원을 폭격한 사건에 대해 "아프가니스탄 병원 공습, 최소 9명 사망"이라는 헤드라인을 사용했다.Norton, 2015 노러커스Naureckas, 2018는 페어FAIR[23]에 기고한 "미디어는 자신들이 원할 때만 독자들에게 누가 누구를 살해하는지 말해 줄 수 있다"라는 제목의 글에서 주류 뉴스 미디어가 수동적 혹은 능동적 표현으로 보도한 헤드라인의 예들을 제시했다. 이것은 학생들이 스스로 인터넷을 조사하기 전에 보여 줄 수 있는 훌륭한 예다.

　미국 미디어 문화에 나타나는 여성의 재현에 대한 논의를 되짚어 볼 때, 모든 미디어 문화가 성차별적인 것은 아니며 여성을 남성에 종속된 존재로 재현하지 않는 예외적인 경우도 있음을 주목해야 한다. 할리우드의 베티 데이비스Bette Davis, 존 크로퍼드Joan Crawford, 제인 폰더Jane Fonda, 혹은 제니퍼 로렌스Jennifer Lawrence 등은 강한 여성을 연기하는 최고의 여성 스타로 유명하다. 나아가, 가끔은 여성에 대한 독소적 남성성의 행위들이 공격적이며 성차별적인 것으로 묘사되기도 했다. 대중적인 엔터테인먼트의 경우, 말론 브랜도, 제임스 딘, 폴 뉴먼을 비롯해 조지 클루니와 브래드 피트 등 현대 남성 배우들이 나오는 몇몇 작품에서는 감수성이 높고 마초적이지 않은 남성의 재현이 나타나기도 한다. 강한 남성성은 전통적으로 할리우드 남성의 이상형이었지만, 텔레비전도 초기 수십 년 동안 남성을 능력 있는 가장(《아빠가 제일 잘 알아Father Knows Best》), 혹은 의사, 법률가, 경찰, 군인, 고위층 인사 등의 전문직 종사자로 묘사함으로써 사회적 역할과 직업에 관한 지배적 관념에 순응하며 기존 질서를 재생산하고 옹호했다.

---

23. [옮긴이 주] Fairness & Accuracy In Reporting(FAIR). 뉴욕에 본부를 두고 있으며 미디어 비판을 목적으로 하는 진보적 단체이다. 1986년 제프 코헨(Jeff Cohen)과 마틴 리(Martin Lee)에 의해 창설되었다(출처: https://en.wikipedia.org/wiki/Fairness_%26_Accuracy_in_Reportin).

마찬가지로 성 소수자가 엔터테인먼트 산업에도 종사하기 때문에 주류 미디어에서 동성애에 관해 긍정적인 묘사가 존재한다는 것은 놀라운 일이 아니다.Russo, 1995 참조 동성애자에 관한 고정관념에 대항하여 동성애 해방 운동이 일어난 1960년대와 1970년대를 거치면서, 미디어에 나타나는 고정관념은 그 이전에 비해 현저히 줄었다. 그러나 여전히 동성애자에 대한 부정적인 재현과 성 소수자를 조롱하거나 악인 취급하는 내러티브는 너무 많다.

여성해방운동, 성해방운동, 남성운동, 젠더, 인종, 그리고 계급의 평등을 위한 운동과 연계해 미국 사회의 진보 진영에서는 가치관 혁명이 일어났다. 이로 인해 1960년대 이후에는 젠더와 섹슈얼리티의 재현에 많은 변화가 있었다는 것은 분명하다. 우리 사회와 미디어에 나타나는 인종주의, 성차별주의, 동성애 혐오, 그 밖의 여러 형태의 편견에 대항하는 조직된 운동은 1960년대부터 시작되었고, 지금도 계속 이어지고 있다. 이러한 운동은 성차별주의자, 인종주의자, 동성애 혐오자 등의 부적절한 재현을 비판하며, 미디어가 여성, 유색인종, 대안적 젠더에 관해 더욱 강도 높은 재현을 제공하기를 요구해 왔다.

1960년대부터 지금까지 많은 미디어 텍스트가 성차별주의자, 인종주의자, 동성애 혐오자 등 여러 부적절한 재현을 제공해 왔고, 할리우드 영화, 네트워크 텔레비전, 코믹 서적 등을 비롯한 다양한 미디어 문화는 논란의 장이 되었다. 반면 몇몇 미디어 제작자들은 여성, 유색인종, 대안적 섹슈얼리티에 관한 좀 더 강한 이미지를 제공했다. 이러한 맥락에서 볼 때, 학생과 시민이 수많은 형태의 차별과 억압을 생산하고 재생산하는 미디어 재현과 미디어 내러티브에 문제를 제기하고 대항하는 것은 중요하다.

3장

이론에서 실천으로

비판적 미디어 리터러시의 이론적 기초가 제시하는 틀과 로드맵을 바탕으로 한 교육은 비판적 권한을 부여하고, 올바른 발전과 문화적 호응을 제공한다. 교육자들은 다양한 방법으로 자신들이 가르치는 과목에 비판적 미디어 리터러시를 적용할 수 있다. 초등학교 학생들은 여러 가지 버전의 우화와 동화들을 비교하고 대조하며 책, 만화, 영화, 웹사이트, 노래, 혹은 비디오 게임에 나타나는 젠더와 인종의 묘사에 문제를 제기할 수 있다. 그런 다음 협업을 통해 하나의 이야기에 대안적인 시각이나 다른 결말을 결합하여 코믹, 밈memes, 팟캐스트, 디지털 스토리, 혹은 사진 등과 같은 미디어를 만들어 낼 수 있다. 고학년 학생들은 제작기술을 배우면서 영화를 분석하고 이데올로기가 캐릭터, 개념, 장소 등을 통해 어떻게 전달되는지에 관한 문제를 제기할 수 있다. 그리고, 광고, 블로그, 애니메이션, 잡지, 영화 예고편, 책, 혹은 소셜 미디어 등 자신의 텍스트를 만들어 새로운 시각으로 이야기를 재구성하고 헤게모니적 내러티브에 도전할 수 있다. 인쇄물만을 다루는 것보다 다양한 종류의 텍스트를 제작할 수 있을 때 학생들의 창의적, 표현적, 비판적 잠재력이 더욱 향상된다. 이러한 수업은 유치원부터 공통핵심기준Common Core State Standards이 요구하는 기초 기술과 관련이 있으며, 하나의 이야기를 여러 가지 버전으로 비교함으로써 학생들은 정보의 속성이 어떻게 구축되는지를 이해하기 시작한다. 비판적 미디어 리터러시가 주는 다양한 혜택은 비판적 사고의 향상, 수업 참여의 증진, 문화적 관련성의 증가, 나아가 공감 능력의 확대까지 포함한다.

동로스앤젤레스East Los Angeles의 중학교 교사인 니콜 모나레즈Nikole Monarrez는 8학년 학생들에게 비판적 미디어 리터러시 한 단원을 가르친 후 학생들 사이에 다양한 시각을 이해하는 능력이 개선되었을 뿐 아니라 공감 능력 또한 높아졌다는 것을 발견했다.Monarrez, 2017 모나레즈는 학생들이 서로에게 자신의 감정을 보이는 방식에 변화가 생긴 것을 보았다. 그녀는 "학생들은 더는 자신의 과거 경험만을 가지고 성급하게 결론을 내리지 않고 상황이 다른 사람들에게 어떤 영향을 미칠 수 있는지를 고려했다"P. 45라고 설명했다. 소셜 미디어의 증가가 공감 능력의 저하를 일으킨다고 하는 셰리 터클Sherry Turkle, 2015의 주장을 고려할 때 이것은 그 어느 때보다 지금 중요하게 여겨야 할 개념이다. 터클은 "연구 결과 대학생들 사이에서는 공감 지수가 40% 하락했는데, 대부분이 지난 10년간에 이루어진 일이다. 학자들은 이 추세를 새로운 디지털 커뮤니케이션의 등장과 연관 짓고 있다"P. 21라고 기술했다. 소셜 미디어가 원인이든 아니면 다른 어떤 요인이 있든 간에 공감 능력의 저하는 매우 걱정스러운 일이며 즉각적인 주의가 필요하다. 비판적 미디어 리터러시는 사회적·환경적 정의와 관련된 사안들에 초점을 맞추고 있으며, 이는 교육과 타인에 대한 배려를 직접 연결한다.

미디어 교육은 고학년의 영어 과목에서 가르치는 것이 보통이지만,

우리는 학생들이 이 개념을 나이에 상관없이 배울 수 있으며 가능한 한 일찍 모든 과목에 걸쳐 이 개념을 배워야 한다는 것을 알고 있다. 비비안 바스케즈Vivian Vasquez, 2014는 미취학 아동을 대상으로 미디어에 대한 비판적 사고를 가르치고 팟캐스트, 공식 요청, 노래 등을 제작하도록 지도하는 교육이 지닌 잠재력을 보여 주었다. 어린아이가 시각적 이미지를 읽고, 이야기를 보고 들으며, 소리를 해석하는 방법을 배울 때, 모든 정보와 엔터테인먼트의 목적, 수용자 그리고 구축에 관한 문제 제기에 비판적 미디어 리터러시를 적용할 수 있다. 아이들이 자신들의 이해와 문화적 경험의 수준에 맞는 말로 비판적 질문을 제기하도록 권장해야 한다. 유치원 학생들이 고도의 추상적 개념들을 이해하는 것을 기대해서는 안 되겠지만, 그들이 사용하는 텍스트를 통해 옳고 그름의 차이를 고민하리라는 것을 기대해야만 한다. 남로스앤젤레스의 한 유치원 교실에서는 5세의 어린이들이 자연과 공감하는 법을 배우고 난 후 자기 학교의 다른 학생들을 교육하기 위해 환경보호 포스터를 직접 제작했다.Túchez-Ortega, 2017 학생들이 실질적인 수용자와 진심으로 소통할 때, 리터러시는 강력한 도구가 될 것이다. 언어와 세상을 읽고 쓰는 그들의 힘은 더욱 강력해질 것이다.

이미지 문화Image-Based Culture의 학습과 교수법

학생들에게 시각적 이미지를 비판적으로 읽는 기술을 가르치는 것은 어린 학생들이나 언어를 배우는 사람들뿐 아니라, 인쇄물이 주도하는 교육을 힘들어하는 모든 이들이 참여할 수 있게 하는 훌륭한 출발점이다. 말을 할 수 있는 시기 이전부터 어린이는 시각적 이미지에 둘러싸인다. 나이가 들면서 주위의 시각적 이미지는 점점 더 많아진다. 시각적 재현의 편재성omnipresence은 교육자들에게 학생들이 미적 감각, 디자인, 그리고 재현의 정치를 시각적으로 사고할 수 있도록 도울 것을 요구하고 있다.

사진을 페다고지의 도구로 사용함으로써 학생들은 자신들의 분석 기술을 심화하고 미디어 제작 능력을 향상할 수 있다. 사진 이미지에는 다른 미디어의 전달 방식과 구별되는 힘이 들어 있다. 공장에서 노동에 시달리는 아이들의 모습을 담은 루이스 하인즈Lewis Hines의 사진은 미국 최초의 아동 노동법이 만들어지는 데 이바지했다. 2018년, 미국 이민국 관리가 우는 아이를 부모로부터 떼어 놓는 사진은 일반 대중은 물론 진영과 관계없이 정치인들의 분노를 유발했다. 사진은 전쟁의 시작과 끝을 끌어내고, 사람들을 감옥으로 보내고, 정치적 투쟁에 영감을 주며, 큐피드의 화살처럼 사람들을 사랑에 빠지게도 한다. 한 장의 사진은 천 마디 말의 가치가 있다고 한다. 사진은 정지된 시간으로 우리를 보내어 간접적인 경험을 하게 만들기 때문이다. 사진은 우리의 접촉 범위를 넘어선 세상을 보고 느끼게 하고, 말 한마디 없이 우리 내면의 감정을 표현하게 해 준다.

> 사진에는 말보다 더욱 빠르고 간결한 영향력이 있다. 그 영향력은 즉각적이고, 본능적이며, 강렬하다. 사진은 인간의 지성과 감성을 뒤흔드는 일반적인 이미지의 힘을 가지고 있을 뿐 아니라, 이에 더해 명백한 정확성evident accuracy이라는 강력한 힘을 지니고 있다.Goldberg, 1991, p. 7

정확성에 관한 이러한 가정과 하나의 객관적 현실이 존재한다는 실증주의적인 개념이 결합하여 많은 이들이 사진을 명백한 증거라고 생각한다. 그래서 법정에서 사진을 증거로 받아들이고 과학자들이 사진을 사용하여 데이터를 기록하기도 한다. 바르트Barthes, 1981는 "현상학적 관점에서 볼 때 사진이 지닌 인증의 힘the power of authentication은 재현의 힘을 능가한다"p. 89라고 말했다. 세상 사람들은 사진이 역사를 보존하며 진실과 현실을 전달하는 문서라고 생각한다.

사진은 현실을 기록하고 우리의 현재와 과거를 보존하는 중요한 도구가 될 수 있다. 그러나 동시에 사진은 악용되어 속이는 도구가 될 수도 있다. 1850년대부터 루이 애거시Louis Agassiz를 비롯한 우생학자들은 이미 비유럽의 인종들이 열등하다는 이론을 정당화하기 위해 사진을 사용했다. 밴타Banta와 힌슬리Hinsley는 1930년대 하버드 대학교에 재직했던 인류학자 어니스트 후턴Earnest A. Hooton이 이와 유사한 인종주의적 사고를 촉진했다고 보고했다.[1986] 후턴은 자신이 제시한 인간 두개골 사진이 "형태론적 유형morphological types의 타당성을 뒷받침하는 궁극적인 증거"라고 주장했다.Banta & Hinsley, 1986, p. 65 오늘날에도 주류 미디어에 등장하는 수많은 사진은 백인주의를 미화하고 유색인종을 소외시키며 인종에 관한 왜곡된 재현의 전통을 이어 가고 있다. 사실상 모든 광고와 잡지 표지는 포토샵과 디지털 합성을 널리 사용하고 있으며, 서구 중심적이고, 부자연스러우며, 실현 불가능한 마른 체형이 대중적인 미의 이상이 되었다.Kilbourne, 2010

수전 손택Susan Sontag, 1990은 "카메라는 현실을 해석하지 않고 있는 그대로 담는다는 느낌이 있다. 그러나 사진도 그림이나 스케치와 마찬가지로 세상에 관한 해석이다"pp. 6-7라고 주장한다. 아무리 사실적이라고 해도 사진은 개인적인 재현이다. 이러한 재현은 누구를 혹은 무엇을, 어떤 맥락에서, 언제, 그리고 왜 사진을 찍어야 하는지 등 작가의 선택으로 구성된다.Cappello & Hollingsworth, 2008; Share, 2003 사진 프레임 안으로 들어오게 되는 내용은 결코 중립적이지 않다. 주관적인 인간에 의해 선택되고 구축되기 때문이다. 사람들이 사진을 객관적이라고 여기기 때문에 사진은 강력한 스토리텔링의 힘을 가진다. 하지만 그것은 여전히 인간적인 도구에 불과하며 다른 커뮤니케이션 도구들과 마찬가지로 한계와 약점이 있다. 제작과 비평에서 카메라가 특별한 위치를 차지하는 것은 사람들이 사진에 부여한 신뢰성의 힘 때문이다.

모두가 사진작가

오랫동안 카메라는 사진작가, 시각 예술가, 사진 애호가 등 특정한 사람들의 전용물이었다. 요즘은 컴퓨터, 태블릿, 휴대전화 등에 부착된 소형 카메라가 대중에 널리 퍼져서 모든 사람이 사진작가가 된 듯하다. 새로운 웹 2.0 앱과 더욱 작고 빨라진 하드웨어로 인해 사진은 대중화되어 수백만 명의 사람들이 매일 사진을 찍고 공유하고 감상한다. 페이스북Facebook, 인스타그램Instagram, 스냅챗Snapchat, 이미저Imgur, 플리커Flickr, 핀터레스트Pinterest 등은 사진의 힘과 전 세계적으로 이미지를 쉽게 공유할 수 있는 기술을 활용한 대중적인 소셜 미디어다. 퓨 리서치 센터의 인터넷 프로젝트에서 성인 인터넷 사용자를 대상으로 한 설문 조사에서는 "사진과 동영상은 온라인에서 이루어지는 사회적 경험의 주요한 부분이 되었으며… 인터넷 사용자의 절반 이상이 온라인에 사진이나 동영상을 올리거나 공유."Duggan, 2013하는 것으로 드러났다. 매사추세츠주에서 청소년을 대상으로 시행한 설문 조사에서 드러난 학생들의 휴대전화 소지 비율은 3학년 학생 18~20%, 4학년 학생 25~26%, 5학년 학생 39%, 중학생 83~84%Englander, 2011, p. 3 등으로 나타났다.

오늘날의 교육자들은 영화 한 편을 보는 비용보다 싼 디지털카메라나 수업 중 사용은 금지되더라도 교실에서 대부분 학생이 소지한 휴대전화를 유용하게 활용할 수 있다. 디지털카메라만 있으면 추가 비용 없이 찍고 싶은 만큼 사진을 찍을 수 있다. 재정 상태가 매우 어려운 학교라도 교사들은 사진을 선택과목으로 할 수 있다. 카메라는 대부분 사용자 친화적이라서 조작이 쉬우며, 사진 찍는 비용이 많이 들지 않는다. 그런데 사진 제작에 전문적 기술이 필요하지 않다고 하더라도 이미지를 비판적으로 해독하고 제작하려면 비주얼 리터러시를 이해해야 한다. 21세기의 문해력literate을 위해서는 이미지, 소리, 멀티미디어를 비롯해 수많은 "멀티리터러시multiliteracies"를 읽고 쓸 줄 아는 능력이 필요하다.New London Group, 1996

사진의 고유한 힘, 제작의 용이성, 적은 비용, 접근성 등으로 인해 카메라는 유용한 교육적 도구가 되었다. 교사들은 카메라를 이용하여 수업을 하고, 카메라에 관해 가르칠 수 있다. 웬디 에왈드Wendy Ewald는 수년간 학생들의 수업에 카메라를 이용해 왔으며 사진은 교육과 예술을 연결할 수 있는 잠재력을 지니고 있다고 주장한다. 에왈드Ewald, 2012는 "구도, 초점, 타이밍, 상징의 사용, 세부 사항에 대한 관찰 등은……글쓰기와 같다"p. 2라고 설명한다. 1960년대부터 폭스파이어Foxfire 고등학교 학생들은 카메라를 들고 교실 밖으로 나가 애팔래치아산맥에 자리 잡은 자신들의 마을공동체를 기록하고 사진집을 출간했으며 그중 몇몇은

〈뉴욕타임스〉의 베스트셀러로 선정되었다.Wigginton, 1991 이 학생들은 카메라와 녹음기를 사용하여 자신들의 가족과 친구가 단순하며 "무시해도 괜찮은" 산골 사람으로 묘사되는 부정적인 고정관념에 대항했다. 학생들은 사진을 찍고 이야기를 기술하여 그들이 지닌 풍부한 문화와 자산을 기록했다.Wigginton, 1972, p. 13

저널리즘이나 사진 수업에서 카메라를 사용하는 것은 새로운 일이 아니지만, 초등학교나 중고등학교에서 과학, 수학, 역사, 국어 수업에 카메라를 사용하는 것은 흔치 않다. 기술 변화와 더불어 많은 학생이 사진이나 동영상을 찍을 수 있는 휴대전화를 지닌 채 수업에 참여하기 때문에 이전과는 달리 학교 수업에 사진을 활용할 새로운 기회가 생겼다.Cappello, 2011; Kolb, 2008; Schiller & Tillett, 2004 이러한 새 기회로 인해 기존 방식과 다른 교수법, 즉 학생 중심, 프로젝트 기반, 협동적, 다중 모드, 그리고 비판적인 학습 등 다양한 교수법을 포용하는 교육자가 필요하다. 카펠로Cappello와 홀링스워스Hollingsworth는 "현실이 인식되는 것, 혹은 해석되는 것이라는 이해를 바탕으로 사진을 가장 효율적으로 사용할 수 있다"라고 말했다.p. 444 카메라를 가지고 수업하는 것만으로는 충분하지 않다. 비판적 미디어 리터러시는 사진이라는 도구와 매체에 대해 가르쳐야 한다. 미디어 교육과 사진을 통합하면 아주 어린 나이의 학생들에게서도 학습 잠재력이 매우 높게 나타난다. 쉴러Schiller와 틸렛Tillett은 사진을 이용하여 유치원생을 가르친 경험을 발표했다.

디지털 사진은 어른들이나 고학년 학생들이 진지하게 받아들이는 매체로서, 어린이들이 "중요한 일에 대한" 자신들의 관점을 제시할 기회를 제공해 준다. 이러한 점은 고학년 학생들의 긍정적인 반응과 어린이들의 사진이 "전문가 수준"으로 보인다는 학부모들의 열정적인 코멘트로 인해 분명해졌다.p. 413

디지털카메라는 학생을 수동적 정보 수용자에서 능동적 사진가로 변화시켜 자신의 모습을 사진에 담고, 지식을 함께 구축하며 자신의 아이디어를 제시할 수 있도록 한다. 영어학습자들English Language Learners, ELLS은 형용사(동의어와 반의어), 불규칙 동사, 전치사 등을 학습하기 위해 서로의 행동을 사진으로 촬영하여 플래시 카드를 만들 수 있다. 이러한 훈련을 통해 학생들은 원어민들이 일상생활에서 반복적으로 듣고 사용하여 습득하는 영어의 많은 측면을 명확하게 학습할 수 있다.Krashen, 1992 영어학습자들은 지속해서 영어 환경에 노출되지 않기 때문에 불규칙 동사, 명사화, 전치사, 수많은 새로운 형용사와 부사 학습에 어려움을 겪는다.Gibbons, 2009 제2의 언어를 배우면서 동시에 여러 가지 주제가 담긴 내용을 학습하는 것은 매우 힘든 일이다. 30년 이상 초등학교에서 가르친 경험을 가진 팻 배럿 드래건Pat Barrett Dragan, 2008은 영어학습자들에 관해 이렇게 설명한다.

사진은 영어학습자들에게 장비에 관한 힘과 통제력을 부여한다. 이는 영어 미숙에서 오는 통제력 결핍의 느낌을 보완한다. 사진은 나의 영어학습자들에게 또 하나의 언어, 즉 그들이 누구이며 무엇을 알고 있는지를 보여 주는 또 하나의 전달방식이다.p. 41

수전 브리치Susan Britsch, 2010는 어린 영어학습자가 사진을 이용하는 것에 관한 연구는 거의 없지만 "언어는 고립된 커뮤니케이션 방법으로 발전하지 않으며, 언어와 시각적 이미지와의 연관성은 필수적"p. 171이라는 점을 인식하는 것이 중요하다고 말했다. 학생은 누구나 카메라를 사용해 학교 밖에서 자신의 삶을 기록하고, 학교에서 배우는 학문적 언어나 개념의 의미를 구축할 수 있다.

로스앤젤레스 시내의 한 4학년 교실에서는 학생들이 사진으로 자신들의 어휘를 표현하는 법을 학습했다.Share, 2015a 우선 학생들은 교과서에서 접한 단어들을 사진으로 찍었다. 학습활동은 단어의 의미와 단어를 하나의 이미지로 보여 줄 수 있는 여러 방법에 대한 토의로 시작되었다. 사진을 촬영한 학생은 급우들에게 자신이 생각한 단어의 의미를 전달하기 위해 어디서 어떻게 사진을 촬영했는지를 설명했다. 학생들은 신문과 잡지의 사진들을 분석하며 카메라 앵글, 구성, 조명 등 사진작가가 감정이나 생각을 전달하기 위해 사용한 기법들의 목록을 브레인스토밍했다. 2주가 지나자 학생들은 사진 촬영에 매우 열성적이었고, 자기만의 단어들을 교실로 가져오기 시작했다. 그러자 새로운 단어를 가져온 사람이 그 단어를 묘사하는 사진을 찍거나 아니면 그 사진의 대상이 되는 새로운 학습활동이 일어났다. 학생들은 열성적으로 매일 아침 5~10분 동안 단어를 묘사하고 새로운 단어의 방대한 컬렉션을 수집했다. 디지털 이미지들을 파워포인트 파일에 넣어 동의어·반의어 플래시 카드 게임을 만들었다. 학생들은 자신들이 촬영한 사진들에 문장이나 이야기를 써넣고 파워포인트 유인물을 인쇄해 접어서 소책자로 만들었다. 어떤 학생은 유인물을 색깔이 있는 종이에 인쇄하고 코팅한 후 명함 크기로 잘랐다. 이렇게 개인화된 어휘 카드와 소책자는 학생들과 가족들에게 큰 인기를 얻었을 뿐 아니라 학생들의 어휘력과 리터러시 기능을 향상하는 강력한 학생 주도의 학습 교재가 되었다. 다양한 과목에서 사진을 활용하는 것은 리터러시에 관한 이해의 폭을 넓히고 비판적 미디어 리터러시의 틀을 바탕으로 비주얼 텍스트를 비판적으로 분석하는 새로운 기회를 열어 주었다.

도심의 학교에서 1년 차 선생으로 근무하는 제니퍼 피네다Jennifer Pineda, 2014는 초등학교 1학년 작문 수업에서 사진을 활용하여 얻은 이점을 기록했다. 사진을 활용하기 전 그녀의 학생들은 작문을 어렵고 지겨운 과목이라고 느꼈다. 피네다는 학생들에게 사진을 찍을 것이라고 하자 "교실은 환호성으로 가득 찼다"라고 말했다. 피네다는 아이패드로 학생들이 원하는 사진을 찍게 했다. 피네다는 학생들이 아무런 어려움 없이 사진을 촬영했으며 그 과정을 무척 좋아했다고 말했다. 그들의 사진은 작문의 동기가 되었으며 학생들은 촬영하거나 집에서 가져온 사진을 바탕으로 이야기를 썼다.

피네다는 학생들이 협동하여 사진을 촬영하고, 그 사진에 대해 토의하고, 사진과 연관된 이야기를 쓸 것을 권장했다. 학생들은 협동해서, 사진 촬영과 작문 과정에서 서로를 도울 수 있었다. "나의 학생들은 단순한 말하기와 작문을 통한 스토리텔링의 차이를 더 명확하게 이해하게 되었다." 집에서 가져온 가족사진을 바탕으로 쓴 작문들은 피네다의 학생들이 쓴 이야기 중 가장 뛰어났다. 피네다는 "학생들이 쓴 이 작문들은 가장 섬세한 이야기를 담고 있었다. 이는 사진을 촬영한 시점의 경험을 또렷이 기억하고 있었기 때문에 자신들이 사용한 사진과 강하게 연결되었던 것 같다"라고 설명했다. 이는 글쓰기 과정에 동기를 부여하는 효과적인 방법일 뿐 아니라, 학생이 교실을 넘어 자신의 삶을 공유하면서 자부심을 느끼게 되는 지식의 발견 과정을 보여 준다.González, Moll, &

사진 촬영은 단순히 작문을 위한 재미와 동기부여 그 이상을 의미한다. 피네다는 "자신의 사진을 촬영하는 과정에서 모든 사진의 이면에 있는 이야기들이 중요해졌다. 그들이 촬영하고 활용한 모든 사진이 제각기 다른 경험을 담고 있었기 때문에 학생들이 적극적으로 참여했다"라고 말했다. 교사들이 학생들에게 작문의 과정으로 사진을 이용하게 한 다른 초등학교 수업을 관찰한 결과, 카펠로와 홀링스워스Cappello & Hollingsworth, 2008는 "사진은 과정인 동시에 결과물이기 때문에, 그들은 글쓰기에 몰두할 수 있었다. 사진과 사진 촬영의 과정은 글쓰기를 독려하고, 원본 텍스트(원고)에 들어 있는 의미를 확장했으며, 복합적인 사고를 장려했다"p. 448라고 말했다. 이들은 "하나의 기호 체계에서 다른 기호 체계로 옮기는 과정, 즉 트랜스미디에이션transmediation은 사진을 수업에 활용할 가능성을 이해하는 데 핵심적인 개념이다"p. 444라고 주장했다. 학생들은 다양한 커뮤니케이션 시스템을 이용하면서, 구술 언어, 인쇄물 리터러시, 또는 비주얼 이미지 등 서로 다른 기호 체계 간의 연계점과 차이점을 발견하게 되며 이는 의미의 확장으로 이어진다. 사진은 인쇄물 리터러시를 대체하는 것이 아니라 다양한 리터러시 과정을 강화했다. 트랜스미디에이션은 비판적 미디어 리터러시의 중요한 요소다. 학생들이 메시지에만 몰두하지 않고 미디어에 관해 생각하게 되었기 때문이다. 커뮤니케이션에 관련된 미디어에 따라 하나의 메시지가 다양한 방식으로 제작되기 때문에 수용자를 각기 다른 방향으로 설득하는 과정을 분석할 수 있어, 학생들은 메시지뿐 아니라 매체에 대한 통찰력을 얻는다. 이것은 미디어를 이용한 수업을 미디어에 관한 수업으로 바꾼다.

사진은 비주얼 리터러시의 다양한 측면을 탐구하는 좋은 미디어일 뿐 아니라 수업을 위한 강력한 페다고지 도구이다. 학생들은 과목과 관계없이 휴대전화나 태블릿을 이용하여 어떤 주제에 관한 어휘를 묘사하는 사진을 제작할 수 있다. 국어 수업에서 학생들은 짝을 지어 두 가지의 사진을 제작할 수 있다. 하나는 상대가 주인공Protagonist인 사진이며 또 하나는 상대가 주인공에 반대하는 적대자Antagonist 역할을 하는 사진이다. 이를 통해 학생들은 비주얼 리터러시를 배우고, 캐릭터 개발에 대해서도 생각할 수 있다. 학생들은 카메라를 이용하여 교실 밖의 환경을 공부하고 장소 기반 글쓰기place-based writing를 위한 세부 사항과 미적 감각을 익힐 수 있으며 인간과 자연의 관계를 생각할 수 있다.Beach, Share, & Webb, 2007 이는 타인을 재현하고 타인에 의해 내가 재현되는 과정에서 권력이 어떻게 개입하는지를 성찰하는 좋은 기회를 제공한다. 유색인종 학생들에게는 주류 미디어가 자신을 닮은 사람들을 묘사하는 방식에 질문과 이의를 제기하는 계기가 된다. 백인 학생들에게는 "타자"에 관한 미디어 재현을 비판함으로써 백인우월주의, 인종차별, 그리고 고정관념 등에 관해 용기 있는 대화를 시작하는 지점이 될 수 있다.Singleton & Linton, 2006

청각적 리터러시Aural Literacy

학생들은 오디오 기술을 분석하면서 소리, 단어, 문장들이 어떻게 만들어지고, 거기에 음향이 어떻게 더해지며, 수용자에게 어떻게 들리는지, 그리고 제작의 맥락에 따라 어떻게 다양한 의미가 전달되는지를 탐구하고, 이들 통해 음악, 대화, 내레이션의 영향력과 가능성을 이해하게 된다. 대화, 내레이션, 음악, 음향효과에 내포된 코드와 규칙은 청중들이 무엇을 듣고, 어떤 생각을 하고, 어떻게 느끼는지를 결정한다. 구어spoken language에서는 억양과 톤이 단어의 의미에 영향을 주며, 가끔 문자 그대로의 뜻보다 중요한 역할을 한다. 영화에서 단어, 소리, 그리고 음악은 극 중 음향diegetic(소리의 근원이 화면에 보이거나 극 중에 있는 것으로 인식되는 경우)과 배경 음향non-diegetic으로 나뉜다. 이 둘의 차이는 수용자가 영화를 이해하는 데 영향을 미친다. 이러한 점들은 학생이 오디오 텍스트를 분석하는 중요한 요소일 뿐 아니라, 대중 연설이나 스스로 녹음을 제작하는 데 필요한 기술이다.Shamburg, 2009

학생은 음악적 소리로 아이디어, 느낌, 그리고 이미지를 묘사하는 방법인 톤 페인팅tone painting을 배우고 이를 이용한 실험을 할 수 있다. 몇 가지 음악의 기본적인 요소는 다음과 같다.

- 강약Dynamics: 셈과 여림(소리의 크기).
- 음색Timbre: 모든 악기는 고유한 톤이 있음.
- 피치Pitch: 음표의 높낮이.
- 쉼표Silence: 울림이 잦아드는 동안 생각하는 시간.
- 템포Tempo: 음악의 속도, 빠르거나 느리게.
- 질감Texture: 음들이나 음성들로 이루어진 층의 양(두꺼움과 얇음).
- 시간Duration: 하나의 음이 지속하는 시간(긺과 짧음).
- 리듬Rhythm: 비트 사이에 들어 있는 음의 구성.

대부분의 멀티미디어 제작에 일상적으로 들어가지만, 눈에 띄지 않는 요소가 효과음이다. 폴리 아티스트Foley artist[24]를 이용하여 음향효과를 추가하지 않은 비디오 게임, 텔레비전 쇼, 만화영화, 혹은 영화는 거의 없다. 책을 낭독하거나 이야기를 하면서 직접 제작한 효과음을 이용할 때 학생들은 자신의 지적, 사회적, 감성적 지능과 연결된 다양한 수준에서 텍스트를 창의적으로 이해할 수 있다. 협동을 통해서 학생들은 팟캐스트를 제작하여 자신의 목소리를 전달하고 인종, 계급, 젠더, 섹슈얼리티, 혹은 자신들에 관한 허위재현mis-representation이나 과소재현under-representation에 맞서 대항적 이야기counter-story를 제공할 수 있다.Bell, 2010 팟캐스트는 제작이 쉽고 비용이 적게 든다. 대부분 휴대전화는 디지털 음성 메모 기능이 있다. 시각적 요소를 제외하는 것은 학생들이 청각 양식에만 집중하게 하여 한 번에 하나의 커뮤니케이션 매체를 경험하는 좋은 전략이다. 시각적 자료나 인쇄 매체에서 내용을 가져와서 팟캐스트로 트랜스미디에이션을 하는 과정에서 학생들은 다양한 미디어의 장점과 한계를 배운다. 1960년 케네디와 닉슨 사이에 벌어진 대통령 후보 토론은 사상 처음으로 텔레비전으로 방영되었다. 텔레비전과 라디오 시청자 사이에 후보에 대한 평가가 달랐다는 사실은 많은 문헌에 소개되었다.Botelho, 2016 이와 마찬가지로, 유사한 메시지를 다양한 미디어로 제작함으로써 학생들은 수용자가 메시지를 이해하는 과정에 작용하는 미디어의 역할을 분석할 수 있다.

---

24. [옮긴이 주] 폴리 아티스트는 영화를 제작할 때 목소리(대사)와 음악(배경음악)을 제외한 소리 중에서 물체 고유의 소리를 녹음하는 역할을 한다.

복합 양식 리터러시Multimodal Literacy

텔레비전, 영화, 비디오 게임으로 인해 청소년들은 소리와 이미지를 이용한 스토리텔링에 익숙해졌고, 다양한 커뮤니케이션 양식을 조합한 복합 양식의 스토리텔링 과정은 더욱 중요해졌다. 청각과 시각의 텍스트를 조합한 복합 양식의 스토리를 만들 때 간단한 스케치와 문자 텍스트로 스토리보드 작업부터 시작하는 것이 좋다. 스토리보드는 스토리를 만드는 과정의 기반이 되며, 학생들은 대화나 내레이션을 만들면서 청각적 시각적 요소를 함께 기획하게 된다. 이때 이미지와 소리를 어떻게 섞어야 하는지, 즉 편집에 대해 깊이 생각하게 된다. 영화의 페이스pace와 시퀀스sequence에 따라 소리와 이미지가 관객에게 전달되는 영향력이 달라진다.

디지털 스토리를 만드는 도구와 전략은 무수히 많다. 학생들은 단순히 내레이션과 그림을 조합하거나 더욱 정교한 영화제작 프로그램을 이용하여 비디오를 전문가 수준으로 편집할 수 있다. 휴대전화의 새로운 앱을 이용하여 학생들은 스톱 모션 애니메이션stop motion animation을 만들고 음악과 동영상을 편집하고, 자신들의 영화를 만들 수 있다. 상황에 따라 적합한 도구를 찾아야 한다. 하지만 이러한 도구는 학습의 가장 중요한 부분인 스토리텔링의 방법을 배우는 수단일 뿐이다.Ohler, 2008 도구의 접근과 사용이 더욱 쉬워짐에 따라, 멀티미디어 제작을 통해 학생들은 모든 주제에 관해 자신의 관점을 드러내고 지배적인 신화에 도전하고 그 신화에서 누락된 점을 찾을 수 있다.

비판적 미디어 리터러시의 이론과 페다고지를 전 학년에 걸쳐 모든 수업에 적용하는 것은 가능하고, 바람직하다. 예를 들면 다음과 같다.

수학을 배운 학생들은 그래프와 통계로 숫자가 특정 이슈를 비판하거나 옹호하는 방식을 분석하고, 이를 통해 모든 미디어, 숫자, 언어, 이미지 혹은 소리가 사회적 구성물임을 증명할 수 있다(개념적 이해 #1: 사회구성주의Social Constructivism). 국어 교사는 학생에게 광고를 분석하고 제작하는 설득적 글쓰기를 탐구하도록 지도한다. 단어와 언어의 힘에 관한 학습은 다양한 코드와 관습을 지닌 모든 커뮤니케이션 수단에 응용할 수 있다(개념적 이해 #2: 언어/기호학Languages/Semiotics). 음악교육은 영화에서 소리를 이용해 스토리텔링을 하고, 운동가요가 사회운동에 추진력을 부여하는 방식을 탐구할 기회를 준다. 음악이 지닌 다양한 문화적 맥락을 비교함으로써 학생은 시청자가 자신의 경험, 신념, 그리고 문화를 바탕으로 의미를 구축하는 과정을 이해할 수 있다(개념적 이해 #3: 시청자/지위Audience/Positionality). 역사 교사는 학생이 서로 다른 관점, 다양한 해석, 그리고 스토리텔링의 화자가 가진 권력을 이해하는 데 중요한 역할을 한다(개념적 이해 #4: 재현의 정치학Politics of Representation). 체육은 스포츠 분야의 성차별을 분석하기에 적합한 과목이다. 남성 스포츠가 미디어로부터 주목과 경제적 지원을 훨씬 더 많이 받고 있으며, 학생들은 그러한 차이에 관련된 경제적 동기를 조사할 수 있다(개념적 이해 #5: 생산/제도Production/Institutions). 과학 수업에서 학생은 과학적 개념이 어떻게 재현되는지 분석하고 어떤 사람이 과학에 따라 혜택을 받는지, 피해를 보는지를 문제 제기할 수 있다. 역사적으로, 과학은 사회의 지배적 스토리를 옹호하는 데 사용되었다. 사람들은 자신들이 과학에 부여한 "추정적 객관성"을 신뢰한다는 이유만으로 자신들이 이해하지 못하는 일들을 믿었다(개념적 이해 #6: 사회환경적 정의Social and Environmental Justice).

소셜 미디어, 뉴스, 영화, 광고 등을 해체함으로써 학생들은 사상, 과학, 수학, 역사, 그리고 모든 언어가 아이디어를 지원하고, 이슈를 프레이밍하며, 상품을 판매하는 데 이용되는 과정에 관해 질문을 던질 수 있다. 학생들이 미디어를 읽고, 보고, 듣는 것뿐 아니라 미디어를 사용하고 제작하는 것도 중요하다. 학생들은 문제가 있는 재현이나, 거짓 정보, 가짜 뉴스 등을 찾아내는 전문가가 되기 위해 진실한 정보를 제작하고 잘못된 데이터를 파악하는 연습을 해야 한다. 없는 말이나 행동을 진짜 사람이 말하거나 행동하는 것처럼 조작하는 "딥페이크deep fake" 동영상에서 볼 수 있듯이, 미디어 기술이 진화하면서 조작의 가능성도 커진다. 이러한 미디어 기술을 이용한 포르노 업체들은 유명인들의 섹스를 담은 가짜 동영상을 만들어 내고 있으며 실제로 벨기에의 한 정당은 딥페이크 동영상을 사용한 바 있다. 오바마 대통령의 이미지에 조던 필Jordan Peele의 음성을 입혀 트럼프 대통령을 비난하는 버즈피드BuzzFeed의 동영상https://tinyurl.com/ya8qev46 또한 하나의 예이다.Schwartz, 2018

정보 커뮤니케이션 기술의 발달은 진보적인 교사들이 교육을 활성화하고, 청소년들이 자신들의 이야기를 전달하고 지배 이데올로기에 문제를 제기하며 억압적 시스템과 구조에 도전하고, 사회적·환경적으로 정의로운 대안 미디어를 제작하는 새로운 기회를 열어 주었다. 비판적 미디어 리터러시는 리터러시의 개념을 확장하여 모든 종류의 텍스트를 포괄하는 틀을 제공하고 사회적·환경적인 부당함을 재현하는 언어, 이미지, 그리고 소리의 힘에 관해 문제를 제기할 수 있는 잠재력을 높였다. 이미지, 소리, 멀티미디어, 그리고 활자를 비판적으로 읽고 쓸 때, 학생들은 비판적 사고 능력을 심화하며 책임과 권한을 지닌 글로벌 시민으로서의 정체성을 확립할 수 있다. 비판적 미디어 리터러시의 핵심은 미디어 텍스트를 비판적으로 이해하려는 도전 의식과 대안적 메시지를 제작하고 배포하는 힘이다.

디지털과 네트워크 미디어의 역동성

21세기의 리터러시는 리터러시에 대한 새로운 이해를 요구한다. 사람들이 책이나 잡지 등의 인쇄물뿐 아니라 사진, 음악, 영화, 광고, 소셜 미디어, 대중문화를 읽고 쓰는 멀티 리터러시multiliteracies New London Group, 1996에 참여하고 있기 때문이다. 청소년들은 휴대전화와 새로운 모바일 기기들을 이용하여 매일 블로그, 인스턴트 메시지, 사진, 활자, 태그, 텍스트, 트윗, 팟캐스트, 동영상 등 다양한 방법으로 커뮤니케이션과 사회활동에 참여한다. 미디어 기업과 뉴미디어 플랫폼의 융합, 테크놀로지의 폭발적인 성장으로 인해, 사회와 학생들은 그 어느 때보다 더 많이 중재되고 네트워크화되었다.Jenkins, 2006; McChesney, 2015; Prensky, 2010

많은 교사가 디지털 글쓰기는 종이와 연필로 하는 글쓰기와 다른 게 없다고 여길지도 모른다. 디지털 글쓰기의 여러 요소가 인쇄 리터러시와 같고, 손으로 쓴 에세이를 디지털로 바꾸는 것이 손쉽기 때문이다. 그러나 둘 사이에는 중요한 차이가 존재한다. 디지털 텍스트는 복합 양식Multimodal(다양한 구성 방식의 조합), 하이퍼 링크Hyperlink(다른 미디어와의 연결을 통한 새로운 관계 구성), 인터랙티브Interactive(공유, 리믹스 참여의 가능성)라는 새로운 잠재력을 지니게 된다.Beach, 2009 디지털 읽기 쓰기는 고립된 상황에서 일어나지 않는다. 이들은 중재된 환경과 네트워크화된 대중에 내재되어 있다. 이러한 대중은 지속성persistence, 가

시성visibility, 확산 가능성spreadability, 그리고 검색 가능성searchability 등의 개념과 연관된 고유한 특성이 있다.boyd, 2014 디지털화되고 네트워크화된 텍스트는 놀라운 기회를 제공하지만, 중립적이거나 투명하지 않다는 자체의 한계와 새로운 우려도 있다.

디지털로 된 텍스트, 메시지, 포스트, 뉴스피드, 그리고 커뮤니케이션 행위Habermas, 1984는 청소년이나 디지털 문화와 소셜 미디어에 묻혀 사는 사람들의 삶에 중심이 되고 있다. 교사와 학생은 네트워크 커뮤니케이션과 비네트워크 커뮤니케이션의 차이를 신중하게 고려해야 한다. 시청자audience, 목적purpose, 매개medium, 맥락context은 모든 커뮤니케이션에 영향을 미치기 때문이다. 미디어가 만든 대규모의 시청자 집단은 정보를 전파하고, 사람들을 연결하며, 지역이나 글로벌 규모의 그룹 네트워크를 형성하는 데 유용하다. 반면에 특정 집단을 대상으로 네트워크 미디어 메시지를 제작할 경우, 예상치 못한 시청자 집단이 정보에 접근하는 문제가 생긴다는 점을 고려해야 한다. 소셜 미디어는 시청자, 미디어, 그리고 송신자와 수신자의 관계에 관한 기존의 개념에 도전하고 있다.

이러한 도전과 더불어 미디어 지형의 잠재력을 다시 그리는 기회도 생겼다. 캐링턴Carrington, 2005은 새로운 미디어 텍스트의 등장으로 인해 "이 시대의 청소년은 소비, 정체성, 그리고 정보의 글로벌한 흐름이라는, 이전의 세대에서는 상상할 수 없었던 상황에 적응하고 있다"p. 22라고 보고했다. 빈세기 선 레이먼드 윌리엄스Raymond Williams, 2009는 텔레비전의 영향력은 개별 프로그램이나 메시지에 있지 않고 밤낮으로 방영되는 프로그램의 흐름flow에 있다고 주장했다. 오코너O'Connor, 2006는 윌리엄스의 분석에서 가장 중요한 핵심은 텔레비전 프로그램 구성의 흐름에 의해 시청자들이 자연스럽게 광고를 접하게 된다는 것이다. 그런데 윌리엄스의 흐름은 텔레비전 시청과 광고를 바탕으로 한 개념이다. 오늘날 인터넷을 통한 정보, 오락, 그리고 사회적 상호작용의 지속적인 흐름의 수준은 그와 비교할 수 없을 정도이다.

진화하는 미디어 지형은 학생들이 새로운 현실을 창조하고 이바지할 기회로 가득 차 있다. 학생들은 하나의 "진실"을 찾기 위해 정보를 평가하기보다, 다양한 관점과 증거를 바탕으로 여러 정보원에서 얻은 정보를 다각적으로 검토하면서 평가하는 법을 배워야 한다. 오레스케스와 콘웨이Oreskes & Conway, 2010는 학생들이 모든 것, 심지어 객관적이라고 여겨지는 과학조차도 의심해야 한다고 주장했다. 그는 "역사를 살펴보면 과학이 확실성을 제공하지 않는다는 것이 명백하다. 과학은 증거를 제공하지 않는다. 과학은 단지 전문가들이 합의한 바를 제공할 뿐이며, 이 합의는 증거를 조직적으로 축적하고 조사하는 과정을 바탕으로 한 것이다"라고 설명했다.Oreskes & Conway, 2010, p. 268

비판적 미디어 리터러시는 학생들이 미디어, 테크놀로지, 대중문화를 배우면서 권력과 정보의 상관성에 대해 질문을 하도록 하나의 틀을 제시하고 있다. 이를 통해 학생들은 자신들의 연구 기술을 연마할 수 있다. 이는 의미를 분석하고 창조하는 하나의 관점과 과정이며 모든 과목에 적용할 수 있다. 비판적 미디어 리터러시는 문화연구의 풍부한 역사에 기반을 두고 있지만, 그 페다고지는 특정 학문 분야에 국한하지 않는다. 비판적 미디어 리터러시는 유치원에서 대학교까지 모든 교실에 속해 있다. 비판적 미디어 리터러시는 "상식적인" 전제에 질문을 제기하는 탐구 절차를 통한 민주적 페다고지를 기반으로 학생들을 가르칠 것을 교사들에게 촉구해 왔다.

비판적 미디어 리터러시 학습: 미디어 제작과 실천

제작을 통해 비판적 미디어 리터러시를 배우는 것은 학생들이 미디어 텍스트를 제작하면서 자신들이 속한 사회적 세계를 재현하는 코드를 배우는 것이다. 학생들이 비주얼 아트를 제작하건 스스로 비디오 게임을 제작하여 컴퓨터 리터러시를 개발하건, 그들은 능동적으로 새로운 미디어를 제작할 때 스스로 힘을 갖게 된다. 학생들은 미디어 제작을 통해, 지배적 신화와 고정관념에 대항하고 도전하는 과정에서 페다고지적인 큰 잠재력을 지니게 된다. 활자 리터러시와 마찬가지로 학생들은 쓰면서 읽기를 배우고 읽으면서 쓰기를 배우는 것이다. 초기의 미디어 교육이 학생에 의한 미디어 제작의 가치를 인지했음에도, 미국의 미디어 교육은 미디어 제작을 그다지 진지하게 장려하지 않았다.Morrell, Dueñas, Garcia, & López, 2013, p. 4 모렐Morrell과 동료들은 교육자들이 비판적 미디어 페다고지를 이용하여 "학생들이 자신의 잠재력, 즉 미디어 제작자로서 세상을 개선하며 자신들이 상상하는 세상으로 바꾸어 가는 능력"p. 3을 깨닫게 해야 한다고 제안했다. 뉴욕에 있는 교육비디오센터 Educational Video Center의 창립자인 스티븐 굿맨Steven Goodman, 2003은 "비판적 리터러시를 가르치는 가장 좋은 방법은 학생들이 스스로 미디어를 제작하는 것"p. 6이라고 주장했다. 굿맨Goodman, 2010은 다큐멘터리 제작 과정에는 여러 가지 유익한 연습 요소가 들어 있다고 다음과 같이 설명한다.

모든 학생이 토의와 결정 과정에 참여하는 것, 커뮤니티를 지식과 정보원으로 활용하는 것, 개인적 경험을 사회적 문제와 연결하는 것, 매일 일과에서 멀티 리터러시 모드를 활용하는 것, 조사를 유도하는 비판적 질문을 개발하는 것, 자신들의 작품을 수정하고 학습에 대해 성찰하는 것, 자신들이 제작한 비디오를 통해 커뮤니티의 대화와 행동을 촉진하는 것p. 52 등이다.

미디어 제작에는 페다고지적 혜택이 많다. 첫째, 단순히 읽고 토의하는 것이 아니라 주체적으로 미디어를 제작하는 것이 더 나은 구성주의 페다고지constructivist pedagogy이다. 학생들이 자신들의 체험을 통해 창의적 잠재력을 발휘하고, 의미를 구성하며 동시에 자신이 읽거나 창조한 메시지를 분석하고 비판적으로 성찰할 때 학습이 가장 잘 이루어진다.Dewey, 1963; Piaget, 1974; Vygotsky, 1978 기술 통합을 위한 학생 주도적 접근을 바탕으로 칭, 왕, 시, 케뎀Ching, Wang, Shih, and Kedem, 2006은 유치원 학생들과 1학년 학생들이 디지털카메라를 교대로 사용하여 교실에서 자신이 원하는 대상을 촬영하도록 했다. 연구자들은 교실에서의 기술 사용은 대체로 교사들에 의해 이루어지지만, 학생들에게 카메라를 주었을 때 교실의 역동성이 변화하고, 학생들의 기술에 관한 접근과 권한 부여를 높일 수 있다고 지적했다. 칭, 왕, 시, 케뎀2006은 학생들에게 카메라를 주었을 때 "그들은 평소 행동에서 벗어나 학습 환경을 폭넓게 훑어보고 그 다양한 측면을 기록했다"라고 보고했다.

타자들이 규칙을 만드는 세상에서 제한적인 참여자였던 학생들은 디지털 사진을 적절한 수단으로 활용하여 일상적인 역할에 변화를 줄 수 있었으며Carere, 1987, 교실 내 행동 규범을

벗어나지 않고도 사진의 대상이 되는 동료 학생들과 수준 높은 협상을 이끌었다.p. 366

둘째, 대안 미디어 제작은 학생들이 자신을 둘러싼 세상에서 직면하는 문제에 관해 행동하는 것이며, 동시에 이를 행할 권한을 부여받는 것이다. 자신들이 살아가는 세상에 정치적으로 참여하여 수많은 사람과 커뮤니케이션하기 위해서 학생들은 게임, 텍스팅, 스냅챗, 인스타그램, 트위터 등 사회적 활동을 위한 새로운 도구들을 사용하는 방법을 알아야 한다. 웹 2.0의 중심 개념은 공유sharing이며 소셜 미디어는 공유를 위한 플랫폼과 잠재력을 제공한다.Prensky, 2010 〈리싱킹스쿨스Rethinking Schools〉의 편집인은 다음과 같이 말했다.

> 만약 우리가 아이들에게 세상에 대해 비판하라고 요청하고, 행동하라고 격려하지 않는다면, 우리의 교실은 냉소주의를 생산하는 공장으로 전락할 것이다. 학생을 특정한 조직에 가담하게 하는 것은 교사의 역할이 아니지만, 아이디어를 실천하도록 제안하고 그렇게 할 기회를 학생에게 제공하는 것이 교사의 역할이다.Bigelow, Christensen, Karp, Miner, & Peterson, 1994, p. 5

프렌스키Prensky, 2010는 진정한 학습은 "학생이 자신이 배운 것을 즉시 활용하여 세상 속에서 어떤 일을 하거나 무엇인가를 변화시킬 때 이루어진다. 학생들이 자신이 배운 바를 활용하여 크건 작건 세상이 긍정적으로 변하도록 돕는 것이 학교에서 그들이 해야 할 역할 중 하나임을 인지해야 한다"라고 주장했다.p. 20 그는 디지털 기술이 이를 위한 유용한 도구를 제공한다고 설명했다.

초등학교 학생들도 온라인에 글을 쓰고, 온라인을 통한 사회운동을 전파하거나 지지한다. 공익 정보를 위한 비디오나 머시니마machinima[25]를 제작하고, 스스로 독창적인 캠페인을 디자인하는 등 세상을 변화시킬 수 있다. 학생이 무엇을 제작하건 웹에서 "인기goes viral"를 얻게 되면 수백만 명의 사람들에게 전파된다. 학생들은 이를 위해 끊임없이 노력해야 하며, 이는 학습에 도움이 되는 유익한 일이다.Prensky, 2010, p. 66

사회정의를 목표로 디지털 프로젝트를 활용하여 현실에 참여하는 이러한 교육은 필수적이다. 토머스 프리드먼Thomas Friedman, 2005이 말했듯이 세상은 "평등하지 않으며 공평한 경쟁의 장이 아니다". 수없이 많은 불평등과 불공정의 문제가 여전히 남아 있기 때문이다. 새로운 미디어 기술은 우리의 환경과 사회적 관계를 재구성하고 있을 뿐 아니라 학생들이 미디어 제작을 통해 문제에 도전하고, 사회정의를 증진하며, 학문을 발전시킬 많은 기회를 제공한다.

비판적 미디어 리터러시의 페다고지는 학생들이 불공정함을 찾아내고, 그 원인과 전파 방식을 분석하고, 그 문제에 도전하기 위한 행동을 취할 수 있도록 돕는다. 학생들은 비판적 미디어 리터러시의 여섯 가지 질문과 개념을 활용하여 모든 미디어 메시지에 관해 학습할 수 있다. 학생들은 제작자로서 미디어를 활용하면서 디지털 리터러시를 배울 뿐 아

---

25. [옮긴이 주] 머시니마는 컴퓨터 게임 기술이나 소프트웨어를 이용해 만든 애니메이션이나 짧은 영화로, 주로 컴퓨터 그래픽(CG)으로 제작한다.

니라 사회정의를 향상하기 위한 주체적 역할과 권한empowerment을 인식하게 된다. 성공적인 프로젝트 기반 학습에서 볼 수 있듯이, 결과물을 생산하는 과정에서 대부분의 학습이 이루어진다. 교사는 마지막 결과물의 가치를 과대평가하고 생산의 과정을 경시하는 일반적인 실수를 범하지 않도록 조심해야 한다. 비판적 미디어 리터러시는 중요한 문제에 도전하기 위해 미디어 활용 기술뿐 아니라 창의적 사고력을 바탕으로 한 탐구 능력의 개발에도 초점을 맞추고 있다.

스토리텔링

인쇄기가 발명되기 오래전, 스토리텔링은 장소를 기반으로 한 풍부한 표현, 상호작용, 그리고 상호관계를 바탕으로 한 다중감각적인 경험이었다. 개인적인 상호작용과 연관된 여러 고전적인 특성들은 소리, 비주얼, 움직임movement을 포함하는 새로운 미디어에서도 가능하다. 교사들은 학생들에게 지역의 역사에 관해 주위의 어른들이나 공동체 구성원을 인터뷰하게 했다. 이를 통해 학생들은 1차 자료, 즉 그 시대를 살았던 이들을 통해 과거를 배울 수 있다. 이 인터뷰에 이미지와 음악을 결합하여 멀티미디어 프레젠테이션, 다큐멘터리, 또는 지역 공동체를 위한 아카이브를 만들 수 있다. 다양한 종류의 텍스트를 제작할 가능성은 단순히 수업 과세로 글을 쓰는 것에 비해, 학생들의 창의적, 표현적, 비판적 잠재력을 높인다.

토착 페다고지indigenous pedagogy에는 구술 스토리텔링의 힘, 은유와 비유를 사용하여 문자 그대로의 의미를 넘어선 아이디어를 전달하는 방식, 소외되거나 무시되는 노인이나 지역 주민들을 인터뷰하는 행동이 지닌 사회적 가치, 그리고 자연 기반 지식nature-based knowledge의 중요성을 보여 주는 좋은 예들이 있다.Arrows, 2013 수만 년 전 세계 곳곳의 사람들은 자신들의 가치체계와 문화적 정체성 전부를 구술적 전통을 통해 전달해 왔다. 약 500년 전, 인쇄기가 등장하자 세계 여러 곳에서 인쇄 리터러시가 융성하고 구술 스토리텔링은 시들해졌다. 토네로와 바리스Tornero & Varis, 2010는 "그리하여, 모든 관점에서 중요한 측면인 음악성, 프록시믹스proxemics[26], 제스처, 공간 관계space relationship, 대화하는 사람 사이의 특정한 거리와 감각적 인식 등, 구술 커뮤니케이션의 풍부함이 사라지고 말았다"라고 설명했다.p. 106

다행히 많은 토착 사회는 여전히 구술 스토리텔링의 전통을 보존하고 실천하고 있다. 이는 고유한 인간적 사회 행위이며 가르치고 배울 수 있는 강력한 공간으로 남아 있다. 토착 페다고지는 여러 측면에서 교사와 학생에게 유익하다. 예를 들어 구술 스토리텔링에는 시각적, 청각적 양식이 있어서 인쇄 리터러시보다 시청각 미디어와 더 잘 어울릴 수 있다.

교사들에게 토착적 접근이 처음에는 이상하게 보일 수 있지만 어떤 수준에 이르면 공감할 수 있다. 우리 모두에게는 한때 한곳에 오랜 시간을 머물며 자연의 리듬과 조화를 이루며

---

26. [옮긴이 주] 비언어적 커뮤니케이션에서 전달자와 수용자 사이의 물리적 거리가 표현과 커뮤니케이션의 중요한 요소라고 보고 이를 연구하는 분야. 문화 인류학자 홀(Hall, E. T.)이 주장한 이론으로 사람들의 상황에 따라 공간의 거리를 친밀한 거리, 개인적 거리, 사회적 거리, 공적 거리 등 네 가지로 나누어 설명하고 있다. 거리가 멀수록 공적이고 업무적인 상황을 나타낸다.

사는 방법을 이해했던 조상이 있다. 자연에 기반을 둔 지식은
우리의 유전자 속에 있다.Four Arrows, 2013, p. 2

4장

비판적 미디어 리터러시 교육을
위한 교수법

오늘날 청소년들은 미디어와 기술이 삶의 모든 영역에 영향을 미치는 세상에 살고 있지만, 학생들이 이러한 변화의 잠재력과 한계를 비판적으로 이해할 수 있도록 도울 수 있는 교사를 양성하는 프로그램은 찾아보기 힘들다. 예비 교사들은 초·중·고 학생들이 교과서에서 소셜 미디어에 이르기까지 모든 것을 비판적으로 읽고 쓸 수 있도록 가르치는 방법을 배워야 한다.

예비 교사 양성 책임을 맡은 대학교들은 시대에 뒤처져서는 안 된다. 최신 기술의 활용도 필요하지만, 비판적 미디어 리터러시 이론과 페다고지를 활용하는 것이 더 중요하다. 교사와 학생이 정보통신기술ICT, 미디어, 대중문화 등에 관해 비판적으로 생각하고 행동할 수 있도록 도우려면 이러한 준비가 필수적이다. 안타깝게도 이러한 교사 양성 프로그램은 어디에서도 찾아보기 힘들다.Hobbs, 2007 초1에서 고3까지 모든 학년에 미디어 리터러시가 필수과목인 캐나다에서는, 대부분의 예비 교사가 훈련 과정에서 미디어 리터러시에 관한 교육을 받지 않는다.Wilson & Duncan, 2009 영국의 미디어 교육[27]을 조사한 연구자들은 미디어 교육을 가르칠 준비가 되어 있는 교사가 많지 않으며 "교사들이 미디어에 관한 과목을 가르칠 수 있도록 훈련하는 프로그램은 제한적"이라는 것을 발견했다.Kirwan, Learmonth, Sayer, & Williams, 2003, p. 51

정확히 누가 테크놀로지를 비판적으로 가르치는지 파악하기는 어렵지만Mihailidis, 2008, 미국 대학교에서 미디어 리터러시 수업은 늘어나고 있는 것은 사실이다.Stuhlman & Silverblatt, 2007 지속해서 진화하는 미디어 기술이 공적 영역과 사적인 영역으로 확산함에 따라, 많은 교사가 예비 교사들에게 미디어 리터러시 훈련을 시켜야 할 필요성을 인식하고 있다.Flores-Koulish, Deal, Losinger, McCarthy & Rosebrugh, 2011; Luke 2000; Robertson & Hughes, 2011 교사 양성 훈련과 대학원 과정을 제공하는 미국의 공공 교육기관 316군데를 조사한 결과 티드와 그의 동료들Tiede, Grafe, and Hobbs, 2015은 미디어 교육이 미디어 기능 교육[28]을 넘어서는 경우는 거의 없다는 것을 발견했다. 그들은 "미디어, 문화, 그리고 사회에 관한 비판적 평가를 동반한 교수법에 중점을 둔 미디어 교육은 찾기 힘들었다. 조사된 교사 양성 프로그램 중 미디어 문화 그리고 사회 관련 비평 프로그램은 전체 프로그램의 2%에 불과했다"라고 보고했다.pp. 540-541

2011년 유네스코는 교사들을 위한 미디어 교육 연수 과정에 대한 지침서를 10여 개의 다른 언어로 작성하여 온라인을 통해 배포했다.Grizzle & Wilson, 2011 유네스코의 지침서는 "적어도 향후 10여 년 동안 미디어와 정보 리터러시를 위한 교사의 연수가 글로벌 교육 시스템에서 중요한 과제가 될 것이라는 생각이 전제된 것"이다.Pérez-Tornero & Tayie, 2012, p. 11

---

27. 영국은 미디어 교육에 대한 아이디어들이 처음 나온 곳이다.
28. media didactics: 미디어에 대한 교육이 아니라 미디어를 사용하여 가르치는 방법, 즉 교육 테크놀로지의 기초이다.

유네스코는 미디어와 정보 리터러시를 하나로 묶어서 다루고 있다MIL:
Media & Information Literacy. 캐럴린 윌슨Carolyn Wilson, 2012은 미디어 정보
리터러시는 정보통신기술에 대한 이해와 사용을 비롯하여 다양한 역량
들을 포함한다고 설명했다.

> 미디어, 정보, 테크놀로지 등의 윤리적 사용과 민주적이
> 고 문화 간 대화의 참여이다. 미디어 정보 리터러시는 내용뿐
> 아니라 배우고 가르치는 방식에 관한 것이다. 그것은 전문적인
> 기술을 습득하는 것일 뿐 아니라 비판적 틀과 접근법을 발전
> 시키는 것이다.p. 16

비판적 미디어 리터러시 교사 양성

캘리포니아 주립대학교UCLA의 교사 양성 프로그램에서 비판적 미디
어 리터러시 과목의 중요한 목적은 사회환경적 정의를 위해 미디어, 테
크놀로지, 대중문화를 비판적으로 사용할 수 있도록 교육을 혁신하는
것이다. 이 과목은 문화연구와 비판적 페다고지의 이론들과 교육현장에
서 일어나는 새로운 디지털 미디어와 기술의 활용을 연결해 초·중·고
교사가 학생에게 다양한 미디어를 비판적으로 분석하고 창조하는 방법
을 가르칠 수 있도록 돕는다.

비판적 미디어 리터러시 수업을 받는 수강생은 석사과정을 이수하려
는 현직 교사나 임용을 기다리면서 경력을 쌓고 학위를 받고자 하는 예
비 교사들이다. 이들은 사진기, 컴퓨터, 휴대전화, 태블릿 등을 사용하여

수학, 과학, 사회 등의 주제와 연계된 그들의 커뮤니티를 탐구한다. 그 과정에서 자신들의 개인적 정체성을 성찰하고, 자신들의 감정이나 생각을 표현하며, 스토리를 만들고, 협동하고, 지배 이데올로기에 도전한다. 수강생들은 디지털 미디어 역량과 재현의 정치학에 대한 이해를 다양한 과제를 통해 표현한다. 수업은 강의와 과제로 이루어져 있으며, 과제는 제작을 비롯해 미디어 기술, 대중문화, 미디어 분석 등을 통합·구성하여, 수업을 듣는 교사들은 과제를 통해 미디어를 비판적으로 읽고 분석하는 능력을 기를 뿐 아니라 새로운 도구들을 사용하여 창조하는 21세기의 작가가 되는 법을 배운다. 확장된 미디어 리터러시는 인쇄 기반 리터러시보다 문화적 연관성이 높으므로 미디어와 테크놀로지 속에서 성장하고 생활하는 사람들이 쉽게 공감할 수 있다.

문제는 확장된 관점의 리터러시와 정보와 권력 사이의 지속적인 결탁에 관한 심층적 이해를 연결하는 것이다. 리터러시의 과정에 이데올로기, 권력, 그리고 정체성 등을 결합했을 때 수업은 비판적 권한 부여의 측면을 더욱 분명하게 지니게 된다. 시민 참여civic participation의 도구로서 비판적 분석과 리터러시를 활용하는 것은 리터러시가 사회정의를 위한 교육에 필수적인 역할을 한다는 것을 잘 보여 준다.

첫 수업에서는 여섯 가지의 개념적 이해와 문제들에 관한 질문으로 비판적 미디어 리터러시의 틀을 설명한다. 그 이후 수업은 그 개념과 질문들을 검토하고 현실에 적용하는 것으로 이루어진다. 리터러시는 모든 종류의 텍스트를 포함한다는 사실을 수강생이 인지하는 것이 수업의 목적 중 하나이므로, 수업에서는 미디어를 제작할 뿐 아니라 다양한 미디어를 분석한다. 과제를 하는 동안 수강생이 원하는 포스터, 사진, 팟캐스트, 밈memes, 디지털 스토리, 소셜 미디어 등 다양한 미디어 프로젝트를 협업해 만들고, 비판적 미디어 리터러시 수업에 사용할 교안을 만들어 수업 중에 발표하고, 가능하면 실제로 자신이 가르치고 있는 학생들을 대상으로 시연을 한다.

수강생이 처음 수행하는 과제 중 하나는 교실에 있는 사람 중 자신이 잘 모르는 이를 대상으로 시각적 포스터를 만드는 것이다. 이 과제에서 수강생은 대상이 되는 사람의 얼굴이나 이름을 사용하지 않고 그 사람을 나타내는 시각적 포스터를 만들었다. 수강생들은 수업 시간에 상대방을 5분간 인터뷰한 다음, 숙제로 사진(상대의 얼굴이 아닌), 그림, 로고 등 시각적 이미지만을 사용해서 상대에 관한 포스터를 제작한다. 그다음 주에 수강생은 모든 사람이 볼 수 있도록 자신의 포스터를 갤러리 형태로 전시한다. 결과 토의 과정에서 수강생은 시각적 이미지만을 사용하여 다른 이를 재현하는 것에 대한 느낌은 물론, 자신이 시각적으로 재현될 때 받은 느낌에 대해 서로 의견을 나눈다. 어떤 이는 이 과제를 어렵게 느낄 것이다. 고정관념을 배제하면서 자신의 동료가 가진 특성을 시각적으로 일반화해야 하기 때문이다. 이러한 논의는 비판적 미디어 리터러시의 네 번째 개념적 이해(재현의 정치학)와 미디어 이미지가 특정 그룹의 고정관념을 어떻게 만들어 내는지에 관한 대화로 이어진다.

그다음 과제에서 수강생은 이미지, 단어를 비롯하여 다양한 디자인의 요소들을 사용하여 좀 더 정교한 포스터를 만든다. 수강생들은 자신들이 가르치는 과목을 시각적으로 재현하는 현상 포스터를 제작해야 한다. 이러한 포스터를 과제로 한 이유는 미디어와 교과과정을 결합함으로써 과제의 흥미를 높이고 동시에 컴퓨터 리터러시, 비주얼 리터러시, 그리고 비판적 리터러시를 배울 수 있게 하는 것이다. 이 과제를 통해서 수강생은 자신이 가르치는 과목과 미디어 기술을 결합하고 이미지와 약

간의 텍스트를 사용하여 학습 내용의 이해를 잘 보여 주는 미디어를 창조한다. 그들이 수배 전단을 만드는 과정에서 수강생은 어떤 대상에도 (수학 공식, 과학 개념, 책, 글자, 숫자, 역사적 사건, 인물까지) 이를 적용할 수 있음을 알게 된다.

이 과제는 워드 문서에 이미지를 삽입하고, 워드 아트를 이용해서 제목과 경계선을 만들고 설명과 경고 사항을 넣는 텍스트 상자를 만드는 등 기초적 테크놀로지 기술을 소개하는 역할을 한다. 과제를 통해 선생과 학생은 시각적 리터러시에 대해 생각하면서 활자의 종류, 색깔, 크기 등의 타이포그래피typography, 사진, 일러스트레이션, 구성, 디자인을 고려하게 된다(개념적 이해 #2: 언어/기호학). 학습한 정보를 트랜스미디에이션transmediation을 통해 시각적 언어로 전환하기 위해서 학생은 개념들을 조합하여synthesize 하나의 이미지, 제목, 간결한 텍스트를 만들어야 한다. 이 텍스트는 독자들에게 설명과 경고 사항을 제공한다.

신임 교사가 제작한 현상 포스터는 자신이 가르치는 학생들이 볼 수 있는 하나의 예시가 된다. 학생들은 이를 통해 학습한 내용을 보여 줄 수 있는 다양한 디지털 대안을 알게 되고, 누구의 이야기가 보이고 들리는지와 관련하여 담론을 재구성하는 잠재력을 교실에서 배운다. 현상 포스터는 단순히 정보를 반복하는 방식이 될 수도 있지만, 교과서와 대중문화가 왜곡재현misrepresentation이나 과소재현under-representation해 온 아이디어, 사람, 이벤트 등을 담을 수 있는 비판적 미디어 리터러시 도구가 될 수도 있다. 사회과목 교사인 버마 저펜타Verma Zapanta는 식민통치에 맞서 무장 항쟁을 이끈 필리핀 원주민 가브리엘라 실랑Gabriela Silang의 현상 포스터를 만들었다. 교사와 학생은 자신들만의 재현을 하는 과정에서 누구의 이야기를 어떻게 전달할 것인가를 스스로 결정할 수 있다. 현상 포스터는 훈련 교사들이 자신들의 초·중등학교 수업에 가장 많이 응용하는 과제다. 초·중등학교 학생들은 이 과제를 하면서 자신들의 포스터를 제작한다. 이 과제는 미디어 테크놀로지와 수업 과목을 통합하기 위해 컴퓨터를 사용할 수도 있으며 기술에 대한 접근이 어려운 학교에서는 종이와 펜을 사용할 수도 있다.

정체성과 미디어 재현에 관한 탐색

시각적 재현의 힘을 인식하는 과정에서 우리는 교사와 학생에게 자신들을 부정적으로 묘사한 미디어 재현을 성찰하게 함으로써 재현 과정에 관해 문제를 제기했다. 학생은 온라인의 소셜 미디어 사이트인 보이스스레드닷컴Voicethread.com을 이용하여 '타자의 눈을 통하여Through Others' Eyes'라는 과제를 수행한다. 이 과제에서 학생은 미디어가 부정적으로 묘사한 자신의 정체성에 대해 게시물을 올리고, 다른 이들의 게시물에 코멘트를 단다. 보이스스레드에서 학생들은 서로의 성찰한 내용을 보고 들을 수 있으며, 친구들이 올린 게시물에 코멘트를 달 수 있다. 이 과제에서 학생은 단순히 이미지와 텍스트를 조작하는 현상 포스터의 수준보다 더 정교한 기술을 경험할 뿐 아니라 미디어 재현을 비판적으로 분석하고 자신들의 세상에 만연한 부정적인 메시지에 대항하게 된다. 학생은 몸 이미지, 이민, 가정폭력, 알코올중독, 종교, 고정관념, 그리고 인종차별, 성차별, 계급차별, 동성애 혐오의 교차성intersections을 비판하게 된다. 특히 재현이 부정적일 때, 학생은 이러한 비판을 통해 시각적 이미지의 영향력을 살피고, 권력과 정체성에 뿌리 깊게 연결된 미디어를 탐구하게 된다(개념적 이해 #6: 사회환경적 정의). 사회과목 예비 중등교사인 아마리스 레이아타우아Amaris Leiataua, 2013는 이 과제를 통해 자신이 받은 영향을 다음과 같이 기술했다.

> 우리가 수행한 모든 프로젝트 중에서 보이스스레드 과제는 내게 가장 강력했다. 이 과제를 하면서 나는 미디어가 태평양 섬 여성 주민Pacific Islander womyn[29]이라는 나의 정체성을 어떻게 부정적으로 묘사하는지 성찰하게 되었다. 약 3개월 동안 동료들과 함께 지냈음에도 불구하고 나는 이 민감한 주제를 공유하기 힘들었다. 적어도 10번 이상 대본을 쓰고 목소리를 녹음하면서 과제를 완성하는 데 많은 시간을 들이고 나서야 비로소 나는 나의 이야기를 공유할 수 있었다. 많은 사람이 보이스스레드에 올린 나의 게시물을 좋아하고 존중한다고, 혹은 나의 이야기에 공감한다고 말해 주었다. 이는 나와 전혀 공통점이 없다고 생각했던 동료들과 연결되는 놀라운 경험이었다. 그들은 내게 큰 힘이 되었다. 다른 사람들이 공유한 이야기들 또한 그들의 정체성에 관한 나의 인식을 넓혀 주었고, 나는 그 어느 때보다 그들을 존중하게 되었다.

이 과제에서는 차별의 대상이 아니면 그냥 지나치게 되는 미묘한 차별microaggression에 관한 대화도 종종 등장했다.Sue, 2010 한 예로 레고로 만든 멕시코 인형에 대한 게시물이 있었다. 이 레고 인형은 창이 큰 모

---

29. [옮긴이 주] 성차별을 피하기 위한 women의 새로운 철자.

자를 쓰고, 판초를 걸치고, 손에는 마라카스[30]를 들고 있는 모습으로 모든 멕시코인을 일반화했다. 남미 출신 학생의 설명에 따르면, 이것이 "너는 멕시코 사람처럼 보인다"라는 말의 기저에 깔린 이미지이다. 이는 언제나 부정적인 의미를 내포하고 있다. 학생들은 보이스스레드에 올라온 다양한 게시물에서 자신들이 생각해 보지 못한 개념이나 아이디어를 보면서 깜짝 놀란 경험을 수업 시간과 온라인 포럼을 통해 나누었다. 이러한 토의는 종종 상호존중과 상호격려를 수반하는 용기 있는 대화courageous conversations가 되었다.Singleton & Linton, 2006 어떤 학생은 개인의 차별적 행동과 사회 시스템의 억압을 결정하는 권력, 특혜, 그리고 이데올로기의 역할을 인식하는 데 어려움을 겪기도 한다. 존슨Johnson, 2006은 개인적 사고가 "우리의 눈을 멀게 하여 특권의 존재를 보지 못하게 만든다. 왜냐하면 특권이라는 개념은 그 정의상 개인과 관계가 없고 오로지 우리가 속하게 된 사회적 범주와 연관이 있기 때문이다"p. 77라고 설명했다.

자신들에 관한 왜곡재현을 경험한 후, 학생은 이데올로기와 문화연구의 이론적 토대를 탐구한다. 우리는 우선 학생들이 이성애 설문지heterosexual questionnaire에 개별적으로 응답한 다음, 규범으로서의 이성애에 도전하는 시각으로 자기를 성찰하게 한다. 설문지에 응답할 때, 우리는 학생의 성적 지향성과 관계없이 자신을 이성애자라고 설정하고 설문지에 응답하기를 요구한다. 이 설문지는 페다고지의 도구이며 작성 후 회수하거나 다른 이들과 공유하지 않는다. 설문지의 목적은 학생이 설문과 그 함의를 생각하는 데 있다. 두 가지 정도 예를 들면 다음과 같

---

30. [옮긴이 주] 쿠바 기원의 리듬악기.

다. "당신이 가진 이성애 성향의 원인은 무엇이라고 생각합니까? 당신의 이성애 성향은 혹시 성장 과정에서 겪는 일시적인 현상입니까?"Rochlin, 1995 등이다.

어떤 학생들은 웃음을 터뜨리고, 어떤 학생들은 불편함을 드러내지만, 이 설문은 상업 미디어에서 "정상normal"으로 재현하는 이성애 중심의heteronormative 지배적 사고방식에 도전하는 것이다. 이 수업의 목표는 헤게모니적 이데올로기를 저지하고 그 사회적 구조를 폭로하는 것이다. 이것은 자신이 특권을 누리는 사회적 범주에 속해 있다는 것을 인식하지 못하는 사람들에게는 어려운 일이다. '타자의 눈을 통하여'에서 올린 게시물을 토론함으로써 학생은 미디어가 한 부류의 사람들을 희생하여 다른 부류의 사람들에게 특권을 부여하는 많은 예를 보게 된다. 우리는 나아가 이러한 토론을 자연화Naturalizing와 타자화Othering라는 개념을 강조하는 이데올로기적 예와 독서 자료에 연결한다.Hall, 2003

언어, 표시labeling 등을 비롯해 심지어 지도까지 포함하여 우리는 "상식"이라는 전제를 해체할 수 있는 다양한 예들을 제공한다. 우리가 보여 주는 더욱 강력한 하나의 예는 코미디 센트럴Comedy Central 채널에서 방영된 〈더 콜베어 리포트The Colbert Report〉Colbert, 2009라는 프로그램의 영상 자료다. 여기서 스티븐 콜베어Stephen Colbert는 유머를 통해 "중립적 남성의 부담Neutral Man's Burden"을 설명한다. 이 영상 자료는 재치 있는 풍자로 의견을 표현하는 좋은 예다. 콜베어는 수년간 백인 남성 위주였던 법원의 "법정 중립성"이 미국 최초로 연방 대법관에 추천된 남미 계열의 여성인 소니아 소토마요르Sonia Sotomayor에 의해 "파괴"될 것이라고 말한다. 영상 자료를 시청한 다음 우리는 자전거 타기를 비유로 들어 바람이 뒤에서 밀어 줄 때 사람들은 이를 인식하지 못한다는 것을 보여 준다(마치 지배 이데올로기에 의해 특혜를 누리는 것을 인식하지 못하는 것처럼). 하지만 바람이 맞은편에서 불어 얼굴에 부딪히고 자전거 타기가 힘들어지면 대부분이 바람을 느끼고 바람이 초래하는 문제점을 인식하게 된다(마치 지배 이데올로기의 부정적 영향을 경험할 때 비로소 억압 구조를 인식하는 능력을 갖추게 되는 것처럼). 우리는 특혜집단에 유리하도록 특정한 신념들을 선택하는 지배 이데올로기의 작동 방식을 학생들이 조사하도록 장려했다. 1846년 마르크스와 엥겔스는 "시대를 막론하고 지배적 이념은 지배계급의 이념이다"라고 말했다.[1970, p. 64] 미디어가 이데올로기를 재생산하는 과정을 이해하면서 학생은 '개념적 이해 #1: 사회구성주의'와 '#4: 재현의 정치학'을 연결하여 인종차별, 계급차별, 성차별, 이성애 주의, 그리고 환경적 정의에 관련된 문제들을 조사할 수 있다. 모든 미디어 메시지는 권력의 체계hierarchies of power 안에서 구축되기 때문이다.

프레이리와 마세도Freire & Macedo, 1987는 "단어를 읽기 위해서는 먼저 세상을 읽어야 하며, 단어를 읽는다는 것은 끊임없이 세상을 읽는다는 것을 의미한다"p. 35라고 말했다. 이 비판적 미디어 리터러시 수업에 들어 있는 강의와 과제는 학생 한 명 한 명이 교실에 가져오는 살아 있는 경험을 바탕으로 청소년의 참여, 대화, 그리고 페다고지적 성찰을 끌어낸다. 수업의 중점은 이데올로기의 발생 과정에 대한 숙의적 성찰deliberative reflection이다. 이는 가상현실, 미디어 혹은 물리적으로 경험한 세상을 문화적으로 읽어 내는 것을 바탕으로 한다. 중·고등 과정 수학 교사인 모니카 파딜랴Monica Padilla, 2003는 이 수업의 마지막 성찰에서 다음과 같이 말했다.

도시의 공립학교에 다닌 남미 계열 여성으로서 나는 소외
된 공동체에서 성장했다. 그 결과 아직도 정서불안에 시달리고
있다. 이 프로그램과 이 수업 덕분에 내 학생들을 위해서 내가
변해야 하며 변할 수 있다는 것을 깨닫게 되었다. 나는 학생들
이 능동적이고 비판적인 참여자가 되어 스스로 지식을 창조할
수 있도록 힘을 주고 싶다.

인종과 젠더

　　페미니스트 관점이론Feminist Standpoint Theory은 비판적 미디어 리터
러시를 위한 중요한 이론적 시각을 제공한다. 이 이론은 종속적 위치에
서 조사를 시작하는 것이 지배적 이데올로기를 인지할 가능성을 높인
다는 점을 설명하기 때문이다.Harding, 2004 재현의 정치를 탐색하면서 우
리는 미디어에 나타난 인종과 인종차별의 문제를 흑인 미디어 리터러
시Afro-Media Literacy, 즉 노예제도, 우생학, 경제학, 인종주의colorism 등
의 네 가지 시각으로 살펴보았다.Byard, 2012 데이비드 올루소가David
Olusoga가 제작하고 BBC가 방영한 〈과학적 인종차별주의: 사회적 다윈
주의의 우생학Scientific Racism: The Eugenics of Social Darwinism〉은 인종과
인종차별의 역사적 맥락을 보여 주는 강력한 다큐멘터리다.Daniels, 2013
흑인 미디어 리터러시는 제국주의, 식민지주의, 과학, 노예제도, 인종주
의 사이의 역사적 연결과, 그것들이 오늘날 뉴스 미디어와 대중문화에
서 나타나는 미국 흑인에 대한 묘사와 어떻게 연관되어 있는지를 드러
내는 틀이다.

인종차별주의적 이데올로기가 다양한 집단에 고통을 주는 방식을 연구하면서 우리는 미국의 흑인과 아메리칸 인디언의 경험에 초점을 맞춘다. 이들은 인종차별, 불공평한 감금과 폭력, 결핍 논리deficit thinking, 그리고 미묘한 인종차별 등의 지속적인 피해자다. 이베이 사이트eBay.com에 가서 "미국 골동품collectable Americana"을 검색하는 수업 과제는 흥미로운 결과를 보여 준다. 이베이 사이트를 방문한 학생은 블랙 매미Black Mammy[31]나 삼보Sambo[32]와 같은 빈티지 도자기 인형처럼 미국 흑인에 관한 인종차별적 이미지와 물건들이 거래되는 것을 볼 수 있다.

최근의 인종주의적 표현을 분석하기 위해 학생은 잡지 표지에 나온 유명인의 사진을 피부색과 관련하여 비교하고 피부색에 따라 확연히 다른 예들을 발견한다. 또한 백인주의 편향성의 사진 필터를 제공하는 휴대전화 앱들을 탐색한다. 이 앱들은 재현에 관해 표백 크림, 스트레이트 파마 약품, 성형수술과 같은 역할을 한다. 멀로지Mulaudzi, 2017는 이러한 필터들을 다음과 같이 설명한다.

> 필터를 사용하면 사용자의 얼굴은 원래보다 환해지고, 피부색은 옅어지고, 잡티가 없고 날씬하며, 반짝거리는 눈동자와 자그마한 코를 지닌 형태로 변한다. 심지어 입술을 얇게 만들거나 입술 색을 바꾸고 볼 색깔을 빨갛게 만들 수 있다. 간단히 말해서, 얼굴의 형태를 서구적 기준의 미에 적합하도록 변형하는 것이다.

---

31. 흑인 여성에 대한 인종차별적 이미지.
32. 검은 피부를 가진 시종. 흑인이나 흑인과 아메리카 원주민 사이의 혼혈에 대한 인종차별적 이미지.

필터들은 무척 인기가 있어서 많은 학생이 인종주의를 지속시키는 역할을 고려하지 않은 채 사용한다. 또한 우리는 오리엔탈리즘Orientalism, 반유대주의anti-Semitism, 남미인과 동양인에 대한 인종차별, 모범 소수민 신화model minority myth 등을 논의한다. 나아가 이 모든 고정관념과 성, 계급, 성적 지향성, 여타 다양한 정체성 표지 사이의 교차intersections에 대해서 논의한다. 인종과 인종차별의 사회적 구성에 관한 탐구를 통해 학생은 인종차별적 이데올로기가 눈에 잘 띄지 않는 미묘한 인종차별을 통해 반복되고 있으며 여전히 심한 악영향을 미치고 있음을 알게 된다.

이 세션에서 미디어 제작 과제를 완수하기 위해서 학생은 협업을 통해 인종 신화 파괴를 위한 밈racial myth-busting meme을 만들어야 한다. 학생은 온라인을 검색하여 인종차별주의자로 보이는 이미지를 찾고 그것을 변형시켜 인종차별주의 메시지에 대항하는 밈을 만든다. 온라인상에 밈을 만드는 무료 프로그램도 많고 인종차별주의자 이미지를 찾을 수 있는 검색 엔진도 많다. 하지만 이 과제가 쉽지 않은 이유는 몇 마디의 말을 사용하여 인종차별에 대항하는 밈을 만들기 위해서 높은 수준의 사고력과 창의력이 필요하기 때문이다. 최고의 학습은 결과가 아니라 과정에 있다. 이 과제의 경우, 학생이 제작 과정에서 가장 어려움을 많이 겪은 작품이 가장 훌륭한 토의를 끌어내고 가장 많은 교훈을 남겼다.

이 수업을 수강한 신임 과학 선생인 알렉산더 딘Alexander Dinh은 9학년 생물 수업에 비판적 미디어 리터러시를 도입했다. 그는 DNA와 유전학을 공부하는 시간에 학생에게 질문을 제시했다. "인종적 범주의 기원은 무엇인가?" 학생들은 여러 연구팀으로 나뉘어 질문의 답을 찾고 공익광고를 만들어 자신들이 발견한 것을 발표했다. 학생들은 휴대전화를 사용하여 동영상을 촬영하고 편집했으며 DNA의 전사transcription와 번역translation에 관련된 과학적 사실을 조사하고 과학이 인종차별을 조장하는 수단으로 오용된 방식을 주제로 토론했다. 한 공익광고에서 학생은 이렇게 보고했다.

> 유전학은 온갖 방향으로 왜곡되고 변형되어 인종차별의 원인을 제공한다. 모든 이의 유전자는 99% 동일하다. 단지 1%의 차이가 다른 이들과 구별되는 개인의 고유성을 만들어 낸다. 인종차별은 사회가 만들어 내는 것이다. 외향에 의존하는 것, 다른 이를 평가하는 것, 인종과 관련된 농담을 하는 것이 인종차별이다. 이는 중지되어야 한다. 인종차별이라는 개념을 완전히 이해하기 위해서는 유전학이 무엇인지 제대로 알아야만 한다.Stop Racism, 2013

이 프로젝트에서 가장 두드러진 부분은 비판적 미디어 페다고지가 지닌 초학문적transdisciplinary 성격과 잠재력이다. 연구 과정에서 학생은 생물학뿐 아니라 지배 이데올로기의 지속을 위해 생물학이라는 분야가 어떻게 이용될 수 있는지를 배웠다. 또한 학생은 과학을 통해 배운 것을 설득력 있는 내러티브로 구성하는 법을 배워서 자신이 온라인에 올린 공익광고를 본 사람들과 수업을 같이 듣거나 같은 학교에 다니는 동료들을 깨우쳐 주었다.

학생들이 리터러시가 제작이나 읽고 쓰는 작업뿐 아니라 분석이 필요한 과정임을 이해하는 것이 중요하다. 미디어 문해력을 갖추기 위해서 학생은 메시지를 창조하는 것뿐 아니라 비판적으로 읽는 방법을 배워야 한다. 소외된 이야기를 전달하는 대항 내러티브를 제작하는 과정에서 학생의 비판적 이해가 깊어지고 임파워먼트에 관한 인식이 발달하게 된다. 교육실습생인 리젯 멘도사Lizzette Mendoza, 2016는 수업 마지막 성찰을 다음과 같이 썼다.

> 나는 이 수업을 통해 미디어가 유색인종 여성인 나를 어떻게 재현하는지 깊이 생각하게 되었다. 이런 생각은 내게 항상 스쳐 지나가기만 했었다. 생각할 때마다 언제나 힘들었고 솟구치는 분노와 절망감을 어떻게 해야 할지 몰라서 깊이 탐구하지 못했다. 나는 나 자신의 미디어를 만들고 학생과 동료들 사이에 공유함으로써 그러한 이미지들에 대항할 수 있다는 것을 알게 되었다.

이어지는 수업에서 우리는 과제의 초점을 인종 문제에서 젠더 문제로 바꾸어 상업 미디어에 나타나는 여성과 남성의 재현을 비교한다. 우리는 구성주의 페다고지constructivist pedagogy를 이용하여 우선 교실 벽에 두 개의 큰 콜라주collage를 만들고 학생들이 채워 넣도록 했다. 학생들은 상업 미디어에 가장 많이 등장하는 전형적인 여성과 남성의 모습이라고 생각하는 사진들을 대중 잡지에서 잘라내어 벽에 붙인다. 콜라주가 완성된 다음 학생들은 남성과 여성의 재현에서 발견한 유사점과 차이점을 토의한다. 이 토의의 목적은 남성/여성이라는 이분법의 한계를 분석하는 것이며 토의가 끝난 다음 진 킬본Jean Kilbourne의 〈킬링 어스 소프틀리 4Killing Us Softly 4〉에서 발췌한 여성들의 광고 이미지와 잭슨 캐츠Jackson Katz의 〈터프 가이즈 2Tough Guise 2〉에서 발췌한 폭력적인 남성성masculinity의 재현을 시청한다. 동영상이 제공하는 다양한 시각과 사례들은 수업 중 토론에 깊이를 더해 준다. 또한 우리는 온라인의 인터랙티브 앱을 이용하여 아이들에게 장난감을 판매하기 위해 젠더를 구축하는 다양한 방법을 체험한다. 젠더 애드버타이징 리믹서Gender Advertising Remixer라는 앱http://www.genderremixer.com을 사용하면 남자아이들을 대상으로 한 광고의 시각적 부분에 여자아이들을 대상으로 한 광고의 청각적 부분을 입히거나overlay 그 반대의 작업을 할 수 있다. 이 앱은 2010년 조너선 매킨토시Jonathan McIntosh가 만들었다. 다른 이들의 공정 사용fair use을 통해 계속 업데이트하고 있다. 젠더 애드버타이징 리믹스와 콜라주는 유치원생에서 대학 졸업자까지 모든 이를 대상으로 미디어가 젠더 역할을 어떻게 구축하는지 보여 주는 좋은 도구이다.

광고와 소비지상주의에 도전

상업 미디어는 이윤 추구를 목적으로 하며 광고가 그 동력이기 때문에, 우리는 수업 세션 하나를 사용해 광고, 마케팅, 그리고 홍보를 살펴보고자 했다. 이 수업에서는 미디어 소유권, 기업 합병, 정부 규제 완화, 머천다이징merchandising, 브랜드 등 소비자에 관한 자료를 바탕으로 소비자의 눈높이에 맞추려는 최근의 마케팅 전략을 논의하면서 '개념적 이해 #5: 생산/제도'에 관해 직접 설명한다. 토의 후에 학생은 지배 이데올로기로서의 소비주의를 분석하고 홍보가 어떻게 저널리즘의 쇠퇴를 초래했는지에 관한 글을 읽는다.Sullivan, 2011 지구의 유한성을 고려할 때 소비사회consumerist society는 지속 불가능한 모델이다. 점차 심각해지는 기후변화의 영향을 고려할 때 우리는 교육자가 학생에게 환경적 정의의 문제를 제시할 필요가 있다고 생각한다. 이를 위해 우리는 비판적 미디어 리터러시 수업을 개발하여 인간과 자연의 관계, 그리고 이러한 관계에 중요한 역할을 담당하는 미디어의 과거, 현재, 그리고 미래에 관해 문제를 제기하고 있다.5장 참조

학생 대부분에게 친숙한 광고 예시를 분석하기 위해 우리는 손바닥만 한 병에 든 요구르트 스무디를 나누어 준 다음, 손에 들고 있는 상품에 관해 비판적 미디어 리터러시에 관련된 여섯 가지 질문에 대답하게 한다. 학생들은 요구르트 스무디 병에 대한 생각을 교환한 다음, 광고가 적힌 포장 랩을 뜯어내고 하얀 플라스틱병만 남긴다. 사람들의 흥미를 끄는 다채로운 일러스트레이션이 사라진 상태에서 이 제품을 다시 평가한다.

흰색 플라스틱 용기를 가지고 있는 상태에서, 학생들은 팀을 만들어 자신들의 병을 다양한 소비자 집단을 대상으로 판매할 수 있는 제품으로 다시 만든다. 판매의 대상이 되는 여러 소비자 그룹이 적힌 리스트를 제공하고, 각 팀은 그중 한 집단을 선택하여 자신들이 가진 흰 병을 판매하기 위한 광고물을 만든다. 학생들은 매직펜과 큰 도면 용지를 사용하여 로고, 마스코트에서부터 완전한 광고 음악과 역할극에 이르기까지 자신들이 원하는 요소를 넣어 광고를 제작했다. 이 과제 활동에서 학생은 상품 포장에 대해 다시금 생각하고 마케팅과 대중문화의 코드와 관습을 사용하여 특정 소비자 그룹을 겨냥한 광고를 제작하게 된다('개념적 이해 #2: 언어/기호학'). 이 과제를 통해 학생은 나이, 인종, 성별, 계급, 그리고 여타의 정체성에 대한 가정을 바탕으로 사람들을 마케팅의 표적으로 설정하는 방식에 관해 성찰하게 된다('개념적 이해 #3: 수용자/사회적 지위').

비판적 미디어 리터러시 수업 창안

쿼터제 학기의 절반 정도가 지났을 때 수강생은 팀을 이루어 자신의 비판적 미디어 리터러시 수업을 만들고 동료와 공유하기 시작한다. 이 시점부터 매주 다른 수강생 팀이 자신들이 가르치는 학생들을 대상으로 만든 학습계획을 간단하게 발표한다. 수강생 팀이 만든 학습계획은 자신들이 가르치는 과목의 내용과 비판적 미디어 리터러시의 개념 및 페다고지를 통합한 것이다. 학습계획을 발표할 때마다 발표를 들은 수강생들은 피드백을 제공하고 질문을 한다. 학습계획을 만들어 발표하는 과제는 강사와 수강생들이 이 수업에서 가장 선호하는 부분이 되었으며 여러 수강생 팀이 초등 국어와 사회에서부터 중고등 수학과 과학에 이르기까지 다양한 과목에서 창의적인 수업안을 개발했다. 다음은 수업시간에 발표한 학습계획의 사례다.

- 한 초등학교 교사 팀이 개발한 기초국어 수업에서 학생은 우화와 동화의 다양한 버전을 비교하고 대조하여 벤다이어그램을 만든다. 그런 다음 학생은 협업을 통해 같은 이야기를 대안적 시각으로 표현한 연재만화comic strips를 제작한다. 같은 맥락에서 또 다른 팀은 학생에게 기존의 해설자나 주인공과 다른 관점에서 책 광고에 관한 예고편 동영상을 만들도록 한다.
- 초등학교 사회과목 교사 팀이 개발한 수업에서는 캘리포니아의 초기 정착지California Missions를 조사하거나(4학년) 국가 중요 시설 national landmarks을 조사(5학년)하고, 템플릿을 사용하여 옐프Yelp 나 트립어드바이저TripAdvisor처럼 보이는 가상의 웹페이지를 만들

어 자신이 조사한 장소에서 다양한 집단(아메리카 원주민, 식민지 주민, 이민자, 흑인)에 일어난 역사적 사건을 여러 시각으로 설명하며, 마치, 자신들이 그 장소를 살펴보는 듯한 설명을 게시하도록 한다. 어떤 팀은 템플릿을 페이스북이나 휴대전화 화면처럼 만들어서 학생들에게 텍스트를 재구성하도록 했다.

- 중고등학교 과학 교사 팀은 대중문화에 나타나는 과학적 허구와 사실을 구분하는 일련의 수업을 개발했다. 학생은 과학적으로 잘못된 내용 중 특정한 부분에 초점에 맞추어 텔레비전이나 영화가 진실을 왜곡하는 방식을 탐구한다. 자신들이 조사한 과학적 오류에 관한 분석과 추론을 시각적 재현(영화 포스터, 블로그 리뷰, 만화 등)으로 보여 준다.

- 중고등학교 수학 교사 팀은 학생이 뉴스 미디어와 광고에서 데이터를 시각적으로 제시하는 방식에 문제를 제기하고 그래프나 인포그래픽이 정보를 왜곡하는 방식을 분석하는 과제를 개발했다. 그들이 공유한 그래프의 몇 가지 예로는 주택 가격을 표시하면서 주거비용은 표시하지 않고 주택의 최대가치만을 강조한 막대그래프, y축의 척도를 조작하여 x축과 y축 사이의 관계를 시각적으로 왜곡한 선형 그래프, 시각적 각도의 차이를 이용하여 실제 데이터의 크기를 조작한 2차원 그래프와 3차원 그래프 등이 있다. 사례들을 분석한 후, 학생은 협업을 통해 자신이 원하는 방향으로 정보를 왜곡하여 독자늘을 오도할 수 있는 그래프를 만들어 본다.

소셜 미디어와 파트너링 페다고지Partnering Pedagogy

비판적 미디어 리터러시 수업을 수강하는 교사들은 소셜 미디어와 온라인 앱을 탐색하여 워드 클라우드, 싱크 맵thinking maps, 만화, 애니메이션, 디지털 삽화gifs, 밈, 인포그래픽, 디지털 스토리, 프레젠테이션, 튜토리얼, 루브릭rubrics 등을 제작한다. 수강생들은 온라인 리소스에 관한 지식을 공유한다. 온라인의 앱은 자주 바뀌기 때문에 자신이 발견한 새로운 도구를 보여 주는 수강생들이 있다. 또한 우리는 정보를 찾고 태그하는 방식을 토의한다. 이 둘은 동전의 양면과 같다. 자료를 분류하고 표시하는 기술이 늘수록 원하는 정보를 찾는 것에도 능숙해진다. 검색을 위해 키워드를 선택할 때 필요한 과정은 파일과 태그의 이름을 결정하는 과정과 같기 때문이다. 우리는 검색 엔진의 편향성을 조사한 소피야 우모자 노블Sofiya Umoja Noble, 2013의 연구를 활용하여 정보를 전달하는 매체도 메시지와 수용자에 영향을 미친다는 것을 학생이 이해할 수 있게 한다. 우리는 거짓말 웹사이트hoax website를 이용하여 수강생들이 정보를 평가하는 능력을 기른다. 거짓말 박물관Hoax Museum 블로그는 수많은 사례를 제공하고 있으며http://www.museumofhoaxes.com/, 학생들은 여러 출처에서 나온 증거 자료를 다각적으로 분석하여 정보를 평가한다.

주에서 지정한 교사 요건을 충족하기 위해 우리는 컴퓨터 리터러시, 저작권, 온라인 안전, 네티켓netiquette, 적절하고 책임감 있는 사용자 지침 등 캘리포니아 교사 자격 위원회CCTC의 규정에 따른 주제들에 초점을 맞춘다. 이러한 주제들과 아울러 공정 이용fair use, 리믹싱, 오픈소스open source, 망 중립성, 크리에이티브 커먼스creative commons[33] 그리고 카피 레프트 운동copyleft movement에 관한 토론을 진행한다.Ferguson, n.d.; Hobbs, 2010; Ludwig, 2014; National Council of Teachers of English[NCTE], 2008 교사들 사이에 저작권의 제약에 관한 잘못된 정보가 상당히 많이 유통되고 있으며 이로 인하여 교사들이 미디어나 대중문화를 수업 시간에 사용하지 않으려는 경향이 있다. 특히 자료를 변형transformative하는 경우, 공정 이용을 바탕으로 저작권 보호 자료를 수업 시간에 폭넓게 사용할 수 있는 방법을 교사와 학생이 이해하는 것은 중요하다. 공정 이용은 교사에게 교실 학습과 법적 권한 사이의 관련성을 보여 준다. 또한 교사들은 인터넷상의 망 중립성과 오픈 액세스에 관한 규칙이나 규제조항을 둘러싼 법정 공방을 이해해야 한다.

대부분의 학생은 기술, 미디어, 특히 비디오 게임에 관한 선행 지식, 기술, 태도 등을 지니고 있다. 우리는 편견 없는 비평이 이루어지는 분위기를 형성하기 위해 제임스 지James Gee, 2007의 수업 아이디어를 활용한다. 그는 교사들도 위험을 감수하거나 실패의 영향을 줄이거나 편견 없는 즉각적 피드백을 제시하는 방법을 비디오 게임으로부터 배울 수 있다고 주장한다. 오랫동안 게임을 해 온 사람들조차 게임을 통해, 학습이 가능하다는 긍정적인 시각에 놀란다.

프렌스키Prensky, 2010, p. 3는 "21세기에 모든 교사가 직면한 중요한 변화와 도전은 새로운 기술의 세부 사항이 아니라 새롭고 나은 종류의 페다고지인 '파트너링partnering'에 익숙해져야 한다는 것이다"라고 말했다. 그는 탐구 중심 교육과 아울러 선생과 학생의 대화 역할이 변화해야 한다고 주장한다. 교사는 판단을 내리는 역할에서 벗어나 대화의 촉진

---

33. [옮긴이 주] 일정한 기준 아래서는 창작물을 마음대로 활용해도 좋다는 허가 표시.

자facilitator, 가이드, 혹은 코치가 되어야 한다. 학생은 능동적인 연구자 researcher로서 "세상을 변화시키는 사람world changers"이 되어야 한다는 것이다.p. 20 파트너링 페다고지는 성찰적 질의를 바탕으로 한 소크라테스의 변증법적 접근과 존 듀이의 실천을 통한 경험적 학습, 주입식 교육 banking education의 대안으로 파울루 프레이리가 주장한 문제제기식 페다고지problem-posing pedagogy의 전통을 따르고 있다.

현실 세계와 관련하여 디지털 프로젝트로 진행하는 이러한 유형의 사회정의 교육은 중요하다. 세상에는 수많은 문제가 존재하며 학생은 자신이 그 해답의 일부가 될 수 있다는 것을 알 필요가 있다. 새로운 테크놀로지는 우리의 환경과 사회적 관계를 재구성하고 있으며, 학생이 문제에 도전하고 사회환경적 정의를 구현하며 학업을 향상하는 미디어를 만들 수 있는 더 많은 기회를 제공하고 있다.

빛, 소리, 그리고 멀티미디어

수업 전반에 걸쳐 우리는 사진(시각적 리터러시), 팟캐스트(청각적 리터러시), 그리고 시청각적 리터러시의 요소를 결합한 디지털 스토리(멀티미디어 리터러시)에 많은 시간을 할애하여 학생이 미디어 제작을 실험할 수 있도록 이끌었다. 이러한 미디어 제작기술은 순수하게 기능적인 측면에서 가르칠 수도 있다. 한 걸음 더 나아가 우리는 사회문화적 관점과 비판적 미디어 리터러시 페다고지를 사용해, 학생들에게 지배 이데올로기에 도전하고 사회 변화의 도구가 될 수 있는 미디어 제작의 잠재력도 가르친다.

사진 수업을 하는 동안, 우리는 카메라를 수업을 위한 페다고지의 도구로 사용하여 다양한 실험을 했을 뿐 아니라 시각적 리터러시의 많은 개념을 살펴보았다.

우리는 사진 이론과 현실적 응용을 바탕으로 수강생이 협업을 통해 촬영한 여러 잡지 표지에 나온 동일 인물의 사진을 분석하여 사진 기법의 목록을 만들게 한다.Share, 2015b 사진 과제에서 수강생은 팀을 이루어 어휘를 선택하고 자신들이 만든 리스트에 있는 기법을 이용하여 휴대전화 카메라로 사진을 찍는다. 사진을 찍은 후 수강생들은 사진을 보고 서로 간의 어휘를 추측한다. 그 후 수강생은 다시 좋은 사진/나쁜 사진 과제를 통해 동일 인물의 사진을 두 번 촬영한다. 하나는 대상을 긍정적으로, 다른 하나는 부정적으로 보이게 촬영했다. 미주리Missouri주 퍼거슨시에서 무기를 휴대하지 않은 10대의 흑인 마이클 브라운Michael Brown이 경찰 총격에 사망한 사건이 일어나자 수백 명이 트위터에 다음과 같은 질문을 올렸다. "그들이 나를 총으로 쏘았을 때 미디어는 어떤 사진을 선택할 것인가?#IfTheyGunnedMeDown"라는 해시태그를 사용하여 그들은 트위터에 자신을 찍은 한 쌍의 사진을 공유했다. 사진 중 하나는 상업 미디어의 기준으로 "사회적으로 받아들여지는" 모습이었다. 다른 하나는 주류 미디어의 눈으로 볼 때 덜 "품위 있는" 모습이었다.Vega, 2014 이것은 좋은 사진/나쁜 사진의 선택이 어떻게 중요한 정치적 의미를 띨 수 있는지를 보여 주는 강력한 예이다. 이 사건에서 우리는 새로운 세대가 사진과 소셜 미디어를 결합하여 헤게모니에 저항하고 도전하는 모습을 볼 수 있다.

눈보다 입과 귀를 사용하여 우리는 미디어의 음향 기술을 탐구한다. 하나의 음소인 알파벳 O를 여러 가지 억양으로 발음하여 다양한 의미를 전달해 본다. 그런 다음 철자를 조합하여 bad라는 단어를 만들어 이를 다르게 발음함으로써 상반된 뜻인 "좋지 않은"부터 "아주 멋진"이라는 의미를 전달해 본다. 다음으로 단어를 조합하여 문장을 만들고 같은 문장을 매번 구두점을 바꾸어 여러 차례 읽는다. 이는 여러 유형의 오디오 레코딩을 분석하고 제작하기 위해 학생이 배워야 하는 기술이다. 영어 읽기를 배우는 학생에게 유용한 기술이기도 하다. 이는 발음으로 단어의 의미를 바꾸는 방법을 탐구할 수 있기 때문이다.

단어에서 소리와 음악으로 이동하면서 우리는 톤 페인팅으로 들어가 음악이 생각과 감정을 전달하는 방식을 탐구한다. 유명한 음악의 짧은 클립을 들은 다음, 우리는 스토리를 전달하고, 분위기를 조성하며, 가끔은 고정관념을 영속시키는 음악의 역할을 토론한다. 이는 모든 범주에서 캘리포니아 공립학교의 및 공연예술 수업 지침과 부합한다. 예술 지각artistic perception, 창의적 표현, 역사 문화적 맥락, 미적 가치aesthetic valuing, 그리고 연결connections, 관계relationships, 응용applications 등을 포괄한다.

청각 리터러시의 또 다른 매력적인 측면은 음향효과의 사용이다. 책을 읽거나 영화를 보는 동안 학생들이 그들 자신의 음향효과를 만들 수 있도록 동기부여를 한다. 이 수업에서 우리는 학생들에게 가정용품을 가져오도록 해 소리를 만들고, 느끼고, 이미지를 떠올리게 한다. 학생은 팀별로 청각적 리터러시를 활용해, 휴대전화로 팟캐스트를 만들고, 이를 통해 미디어 텍스트를 재구성하거나 특정 라디오 프로그램의 주제를 토론한다.

우리는 다른 수업 시간에서 청각적 기술을 시각적 리터러시와 결합하여 수강생이 디지털 스토리를 제작하게 한다. 디지털 스토리를 제작하는 도구는 다양하다. 하지만 수강생 대부분이 부족한 재원의 도심 지역 학교에서 가르치기 때문에 우리는 디지털 스토리 제작을 가르치면서 수강생이 구하기 쉽고 가장 널리 쓰이는 컴퓨터 프로그램인 파워포인트 Microsoft Office's PowerPoint를 이용한다. 파워포인트에 내레이션을 녹음하는 기능이 있으며 이것으로 디지털 스토리를 위한 사운드트랙을 쉽게 만들 수 있다는 사실을 모르는 사람이 많다. 파워포인트가 디지털 스토리를 만들기에 가장 좋은 도구는 아니지만, 수강생들이 가장 쉽게 접근할 수 있고 수강생들과 초·중·고 학생들에게 이미 어느 정도 친숙한 프로그램이다. 접근이 쉬운 도구를 찾는 것은 중요하지만, 도구는 스토리 제작이라는 중요한 작업을 위한 수단일 뿐이다.

우리는 디지털 스토리텔링의 기본적 요소를 가르치고, 사례들을 보여 주며, 수강생이 자신의 아이디어를 스토리보드에 그려, 대항 헤게모니적인 디지털 스토리를 제작하게 한다.Ohler, 2008 수강생이 자신이 가르치는 수업에 손쉽게 이용할 수 있는 사례를 제공하기 위해 우리는 수강생에게 자신의 스토리 중 중요 장면을 여섯 장의 인덱스 카드에 그리게 한다. 수강생은 팀을 만들어 일러스트레이션을 그리고, 대본을 쓰고, 음성을 녹음하고, 파워포인트로 이 모든 것을 조합하는 과제를 나누어서 한다. 모든 디지털 스토리는 우선 스토리보드에 그리고 대사를 쓴다. 각 장면을 인덱스 카드에 가로 방향으로 그린 다음, 사진으로 찍은 후 그 이미지를 파워포인트 프레젠테이션에 올린다. 마지막으로 각 팀은 내레이션, 대화, 그리고 효과음을 녹음한다. 수강생이 수업에서 다른 수강생들과 함께 디지털 스토리를 제작하는 것은 이후 자신의 수업에 쓸 수 있는 학습 과정을 연습하는 것이다.

사회적 실천자로서의 미디어 교육자 양성

대부분 수강생은 미디어와 대중문화를 깊은 억압의 심충적 감정과 체계적 구조를 토론하는 훌륭한 도구라고 생각한다. 하지만 어떤 수강생들은 인종차별, 성차별, 동성애 혐오 등의 이슈와 이를 지속시키는 시스템과 특권에 관해 탐구할 준비가 되어 있지 않거나 흥미를 느끼지 못한다. 초등학교 예비교사인 로라 익스타Laura Ixta, 2014는 수업 마지막 성찰에서 많은 아이디어를 접하면서 "가끔은 발표물이 불편할 때도 있었지만 그로 인해 나는 왜 그 발표물이 내게 불편한지 생각할 수 있었다. 그것이 자기 성찰을 가능하게 했으며, 나 자신의 성장배경과 경험, 그리고 정체성에 대해 더 많이 배울 수 있었다"라고 말했다. 공통핵심기준 Common Core State Standards 때문에, 이러한 주제를 반드시 적용해야 하는 것은 아니다. 하지만 수강생이 사회정의를 가르치는 교육자가 되어 전환적 페다고지transformative pedagogy를 사용하려면 반드시 다루어야 할 주제이다. 비판적 미디어 리터러시의 목적은 교사와 학생에게 권한을 부여하여 시민적 책임감을 느끼고 미디어와 테크놀로지를 사용하여 사회 문제들에 진보적 해결책을 제시하도록 돕는 것이다. 우리의 목표는 교사가 테크놀로지와 미디어를 이용하여 수업의 질을 높이고 학생에게 실천적 영감을 줄 수 있도록 아이디어와 전략을 통해 사회정의 교육자를 지원하는 것이다. 고등학교 과학 교사인 존 최John Choi, 2013는 이 수업의 마지막 성찰에서 자신이 가르친 상담 수업에 비판적 미디어 리터러시를 도입했던 경험을 다음과 같이 적었다.

몇몇 학생의 경우 미디어에 관해 문제 제기와 탐구는 자연스럽게 행동으로 이어졌다. 예를 들어 "메시지가 재현하는 가치는 무엇인가"라는 질문은 우리가 그 문제를 어떻게 해결할 수 있는가로 발전했다. 내가 요청한 것이 아니라 학생 스스로 사회적 정의를 추구하였다. 불공정을 이해하게 되었을 때 학생은 스스로 사회참여를 하게 되었다. 이는 비판적 미디어 리터러시 이론의 학습이 실천으로 발전하는 페다고지 강력한 모델로서 이전에는 내 상담 수업에 없었던 방식이다.

최John Choi, 2013의 성찰은 사회정의 교육의 강력한 사례를 보여 준다. 수강생들이 참여하는 모든 프로젝트가 비판적 시각을 바탕으로 한 것은 아니다. 어떤 수강생의 프로젝트에는 비판적 분석이 빠져 있지만, 우리는 학습이 다양한 사람들에게 다양한 방식으로 이루어진다는 것을 인정한다. 우리는 가끔 씨를 뿌리거나 문을 열어 놓을 뿐이다. 비판적 미디어 리터러시 페다고지는 수강생이 대중문화, 미디어, 그리고 기술에 관해 문제 제기하고 탐구하도록 돕는다. 우리는 학생들이 이러한 과정을 통해 자신이 살아가는 세상에 관한 비판적 이해를 향상할 것을 바란다. 지루Giroux, 1987는 다음과 같이 주장했다.

리터러시와 목소리voice에 관한 비판적 페다고지는 학생의 경험과 목소리의 모순적인 속성에 주목해야 한다. 그러한 경험이 지닌 장점과 단점을 조사하고 분석할 수 있는 근거를 확립하는 것이 중요하다.p. 20

민주적 페다고지는 모든 아이디어와 행동이 가질 수 있는 함의와 결과에 관해 문제를 제기하고 편견 없는 대화가 이루어질 것을 요구한다. 비판적 미디어 리터러시를 어느 학년, 어느 과목에 활용할지를 결정할 때, 이론과 학생들의 실제 경험에 기초하는 페다고지를 고려해야 한다.Morrell et al., 2013

21세기의 비판적 미디어 리터러시 페다고지는 미디어 재현, 권력, 그리고 이데올로기 등을 별개의 것으로 가르치지 않고, 이를 하나의 내용으로 통합해 토론한다. 이는 단순히 교육적 기술이나 여러 가지 수업 계획들을 모아 놓은 것이 아니다. 비판적 미디어 리터러시 페다고지는 교사와 학생이 모든 정보, 도구, 그리고 아이디어에 관해 비판적으로 문제를 제기하는 틀의 역할을 한다. 이 수업에 대한 성찰에서 초등 예비교사인 줄리아 하이저Julia Hiser, 2012는 비판적 미디어 리터러시를 다음과 같이 설명했다.

> (비판적 미디어 리터러시는) 우리에게 교사로서 활용할 틀과 도구를 제공한다. 우리는 삶과 관련된 의미 있는 리터러시를 가르치고, 비판적인 인식을 함양하고, 제작을 통한 권한 부여를 할 수단을 갖추고 있다. 이 모든 것이 일관된 방식으로 이루어질 때, 수업의 형식과 내용이 일치하고 교수법이 수업 내용의 목적을 반영한다.

대부분의 미국 초중고 공교육 시스템과 마찬가지로 교사 양성 프로그램도 모든 공적 시스템을 사유화하려는 사람들과 부담이 큰 표준화 시험점수를 가지고 교육의 효율성을 실증적으로 검증하는 책임을 부과하려는 신자유주의 정책으로부터 공격의 대상이 되고 있다. 플로레스-

쿨리시Flores-Koulish, 2006는 "미국 공교육에 관한 '책임 운동accountability movement'이 지속할수록 교사가 학생의 창의적이고 독자적인 깊은 사고를 도울 기회는 줄어든다"p. 239라고 주장한다. 공통핵심기준은 한편으로 책임accountability이나 평준화standardization 등 실증주의적 개념으로 인해, 학습을 제한하고 획일화한다. 다른 한편으로는 더 많은 기술과 미디어를 수업에 결합함으로써 리터러시에 대한 이해를 확장하고 "학생들이 미디어 제작과 분석을 통해 비판적 사고를 할 수 있도록"Moore & Bonilla, 2014, p. 7 권한을 부여한다. 전국 미디어 리터러시 교육협회National Association for Media Literacy Education에서 발행한 공통핵심기준과 미디어 리터러시에 관한 교사 가이드에서 무어와 보닐라Moore & Bonilla는 "미디어 리터러시 교육은…. 공통핵심기준이 제시하는 여러 까다로운 목표 중 많은 부분을 지원하고 있다"p. 1라고 주장했다.

교사가 미디어 리터러시 수준이 높을수록 대중문화, 미디어, 그리고 테크놀로지에 대해 토론할 때 비판적 사고의 좋은 본보기를 보일 수 있다. 게츠, 브라운, 그리고 슈바르즈Goetze, Brown, and Schwarz, 2005는 교사 양성 프로그램에서 미디어 리터러시를 가르치는 중요한 이유는 "자신이 배우지 않은 것이나 중요성을 알지 못하는 것을 교사가 가르칠 수 없기 때문"2005, p. 161이라고 강조했다. 교사가 비판적 미디어 리터러시를 수업에 활용하려면 자신의 미디어 리터러시 수준을 높여야 하며, 학생이 매일 보고 듣는 메시지들에 비판적인 문제를 제기하고 대안을 만들어 낼 수 있도록 지도할 틀과 페다고지를 준비할 필요가 있다.

5장

환경적 정의는 사회적 정의다

21세기에 들어와 우리는 디지털 기술과 글로벌 연계뿐 아니라 세계 전역에 기록을 경신하는 불볕더위를 경험하고 있다. 기후에 대한 현대적인 기록이 시작된 이래 가장 더웠던 열여덟 해 가운데 열일곱 해가 2001년 이후에 발생했다.Sengupta, 2018 2018년 한 해에 일어난 기후 조건의 변화와 기상이변은 기후변화설에 대한 일부 회의론을 무너뜨렸고, 뉴스 미디어는 마침내 기상이변과 기후변화의 연관성을 보도하기 시작했다.Lin & Panzar, 2018; Rubin, 2018 기록상 가장 더운 날을 경험한 2016년에도 주요 텔레비전 네트워크(ABC, CBS, NBC, 그리고 Fox News)에서 기후변화에 할애한 시간은 2015년에 비해 60%밖에 되지 않았다는 점을 고려하면 이는 매우 중요한 변화다.Kalhoefer, 2017 기후변화에 대한 보도가 감소한 2016년 한 해를 통틀어 보도량은 50분 정도에 그쳤다. 한 시간도 채 되지 않는 보도를 통해 기록상 가장 더운 날, 파리 기후 협정 체결, 다양한 기상이변, 그리고 환경문제에 대해 반대 의견을 피력하는 후보를 중심으로 한 대선 소식 등을 전했다. 안토니오 로페스Antonio López, 2014는 "결정적으로, 매스미디어는 사회경제적 시스템의 의제를 설정하고, 무엇을 생각할 것인가를 정의하며, 지속 불가능한 문화적 신념만을 반복적으로 강화함으로써 현상 유지를 강조하는 역할을 했다"p. 72라고 주장했다. 미디어가 게시하고, 발행하고, 방송한 내용, 혹은 어떤 내용을 보도하지 않기로 한 결정은 큰 영향을 미친다. 보도를 결정했을 때도 기사에 들어 있는 프레임과 설명은 매우 중요하다.

기후변화가 지구에 사는 우리의 삶에 영향을 끼치는 중요한 문제가 되면서, 우리는 기업과 정치인이 과학을 의심하게 하도록 담론을 재구성하기 위해 사실과 감정을 왜곡하는 것을 알게 되었다. 신자유주의 이데올로기, 규제받지 않는 자본주의, 걷잡을 수 없는 소비주의, 선정적 저널리즘, 그리고 화석연료의 채굴과 연소가 결합해 일어나는 환경 재난은 모든 것을 바꾸었다.Klein, 2014 이러한 사안에 관한 미디어 메시지는 학생에게 이슈와 관련된 전제assumptions, 행동, 무반응inaction 등을 비판적으로 분석할 좋은 기회를 제공한다. 비판적 미디어 리터러시의 틀을 이용하여 교사는 학생이 문제를 제기하고 환경적 정의와 지속가능성에 관한 자신의 미디어 메시지를 만들게 지도할 수 있다.

학생이 비판적 역량, 상상력, 창의성을 활용하여 기후변화에 관해 탐구하고 행동하는 것을 장려하려면 교사는 활자의 속박에서 벗어나 다양한 미디어의 잠재력을 활용해야 한다. 비판적 미디어 리터러시의 개념을 활용하여 우리는 모든 종류의 텍스트(영화, 음악, 비디오 게임, 사진, 소셜 미디어, 책 등)에 관한 수강생들의 리터러시를 향상할 수 있다. 나아가, 권력과 리터러시에 관한 그들의 이해를 증진하고, 자연계와 우리 관계의 지배적 내러티브를 이해하고 그에 도전할 수 있는 창의적 정신을 기를 수 있다.

휴대전화와 새로운 모바일 기구가 널리 퍼지고, 그에 대한 접근이 쉬워지면서 청소년들은 문자, 트윗, 태그, 블로그, 게시물, 게시물 고정pinning, 메시지, 사진, 팟캐스트, 공유 등 매일 다양한 방식으로 커뮤니케이션과 사회활동을 한다. 공통핵심기준의 서문에 학생이 디지털 텍스트를 읽고 쓰며 "기술과 디지털 미디어를 전략적으로 능숙하게 사용"Common Core State Standards, 2015, p.7할 필요가 있음을 언급한 것은 중요한 의미가 있다. 환경교육 훈련 재단The National Environmental Education and Training Foundation[2005]의 보고서에 따르면 "청소년들은 환경에 대한 정보를 다른 어떤 정보원보다 미디어로부터 더 많이(83%) 얻는다"Coyle, p. x라는 결과가 나왔다. 소셜 미디어, 스마트폰, 그리고 인터넷이 지배적인 정보 매개체인 동시에 청소년들이 선호하는 커뮤니케이션과 엔터테인먼트의 도구가 되었기 때문에, 교사는 비판적 사고를 지원하는 이론과 페다고지를 바탕으로 이러한 도구와 커뮤니케이션을 수업에 활용해야 한다.

로페스López, 2014는 『녹색 미디어 교육: 미디어 리터러시와 녹색 문화 시민Greening Media Education: Bridging Media Literacy with Green Cultural Citizenship』에서 "미디어와 테크놀로지가 반자연적"이라고 생각하는 사람이 환경교육 분야에 많으며 "일반적으로 미디어 리터러시 교육은 생태학적 관점을 도외시했다"p. 1라고 설명한다. 그러나 이는 바뀔 수 있다. 비판적 미디어 리터러시는 정보통신기술ICTs과 환경 정의를 통합하기 위한 중요한 틀이 될 수 있다. 미디어 교육이 언제나 지속 가능한 삶과 환경 관련 문제의식을 지원하지 않는다. 하지만 지배 이데올로기를 비판하고 사회환경적 정의를 추구하는 비판적 미디어 리터러시는 교육을 더욱 혁신적으로 만들 수 있는 잠재력을 지니고 있다.

학생이 읽고, 듣고, 보고, 창조하는 메시지를 비판적으로 생각하도록 가르치려면 모든 정보와 엔터테인먼트를 포함하는 21세기의 리터러시를 이해해야 한다. 교육과 관련하여 테크놀로지와 미디어가 지닌 잠재력과 한계를 인식하는 것이 중요하다. 환경문제에 관해 비판적인 참여를 끌어 내기 위해서는 특히 중요하다. 비판적 시각 없이 능률과 효과에 초점을 둔 여러 가지 신자유주의적 교육 혁신도 미디어와 기술의 이용을 지원 하기 때문이다. 컴퓨터, 카메라, 휴대전화를 교육에 활용함으로써 오래 된 학습 관행에 그럴듯한 겉모습만 더하는 경우가 너무 많다. 그러나 비 판적 미디어 리터러시의 페다고지를 바탕으로 미디어, 기술, 그리고 대 중문화를 포괄적으로 다룬다면, 비판적이며 소수에게 권한을 부여하는 교육의 잠재력은 훨씬 향상된다.

수십 년 동안 일상적인 과학 교육은 결핍의 시각[34]을 바탕으로 해, 비 판적 사고를 기르지 못했다. 과학의 대중적 이해Public Understanding of Science라는 이름으로 알려진 정보의 일방적 전달 모델은 대중에게 기 후변화의 심각성을 교육하는 데는 효과가 없었다.Cooper, 2011 과학 교육 의 대중적 이해 모델은 대중 참여 모델Public Engagement in Science로 대 치되었다. 이 새로운 모델은 비판적 사고와 문제 제기를 통한 탐구를 지 원하기에 비판적 미디어 리터러시교육과 같은 맥락이다. 캐런 쿠퍼Caren Cooper는 "기후변화에 대한 문해력을 위해서 대중은 우선 미디어 문해 력을 가져야 한다"P. 235라고 주장한다. 그녀는 다음과 같이 썼다.

과학 교육은 전략적이어야 하며 과감하게 확장하여 대중 에게 비판적 사고와 미디어 리터러시 기술을 전파해야 한다.

---

34. [옮긴이 주] 76쪽 참조. 가난한 이들에게 성공할 능력이 결핍되어 있다는 사고방식 (혹은 이데올로기).

그리하여 기후변화에 관한 논의가 있을 때 대중을 오도하고 혼
란을 조장하거나 무관심과 거부감을 심어 주도록 구성된 미디
어 메시지의 집중포화를 사람들이 깨닫도록 도와야 한다.P. 235

　과학의 대중 참여 모델이 전통적인 "은행저금식" 접근보다 진일보한
것이다. 하지만 이 모델은 사람들이 메시지를 조사하고, 여러 전제를 형
성하는 지배 이데올로기에 문제를 제기하고, 정보가 전달되는 미디어의
영향력을 인지하고, 중립성의 신화를 꿰뚫어 봄으로써 상업 미디어를
지원하는 경제 구조를 파악하는 데 도움을 주지 못한다. 개념적 이해와
문제 제기의 틀이 되는 비판적 미디어 리터러시를 활용함으로써 교육자
는 학생이 미디어 메시지를 지원하고 이에 영향을 미치는 구조와 체계
를 분석하도록 지도할 수 있다.

　텔레비전, 라디오, 휴대전화, 그리고 인터넷을 통해서 접근할 수 있
는 상업 미디어는 대부분 무료인 것처럼 보인다. 그러나 상업 미디어는
광고에 경제적인 의존도가 높으며, 결국 무한한 소비가 필요하다는 것
을 인식해야 한다. 루이스와 보이스Lewis & Boyce, 2005는 소비 이데올로
기에 관해 우리에게 필요한 것은 "광고의 역할이 일련의 문화적 조건들
을 창조하여 우리가 기후변화에 대해 덜 이야기하게 하는 것임을 인정
하는 것"P. 8이라고 했다. 기후변화뿐 아니라 모든 환경문제에 적용되는
말이다. 나오미 클라인Naomi Klein, 2014은 "성장감축de-growth"이라는 축소
reductions 방안으로 소비 경제 시스템을 바꿔야 한다고 주장한다. 미국
그린피스Greenpeace의 이사인 애니 레너드Annie Leonard는 소비와 소비
주의에 관한 지속 불가능한 의존이 변해야 한다는 점에 동의하고 경제
의 목표를 바꾸는 혁신적인 해결책을 촉구한다. 레너드는 〈해결책에 관

한 이야기Story of Solutions〉https://tinyurl.com/y7r2wo9m라는 온라인 비디오에서, 시스템을 실제로 변화시키기 위해서는 근본적 개혁이 필요하다고 말한다. 우리의 목표를 "더 많은" 일을 하는 것에서 "더 나은" 해결책을 찾는 것으로 바꾸어야 하며, 모든 이의 삶의 질을 높이는 진정한 변화를 이루어야 한다고 말했다.Leonard, Sachs, & Fox, 2013 클라인Klein, 2014은 사회적 정의와 환경적 정의는 근본적으로 상호의존적이라고 주장한다.

> 환경의 시대는 포괄적인 내러티브를 제공한다. 이 내러티브를 바탕으로 이민자들에게 좋은 직업과 공정함을 찾아 주기 위한 투쟁으로부터 노예제도나 식민주의 등의 역사적 잘못에 관한 보상에 이르기까지 모든 것을 포함하는 대규모의 프로젝트를 통해 너무 늦기 전에 해가 없으며nontoxic, 위기에 강한 shockproof 경제를 만들어 갈 수 있다.p. 154

클라인은 기후변화를 개별적 이슈가 아니라 기온 상승이 계속될 때, 식민주의, 제국주의, 자본주의, 그리고 신자유주의가 전 세계적으로 초래해 온 모든 문제가 악화하는 현상을 설명하는 커다란 이해의 틀로 볼 필요가 있다고 촉구했다.

수년간 미국의 환경문제는 모든 사람이 동등한 환경적 위험에 처한 것처럼 "보편적 취약성universal vulnerability"의 이슈로 주류 미디어가 재현했다. 이는 저소득층, 특히 유색인종 커뮤니티가 중산층 혹은 고소득층 지역보다 환경 재난에 훨씬 취약하다는 사실을 은폐한 것이다. 케이트 아로노프Kate Aronoff, 2018는 "미국의 유색인종은 석탄 화력 발전소 근처에 살면서 그와 관련된 건강 문제를 겪거나, 수년간 주택 및 기간시설에 대한 투자의 부족으로 열악한 기후 조건의 피해를 받을 가능성이 훨씬 크다"라고 주장했다. 계급, 인종과 더불어 나이의 문제를 고려할 때, 기후변화의 영향에 따른 불평등이 가난한 유색인종의 어린이들에게 가장 큰 타격을 입힌 것은 명백한 사실이다. 프레더리카 페레라Frederica Perera, 2016는 "공기 오염과 기후변화가 일으키는 건강 문제는 우리 모두에게 영향을 미치지만, 저소득층, 특히 태아와 어린이들처럼 저연령층에 심각한 영향을 미친다. 이들은 위험에 가장 많이 노출되고 가장 적게 보호받는다"라고 말했다. 또한, 기후변화의 영향은 몰디브와 같은 섬에 사는 이들에게 더욱 크다. 해수면의 상승은 빈번한 홍수의 원인이 되며 나라 전체가 위험에 빠지기 때문이다.Berge, Cohen, & Shenk, 2011 학생은 기후변화가 모든 이에게 영향을 미치지만, 동등하지 않다는 점을 이해할 필요가 있다.

상업 미디어가 반복해 사용하는 또 하나의 용어는 보편적 책임 Universal Responsibility이다. 보편적 책임은 환경 훼손에 대해 우리가 똑같이 책임을 져야 한다는 의미이다. 모든 사람이 환경문제에 책임을 느끼고 개선을 바라는 것은 중요하다. 환경문제의 주된 요인이 되는 기업, 정부, 지속 불가능한 경제 활동, 불공정한 이데올로기에 책임을 묻는 것은 필수적이다. 2018년 8월 1일 자 〈뉴욕타임스 매거진New York Times Magazine〉은 나다니엘 리치Nathaniel Rich가 쓴 "지구의 사망: 기후변화를 멈출 뻔했던 10년Losing Earth: The Decade We Almost Stopped Climate Change"이라는 기사에 전체 지면을 할애했다. 이 기사는 기후변화와 관련된 공공 토론과 활동을 심층 분석한 것으로서, 가속하는 기후변화의 위험에 관한 비판적 인지가 향상하고 있음을 보여 주는 잘 짜인 내러티브다. 그러나 이 기사는 기후변화에 관련해 개인, 기업, 미디어, 정부, 그리고 사회운동 사이의 복합적인 상호작용을 보여 주지 못하고 그 책임과 주체적 역할을 주로 개인에게 돌리고 있다. 리치는 우리가 직면하고 있는 위기의 책임이 모든 이에게 균등하게 있는 것이 아니라는 것을 보지 못했다. 아로노프$^{Aronoff, 2018}$는 리치가 최고의 탄소 배출량을 가진 화석연료 기업을 비판하지 못했다고 지적한다.

> 이 부분에 관한 수치는 명확하다. 1988년 이후 100여 개의 회사가 71%의 이산화탄소 가스 배출에 대한 책임이 있다. 옥스팜Oxfam의 2015년 연구에서는 전 세계 경제 수준 하위 50%에 속하는 인구가 배출하는 이산화탄소 가스는 10%에 불과하다는 결과가 있다. 반면 상위 10%에 속하는 인구가 이산화탄소 가스의 50%를 배출한다. 이 수치는 가장 부유한 사람들이—예를 들어 비행기를 가장 자주 사용하는 사람들이— 이산화탄소 배출의 주범이라는 것을 보여 준다. 이는 "우리는 적을 만났어. 그 적은 우리 자신이야"라는 오래된 포고Pogo[35] 만화보다 더 미묘한 뉘앙스를 가진 그림이다.

북반구에 있는 나라들이 지구 온난화의 피해를 가장 크게 입는 나라들보다 더 많은 양의 이산화탄소를 대기 중에 배출한다. 오류의 가능성은 인간의 본질이라는 리치Rich의 주장은 경제 구조, 기업의 탐욕, 그리고 시스템이 지닌 부의 불평등을 간과하고 인간에게 책임을 돌린다. 리치는 "우리는 과학기술과 경제학을 신뢰한다. 인간의 본성을 신뢰하는

---

35. [옮긴이 주] 1948~1975년까지 미국 일간지에 기고된 월트 켈리(Walt Kelly)의 코믹 일일 연재 만화.

것은 그보다 힘든 일이다"ᴾ·⁶⁶라고 말했다.

환경 운동의 전성기였던 1970년대에 고전적 환경 광고 중 하나로 '아름다운 미국을 보존하자Keep America Beautiful'라는 단체가 제작한 "울부짖는 인디언Crying Indian"이 있다. 이 유명한 텔레비전 광고는 문제가 많았다. 미국 원주민으로 등장한 배우는 사실 이탈리아 계통의 미국인이다. 광고 자금을 지원한 단체는 환경문제보다 음료와 포장물 판매에 더 관심이 있었다. 이 광고는 "사람이 오염의 시작이다. 그것을 사람이 끝낼 수 있다People start pollution. People can stop it"라는 핵심 구절로 미국의 대중 담론을 재구성했다. 이 광고 구절은 기업이 일으킨 미국의 환경 재난을 숨기고 개인의 쓰레기 버리지 않기 운동을 강조해, 모든 미국인이 쓰레기를 줍기만 한다면 환경오염을 극복할 수 있다는 인식을 심어 주었다.Dunaway, 2015 교사들은 이 광고를 유튜브http://tinyurl.com/cye6k5l에서 내려받아서 학생이 여러 번 시청하게 한 다음, 비판적 미디어 리터러시의 여섯 가지 질문에 대답하게 지도할 수 있다. 여러 번 시청하는 것은 심층적 이해의 발판이 되어 음향의 영향, 편집, 그리고 배제한 내용 등 처음 볼 때 간과할 수 있는 요소들을 발견하게 해 준다. 또한 텍스트가 만들어지고, 전파되는 역사적, 문화적, 사회적 맥락, 그리고 현재의 맥락에서는 어떻게 해석될 수 있는지를 고려하여 미디어를 비평하는 것도 학생에게 도움이 된다. 이 광고는 겉보기에 긍정적이나 사실상 진정한 변화를 방해하는 조작성 강한 메시지를 비영리 단체가 후원한 좋은 예다. KABKeep America Beautiful는 단체에 가입해 있는 기업들은 지속 불가능한 사업 활동을 변화하도록 촉구하지 않고, 교사들을 위한 학회와 온라인에서 쓰레기 처리 운동litter campaign을 여전히 장려하고 있다.

환경문제에 관한 뉴스 보도

상업 저널리즘의 관행은 종종 과학 이슈에 대한 뉴스 보도를 방해한다. 벤 골드에이커Ben Goldacre, 2009는 자신의 유명한 저술인 『나쁜 과학Bad Science』에서 저널리스트 대부분이 인문학 출신이기 때문에 수학과 과학의 내용과 방법론에 관한 훈련이 덜 되었다고 지적한다. "그들 또한 돈을 벌고, 상품을 홍보하며, 최소한의 노력으로 쉽게 지면을 채우고 있다."Goldacre, p. 226 많은 저널리스트가 훌륭한 탐사 보도를 하지만, 불행히도 상업 저널리즘의 경제 구조는 저널리스트의 진실성보다 이익을 우선한다.McChesney, 2004, 2015 미디어 기업의 합병과 더불어 독자적인 보도에 필요한 인력과 자금을 삭감하여 비용을 절감하게 되자, 기업이 제공하는 신문 방송 보도 자료를 출처 없이 지면에 싣거나 보도하는 경우가 늘고 있다.[36] 상업 미디어의 경제 모델이 일으키는 또 하나의 문제는 심층 분석보다 선정주의에 치우친 스펙터클 문화culture of spectacle이다.Kellner, 2003

롭 닉슨Rob Nixon은 환경 이슈에 관한 미디어 재현이 지닌 문제를 "은밀한 폭력slow violence"을 다루지 못한다는 것이라고 설명했다. 대부분의 뉴스 미디어와 영화는 선정적이고 순간적인 시각적 스펙터클로 시청자들에게 극적인 엔터테인먼트를 선사한다. 그러나 은밀한 폭력은 다루기 힘들다.

스펙터클하지도 않고 순간적이지도 않다. 그 대신 점진적

---

36. [옮긴이 주] FAIR의 웹사이트에 올라와 있는 많은 사례를 참조할 것. http://fair.org/

이며, 수년, 수십 년 혹은 수백 년에 걸쳐 나타난다. … 유독성 물질의 증가, 온실효과의 상승, 서식처의 파괴로 인해 멸종하는 동물에 관한 이야기 등의 대재앙은 이해하기 어려운 과학적 내용을 담고 있으며 사상자는 길면 몇 세대에 걸쳐 나타난다.Nixon, 2011

2015년 사상 최고의 기온을 경험한 한 주 동안의 CNN 뉴스 보도를 분석했을 때, 기후변화에 관한 뉴스보다 석유산업에 관한 보도가 다섯 배 많았다. 결과적으로 기후변화에 대한 보도는 부적절한 것이다.Kalhoefer, 2016 닉슨Nixon, 2013은 "은밀한 폭력"의 미디어 재현이 다른 국가에 비해 남미의 저소득 국가에서 두드러지게 부족하다고 말했다. 예를 들면, 에콰도르에서는 석유탐사에 관한 규제가 거의 없다. 브라질에서는 댐 공사에 관한 규제가 거의 없다. 이로 인해 대부분이 원주민이었던 주민 40,000명이 터전을 잃고 200제곱마일의 숲이 침수되어 삼림유실이 가속화되었다.

기후변화에 관한 미디어의 뉴스 보도는 부족하며, 주류 미디어에 등장할 때 선정적이고 논란이 많은 이슈로 다루어지는 경향이 있다. 라이저로위츠와 스미스Leiserowitz & Smith, 2017는 사람들이 "기후변화"와 "지구온난화"라는 단어를 어떤 개념과 연결하는가를 조사한 후 다음과 같이 보고했다.

조사 결과 중 가장 중요한 것은 무엇이 없었는가 하는 것이다—지구 온난화에 대한 답변 중 인간의 건강 문제와 결부된 것은 거의 없었다. 대신 지구 온난화는 대체로 인간이 아닌

대상(예를 들어 빙하와 북극곰)과 연결된 위험으로 인식되는,
대부분 사람이 일상적인 사안으로 생각하지 않는, 시간적, 공
간적으로 멀리 떨어져 있는….

이는 여전히 많은 사람이 기후변화가 자신에게 영향을 미치지 않는
멀리 있는 문제로 여기기 때문에 무시하기 쉽다는 것을 의미한다. 상업
적 미디어 메시지는 사람들이 복잡한 기후변화 문제를 이해하고 관심을
가지고 행동하도록 돕지 않는다. 파리 기후 협정, 환경 보호국EPA의 청
정 발전 계획Clean Power Plan, 프란치스코 교황이 내린 회칙 등의 이슈
가 있었다. 하지만 2015년 기후변화와 관련하여 ABC, CBS, NBC, 그리
고 Fox 채널에서 방영한 보도 시간은 146분에 불과했다. 이 중 대부분
은 혹독한 기후에 관한 것이었으며 국가 안보, 건강, 경제성장 등의 이
슈를 연결한 보도는 거의 없었다.Media Matters for America, 2006 대부분 보도
는 이러한 이슈들이 논의의 여지가 있거나 논란거리라는 부정 저울false
balance[37]의 프레임을 가지고 있었다. 또한 기후변화 보도는 매체에 따라
확연한 차이를 보였다. 2000년에서 2015년까지 〈워싱턴포스트Washington
Post〉, 〈월스트리트저널Wall Street Journal〉, 〈뉴욕타임스New York Times〉,
〈유에스에이투데이USA Today〉, 〈로스앤젤레스타임스Los Angeles Times〉에
게재된 기후변화 기사를 분석한 연구를 보면 〈월스트리트저널〉과 〈유에
스에이투데이〉는 일관적으로 기사량이 적었다. 이에 비해 〈뉴욕타임스〉
와 〈로스앤젤레스타임스〉는 훨씬 더 많은 기사를 게재했다. 특히 2007

---

37. [옮긴이 주] 부정 저울은 기계적 공정(bothsidesism)과 동의어로서 두 가지의 대립
하는 시각을 같은 비중으로 다루는 것이 공정하다고 생각하는 미디어의 편향성을 의
미한다.

년에서 2010년까지, 그리고 2015년에 큰 차이를 보였다.Daly et al., 2005

피니스 더너웨이Finis Dunaway, 2015는 "미디어 이미지가 환경 위기를 대중에게 알릴 때, 많은 경우 체계적인 원인은 숨기고 구조적 불평등을 무시했다"p. 2라고 말했다. 학생은 기후변화에 관한 신문 기사와 방송뉴스의 수를 조사하는 양적인 연구와 보도의 구조에 들어 있는 편향성을 평가하는 질적인 연구를 스스로 할 수 있다. 페어FAIR, Fairness & Accuracy in Reportinghttp://fair.org는 기사와 팟캐스트 '카운터스핀CounterSpin'을 통해 미디어 보도에 대한 비평을 정기적으로 제공하는 비영리 단체로서, 학생들이 비판적 시각을 바탕으로 뉴스 보도의 특정한 사례를 공부할 수 있도록 돕는다.

뉴스 미디어와 정치인들이 여전히 기후변화의 과학적 사실에 대해 의문을 제기하는 것을 감안한다면 미디어 리터러시를 습득한 시민이 그 어느 때보다 필요하다. 화석연료가 기후변화에 미치는 영향에 대해서 과학 공동체가 결론을 내린 지 수십 년이 되었다. 상업 미디어의 기사는 화석연료 산업으로 막대한 돈을 벌어들이는 기업들의 홍보에 관심이 더 있다.Oreskes & Conway, 2010 이러한 왜곡된 기사에 의해 흔들릴 수 있는 학생을 위해, 기후변화를 부정하는 이들을 비판하는 방대한 과학적 증거들을 종합적으로 분석한 자료들이 많이 있다. 학생이 뉴스를 비판적으로 분석하도록 교사가 지도하는 데 도움이 되는 자료들은 다음과 같다. 프로젝트룩샤프스Project LookSharp's, 2010가 제공하는 '미디어의 지구 온난화 구축: 미디어 리터러시 커리큘럼 키트Media Construction of Global Warning: A Media Literacy Curriculum Kit', 국립과학교육센터National Center for Science Education의 웹사이트와 '부정에 대처하기Dealing with Denial'http://tinyw.in/BDkI 등이다.

화석연료의 폐해에 관한 정보를 은폐한 역사를 생각할 때 학생이 비판적 시각을 가지는 것은 매우 중요하다. 1970년대부터 화석연료 산업은 자신들의 회사에 근무하는 과학자들의 견해까지 포함하여 배출가스의 위험에 대한 경고를 모두 무시하거나 검열하는 홍보 캠페인을 시작했다. 한편, 기후변화에 대한 인간의 책임을 부인하는 견해를 밝히는 과학자들을 지원했다.Oreskes & Conway, 2010 이들은 중앙과 지방의회가 청정에너지 개발에 대한 지원을 막고, 시민 기후 단체Citizens Climate Lobby http://citizensclimatelobby.org가 제시한 탄소 요금이나 세금에 반대하도록 로비를 했다.

2016년 트럼프 대통령이 취임하자마자 정부 관리들은 환경문제에 관한 논조를 바꾸고 연방정부 웹페이지에서 환경문제에 관한 중요한 정보들을 삭제하기 시작했다. "기후변화"와 "온실가스"라는 단어는 삭제되거나 "지속가능성"과 "배기가스"로 대체되었다.Environmental Data and Governance Initiative, 2018, p. 3 관련 웹페이지와 링크가 없어지거나 숨겨져서 기후변화, 환경연구, 그리고 오바마 행정부가 제시한 청정발전계획 등에 관한 데이터 접근이 더욱 어려워졌다.Davenport, 2018 환경데이터관리운동본부EDGI, Environmental Data and Governance Initiative[2018]는 다음과 같이 보고했다.

> 환경데이터관리운동본부EDGI가 웹사이트를 현재까지 관찰한 결과 트럼프 행정부 아래에서 연방정부의 웹사이트에서 기후에 관한 데이터가 삭제된 경우를 발견하지 못했다는 것은 주목할 만한 일이다. 그러나 우리는 정부 기관의 웹페이지 전반에 걸쳐 기후변화라는 주제, 그 영향력을 줄이려는 노력, 그

리고 그 결과에 대한 대응책들이 게재되는 빈도와 논의의 방식에 상당한 변화가 있다는 것을 발견했다. 아마 가장 중요한 것은 기후변화의 정보에 관한 공중의 접근이 심각하게 줄었다는 점일 것이다.P. 8

북극 연구자인 빅토리아 허먼Victoria Herrmann은 북극의 해빙Arctic permafrost thaw과 미국 최악의 공해 유발 기업을 표시한 지도 등의 정보 링크가 없어지면 "과학적 증거에 대한 접근이 제한되어 합리적인 정책 결정을 내릴 수 없게 된다"라고 주장했다. 연방정부 웹사이트에서 일어나는 이러한 변화에 대항하여 전 세계의 수많은 과학자, 기록보관원, 그리고 해커들이 함께 해커톤hackathon[38]을 조직해, 미국의 환경보호국EPA, 항공우주국NASA, 국립해양대기청NOAA, 국립지질조사소USGS 등의 웹사이트에서 정보를 수집하고 있다.Hansen, 2017 이렇게 찾아낸 데이터를 데이터레퓨지DataRefuge, 환경데이터관리운동본부EDGI 등의 조직과 관심 있는 개인들이 대학교 서버와 인터넷 아카이브에 올리고 있다.https://archive.org/index.php 환경데이터관리운동본부의 연구원인 모건 커리와 브릿 패리스Morgan Currie & Britt Paris[2018]는 "기후 관련 정보에 관한 접근을 제한하는" 네 가지 방법으로 "(1) 문서를 찾기 어렵게 만들기, (2) 웹 페이지 숨기기, (3) 용어 바꾸기, (4) 과학적 정보 제외하기" 등이 있다고 설명했다. 정보접근제한은 민주주의, 합의를 통한 과학의 발전, 지구 생명체의 미래를 위한 기본적인 조건 등을 위협하는 행위이다. 정보에 접근하고 아카이브를 활용하는 기술은 디지털 시대에 학생이 습득해야

---

38. [옮긴이 주] 마라톤을 하는 것처럼 정해진 시간 동안 해킹을 하는 프로그램 마라톤.

하는 새로운 리터러시 역량이 되었다.

2017년 보수 진영의 싱크탱크think tank인 하트랜드 연구소Heartland Institute는 기후변화에 관한 잘못된 정보로 가득 찬 책자 300만 권을 미국 전역에 걸쳐 과학 교사들에게 무료로 배포했다. 총 135페이지로 이루어진 『왜 과학자들은 지구 온난화에 대해 의견이 일치하지 않는가Why Scientists Disagree About Global Warming』라는 이 책자와 DVD는 왜곡된 주장, 논리적 오류, 그리고 대부분 자신의 연구소에 속한 사람들의 연구를 바탕으로 한 선별적인 데이터 등으로 가득 차 있었다.Kelly, 2017 자연과학 교수인 커트 스테이저Curt Stager, 2027, April 27는 "그 책은 비과학적인 프로파간다이며, 저자들은 하트랜드연구소의 가짜정보생산체계disinformation-machinery와 연관되어 있다"라고 설명했다. 이러한 전략적 프로파간다 캠페인은 학교 교사들을 겨냥한 것이며 화석연료 산업과 연계된 보수 진영의 싱크탱크의 자금을 지원받고 있다. 학생과 교사들이 가짜 정보를 해체하고 사실에 근거한 판단을 하려면 비판적 미디어 리터러시 기술이 필요하다. 효과적인 비판적 미디어 리터러시 학습과제를 통해 학생은 여섯 가지 비판적 미디어 리터러시 질문을 활용하여 하트랜드연구소의 출판물을 고생물학연구소Paleontological Research Institute가 같은 시기에 출판한 『교사를 위한 기후변화에 대한 가이드The Teacher-Friendly Guide to Climate Change』와 비교 대조해 볼 수 있다.Zabel, Duggan-Haas, & Ross, 2017 이러한 학습과제는 학생이 기후변화의 중요성을 배우고 자신의 비판적 사고 기술을 향상하여 정보를 분석할 수 있도록 돕는다. 비판적 탐구를 통해 기후변화에 관해 두 가지의 상반된 의견이 존재한다는 단순한 사고를 넘어서야 하며, 무엇을 생각하고 믿어야 하는지에 대해 사실, 언어, 자료 등을 임의로 선별하여 프레이밍을 통해 독자를 호도하는 프로파간다가 어떻게 작동하는지를 조사해야 한다.

가짜 뉴스와 기후변화

학생은 최근 관심의 대상이 되는 "가짜 뉴스fake news"를 미디어에 관한 비판적 사고를 훈련하는 좋은 기회로 활용해야 한다. 비판적 사고를 활용하지 않으면 "가짜 뉴스"를 단순히 진짜 뉴스에 반대되는 개념으로 여기게 되는데, 이는 사람들은 혼란스럽게 하는 위험한 접근이다. 이 잘못된 이분법은 마치 "가짜 뉴스"는 나쁘지만 "진짜 뉴스"는 객관적이고 사실적이며 완전한 진실을 전달하기 때문에 좋은 것으로 생각한다. "가짜 뉴스"와 "진짜 뉴스"라는 양극단 사이에는 수많은 복잡한 특징이 존재하며 이를 파악하기 위해서는 정보, 커뮤니케이션, 그리고 엔터테인먼트 등을 고려해야 한다.

"가짜 뉴스"라는 용어는 처음에 거짓말 장난hoax의 의미였으며 2016 대선 기간에 폭발적으로 퍼졌다. 가짜 뉴스는 피자 게이트Pizzagate[39] 같은 허구의 사건이나 교황이 트럼프를 지지했다는 등의 엉터리 보도로서, 대중을 속여서 정치적, 경제적 이득을 얻기 위해 만들어진 뉴스였다. 〈뉴욕타임스〉는 가짜 뉴스를 "전혀 사실이 아닌 뉴스 스토리를 지칭하는 신조어"라고 했으며 이후 "비호감 뉴스를 묘사하는 말"이 되었다.Ember, 2017 닐 개블러Neal Gabler, 2006은 자신의 저서인 『일상적인 꿈 Common Dreams』에서 가짜 뉴스는 진실을 공격하는 것이라고 강하게 비판하며 모든 진실을 파괴하며, "우리를 사실이 없는 맹신의 세계, 거짓에 관한 방어를 할 수 없는 세계에서 방황하게 한다"라고 주장했다. 과학과 사실이 해석에 따라 달라지는 탈진실의 시대post-truth era에 누가 이득을 얻는가를 살피는 것은 중요하다. 사실이나 증거에 관한 책임이 사라진다면 방송과 인터넷의 알고리듬은 그들의 이익에 가장 잘 맞는 방향으로 현실과 진실을 규정하게 될 것이다.

"가짜 뉴스"와 "대안적 사실alternative facts"[40]은 기후변화가 인간에게 미치는 영향 등 과학적 증거에 대한 이해가 필요한 사안에 관해 큰 문제를 일으킬 수 있다. 수십 년 동안 과학자들은 인간이 배출하는 이산화탄소가 지구 온난화를 초래한다는 것에 관한 데이터, 입증된 사실, 그리고 증거를 제시했다. 그러나 권력을 지닌 소수의 집단이 과학적 증거들을 무시하고 내놓은 근거 없는 주장은 대중의 인식에 의심을 심어 놓았다. 나오미 오레스케스Naomi Oreskes와 에릭 콘웨이Erik Conway가 저서인 『의심의 상인Merchants of Doubt』[2010]에 쓴 것처럼, 기후변화라는 이슈가 논란거리이며 확정적이지 않다는 주장은 단순히 정보를 잘못 전달한 것

---

39. [옮긴이 주] 피자게이트는 2016년 대선 과정에서 발생한 음모론이다. 위키리크스에서 힐러리 클린턴의 선대 본부장 존 포데스타의 이메일을 해킹해서 폭로하면서 시작이 되었다. 메일 중에 pizza, pasta, cheese 등의 단어가 몇 차례 등장하자 트위터, 유튜브 등에서 활동하는 우익 음모론자들은 '치즈피자'가 아동 포르노그래피의 은어로 사용된다는 점을 이용했다. 힐러리 클린턴 등 민주당의 고위 관계자들이 인신매매와 아동 성 착취를 하는 악마숭배자 조직 소속이고 그 근거지가 워싱턴 D.C.의 '코멧 핑퐁(Comet Ping Pong)'이라는 이름의 피자 가게의 지하실이라고 퍼트리기 시작했다. 당시 주류 언론에서는 그동안 '피자 게이트'의 존재에 대해 알면서도 이를 보도하지 않았는데 의혹은 많지만 확실한 물증도 없고 가짜 뉴스로 보았기 때문이다. 에드거 매디슨 웰치(28)라는 남성이 워싱턴 D.C.의 '코멧 핑퐁'이라는 이름의 피자 가게에서 총기 난사를 하여 체포되었는데, 웰치가 피자 게이트를 자신이 직접 조사하기 위해 쳐들어갔다고 주장하면서 주류 언론도 보도하게 된 사건이다. 그러나 코멧 핑퐁의 지하실은 작은 식자재 창고에 불과했고, 음모론자들이 만들어 낸 내용은 문맥을 무시하고 이메일을 편집하고 짜깁기하여 만든 내용으로 확인이 된 황당한 사건이다.

40. [옮긴이 주] 트럼프 대통령의 참모진이었던 켈리앤 콘웨이(Kellyanne Conway)가 2017년 텔레비전 프로그램에 출연해서 트럼프 행정부 대변인의 잘못된 발표를 옹호하면서 쓴 용어이다. 이 발언으로 콘웨이는 많은 조롱과 비판을 받았으며, 이후 이 용어는 그럴듯하게 포장한 거짓 정보를 뜻하는 말로 널리 사용되고 있다(출처: en.wikipedia.org/wiki/Alternative_facts.).

은 아니다. 그것은 사실 잘못된 정보를 퍼뜨리는 조직적인 활동이다. 미합중국의 대통령이 명백한 거짓말과 근거가 없는 주장(예를 들어 잘못된 군중의 수, 불법 투표, 도청, 그리고 기후변화에 대한 부정 등)을 펼치는 것은 법의 근간이 되는 진실과 정직함의 힘을 부정하는 것이다. 미디어가 이러한 거짓말들을 반복해서 퍼뜨리는 것은 민주주의의 근간을 무너뜨리는 행위다. 이러한 행위를 방조하여 계속 방치하는 것은 권력을 가진 사람들이 자신들에게 정치적·경제적으로 가장 도움이 되는 현실을 선택하고 만들도록 허락하는 것이다.

상업 미디어와 소셜 미디어 그리고 정부가 지원하는 미디어를 통해 전파되는 가장 위험한 "가짜 뉴스"는 인간이 기후변화의 원인임을 부정하는 것이다. 화석연료 회사는 이미 수십억 달러를 들여 전 세계에 걸쳐 석유와 가스에 관한 시추권을 사들였다. 이러한 시추 행위가 지속하면 지구에 엄청난 피해를 줄 것이다. 이미 많은 국가가 재생 에너지로 전환하는 이 시기에 수천억 달러 규모의 기업들이 운영 방식을 바꾸지 않는다면 큰 금전적 손실을 보게 될 것이다. 화석연료를 채굴하여 연소하는 행위가 지구 온난화의 주된 요인임이 밝혀졌다. 하지만 이 기업들은 청정하고 재생 가능한 에너지로 전환하는 데 투자하기보다는 기후변화가 가짜라고 사람들을 설득하는 데 더 많은 돈을 쓰고 있다. 인류 문명을 결정하는 이 시점에서 진실에 대한 이러한 도전보다 더 심각한 사안은 없다.

그러므로 우리는 비판적 미디어 리터러시를 중요한 교육적 도구로 채택하여 학생에게 권한을 부여하고, 학생이 통제되지 않은 자본주의, 과소비, 화석연료에 대한 의존, 자연에 대한 인간의 착취 등을 조장하는 미디어와 지배 이데올로기에 관해 비판적 문제를 제기하도록 도울 것을 촉구한다. 학년에 상관없이 학생은 다양한 정보원에 접근하고, 다양한 데이터를 비교 분석하고, 사실과 증거 그리고 연구 결과에 근거한 의사 결정을 통해 진실을 찾는 것을 배울 수 있다. 비판적 미디어 리터러시는 교사와 학생이 "가짜 뉴스"와 "대안적 사실"의 연막을 꿰뚫어 보고 기후 변화에 대한 진실을 깨달아 너무 늦기 전에 행동을 취할 수 있도록 돕는다.

문제에 도전하는 미디어 창조물

소셜 미디어와 새로운 테크놀로지는 문제의 원인이 되기도 하지만, 해결책을 제시하는 도구가 될 수도 있다는 점을 기억해야 한다. 기후변화의 문제를 상반된 입장 간의 동등한 토론인 양 재현하는 상업 미디어의 프레임에 관해, 존 올리버John Oliver, 2014는 유머와 정치적 풍자를 담은 "기후변화 논의에 관한 수학적 재현"https://tinyurl.com/k5uslqx에서 보도의 불균형을 비판했다. 〈라스트 위크 투나이트Last Week Tonight〉라는 프로그램에서 방영된 이 에피소드에서 올리버는 기후변화를 부정하는 세 명을 초대하여 97명의 과학자와 토론하게 함으로써 보도의 불균형을 시각적으로 보여 주었다. 2018년 BBC는 기후변화에 대한 "부정 저울"의 문제점을 인식하고 기후변화에 관한 보도 지침을 기자들에게 제시했다. BBC의 지침에는 "공평성impartiality을 지키기 위해 기후변화를 노골적으로 부정하는 사람을 포함할 필요는 없다. 이는 맨체스터 유나이티드 팀이 지난주 경기에서 2-0으로 이겼다는 사실을 부정하는 사람의 주장을 보도에 포함할 필요가 없는 것과 마찬가지다. 이미 심판의 결정이 내

려진 일이다"라고 적혀 있었다.Rosane, 2018

2016년 여름 리우데자네이루에서 올림픽이 열렸을 때, 엑손모빌 ExxonMobil은 "책임감을 느끼고 세상에 동력을 공급하는"이란 문구를 사용하여 환경문제에 관한 인식을 가진 기업인 양 시청자를 호도하는 텔레비전 광고를 내보냈다.http://tinyurl.com/j5lmm2x 엑손의 위장된 환경주의적 이미지에 대항하여 클라이밋트루스닷오르그ClimateTruth.org는 원래 광고 방송의 음악과 스타일에 엑손이 주장하는 환경적 책임을 비판하는 문자를 리믹싱하여 허위 주장을 폭로하는 패러디 비디오를 만들었다.http://tinyurl.com/yd92h3no 이 두 개의 짤막한 비디오를 학생에게 보여 주는 것은 환경과 기후변화의 문제를 일으키는 화석연료 회사에 관한 미디어의 메시지를 학생이 비판적으로 분석할 수 있게 하는 효과적인 방법이다. 기업과 정부는 기후변화의 원인이 사람이라는 과학적 증거를 부인하고 위선적 환경주의 현실을 조장하여 대중을 호도하고 있다. 클라이밋트루스의 비디오는 학생이 자신의 미디어를 만들어 기업과 정부가 만드는 광고의 허점을 짚어 내고 이에 저항하는 좋은 사례이다.

시각적 이미지의 힘

1968년, 캄캄한 우주 공간에서 촬영한 한 장의 사진은 달 위에 떠오르는 푸른 지구를 보여 주었고, 환경운동에 활기를 불어넣었다. 기름 유출로 인해 타르를 뒤집어쓴 새와 빙판 위에서 사람에게 맞아 죽은 어린 물개의 이미지는 감정적인 반응을 일으켰고 대중은 분노했다. 사진이 아니면 할 수 없는 방법으로 순간적으로 사람의 깊은 감정을 울린 것이다.

이 사진들이 사람들의 태도와 실천에 미치는 영향은 각기 달랐다. 공중에서 촬영한 홍수 사진처럼, 기후변화의 영향을 보여 주는 이미지들로 인하여 많은 사람이 기후변화가 중요한 문제라고 생각했다.O'Neill, Boykoff, Niemeyer, & Day, 2013 그러나 이러한 이미지들은 실제로 기후변화의 문제를 해결할 수 있다는 사람들의 자기효능감self-efficacy을 약화했다. 반면, 미래의 에너지를 묘사한 이미지는 낙관적이고 자율적인 생각을 강화했다.

교사는 기후변화와 관련하여 인터넷에 올라와 있는 수많은 시각적 이미지와 여타 자료를 이용할 수 있다.[41] 학생을 위해 시각적 효과를 사용하여 기후변화를 설명하는 다양한 소스도 많다. 예를 들어 제임스 밸로그James Balog는 극지 빙하조사Extreme Ice Survey의 결과를 담은 시간 간격 촬영time-lapse photography을 테드TED[42] 연설Balog, 2009과 〈빙하를 따라서Chasing Ice〉라는 다큐멘터리에서 보여 주었다.Pesemen, Aronson, & Orlowski, 2012 미항공우주국NASA은 여러 가지의 영화와 온라인의 쌍방향 프로그램을 제작하여 기후변화의 영향을 보여 주었다. 기후 타임머신Climate Time Machine, 글로벌 빙하 관찰기Global Ice Viewer, 변화의 이미지Images of Change, 지구 관찰 3DEyes on the Earth 3D 등의 프로그램에서 사용자는 마우스 커서를 움직이면 시간에 따른 지구의 변화를 볼 수 있다.[43] 기후 현실 프로젝트The Climate Reality Project가 제공하는 인포그래픽은 복잡한 개념을 이미지와 몇 마디의 단어로 설명하기 때문에, 영어를 배우는 사람이나 시각적 학습 성향이 있는 사람에게 훌륭한 학습 도

---

41. http://climatechangeela.pbworks.com 참조.
42. [옮긴이 주] Technology, Entertainment, Design의 앞 글자를 따서 만든 미국 미디어 연맹. 각계각층의 인사들을 초청하여 창의적인 생각을 담은 연설 비디오를 제작하고 온라인에 자유롭게 유통될 수 있게 올리는 것을 목적으로 한다.
43. http://tinyw.in/orCD 참조.

구가 된다.Telling the Story: Eight Great Infographics on Climate Change, http://tinyurl. com/hokjbhf

학생이 시각적 이미지를 읽도록 가르치는 가장 좋은 방법의 하나는 시각적 이미지를 만드는 과정을 통해 비판적 비주얼 리터러시를 가르치는 것이다.Kellner, 2002 미디어 제작은 학생이 환경적 정의에 대한 자신의 이해를 보여 주고 자신의 관심사를 다른 이들과 공유하는 이상적인 교육법이다. 학생이 인포그래픽이나 시각적 사고 지도visual thinking map를 제작하는 데 도움이 되는 웹사이트는 픽토차트Piktochart http://piktochart. com나 글락스터Glogster http://tinyw.in/h4Xr 등 다양하다. 교육 테크놀로지와 모바일 러닝Educational Technology and Mobile Learning의 웹사이트에는 마인드맵을 제작할 수 있는 18가지의 무료 프로그램이 수록된 리스트가 있다.http://tinyurl.com/7luyqeb

비판적 미디어 리터러시 사례 1:
페도라 스쿨러 교사의 중학교 영어·사회 수업

동부 로스앤젤레스에서 7학년의 영어/사회 수업을 담당하고 있는 페도라 스쿨러는 기후변화와 비판적 미디어 리터러시를 결합한 8주 과정의 수업을 가르쳤다. 첫 수업에서 그녀는 날아다니는 펭귄에 관해 BBC가 만든 가짜 영상Jones, 2008을 보여 주었다. 영상은 다큐멘터리라고 소개되었고 가짜라고 보기 힘든 생생한 모습을 담고 있었다. 영상의 사실 여부에 대해 문제를 제기한 학생은 거의 없었고 대부분 학생이 펭귄이 날 수도 있다고 믿었다. 그러나 BBC가 이 날아다니는 펭귄의 이미지를 조작하여 가짜 영상BBC, 2008을 만든 배경 이야기를 들었을 때, 펭귄이 날 수 없다는 원래의 생각으로 돌아왔다. 한 학생은 감탄하며 "순간적으로 우리는 그것이 사실이라고 믿었다. 그런데 한 편의 비디오가 우리의 생각을 바꿔 놓았다"라고 말했다. 이 학습활동으로 학생들은 미디어가 지닌 조작의 잠재력에 관심을 두게 되었고 다시는 속지 않아야겠다는 생각을 가졌다.

스쿨러는 학생들에게 비판적 미디어 리터러시를 가르치면서, 개념적 이해를 도울 수 있는 주요 질문들을 활용하도록 지도했다. 학생들은 영화 〈월-E〉Wall-E, Morris & Stanton, 2008를 본 다음, 비판적 미디어 리터러시 질문을 활용하여 다양한 관점에서 분석했다. 스쿨러는 "이 질문들을 수업에 사용할 때는 학생이 이 질문들을 다양한 미디어에 활용할 수 있는 방법들을 우선 제시해야 한다"라고 말했다. 또한 그는 학생들에게 숙제를 내주어 미디어의 종류에 상관없이 상업광고를 보면서 이 질문들을 활용하게 하였다.

기후변화에 관한 과학적 사실을 배우기 위해 학생들은 정보가 들어 있는 텍스트를 읽고 비디오를 시청했다. 예를 들면 레오나르도 디카프리오의 2016년 오스카 수상 소감, 밸로그Balog, 2009의 테드 강연TED talk인 극지방 빙하에 관한 시간 간격 촬영Time Lapse Photography of Extreme Ice Loss, 과학자 빌 나이Bill Nye the Science Guy[44], 그리고 브레인 팝BrainPop 애니메이션 등이 있다. 학생들은 학교에서 사용하는 과학 교과서를 사용하여 기후변화에 관한 정보가 들어 있는 텍스트에 각주를 달고 그것을 다시 읽은 다음 코넬 노트법Cornell notes[45]으로 정리했다. 정보를 정리

---

44. [옮긴이 주] 미국 공영방송(PBS)에서 과학에 대한 흥미를 불러일으키기 위해 제작한 시트콤.

하기 위해 학생들은 세 가지 형태의 사고 지도Thinking Map를 이용했다. 다수의 인과관계를 표시한 플로차트multi-flow map, 범주를 표시하는 수형도tree-map, 전체 형태를 보여 주는 버블 지도bubble map 등이다. 스쿨러는 학생이 과학에 관해 배운 후 환경에 관한 정보를 하나의 이미지와 간단한 텍스트로 기후변화의 정보를 전달하는 포스터를 만들도록 지도했다. 단어, 이미지, 그리고 포스터 디자인에 관한 결정을 위해 학생들은 제작 과정 내내 비판적 미디어 리터러시의 질문을 활용했다.

스쿨러는 학생을 팀으로 나누어 서로 다른 그림책을 읽고 환경문제를 다루는 다양한 미디어를 시청하는 과제를 통해 학생 간의 협업과 토론을 장려했다. 그의 학생 사이에는 독서 수준의 차이가 있었으며 어떤 그룹의 학생은 자기 학년 수준의 글을 해석하고 이해하는 데 어려움이 있었다. 그는 양질의 그림책과 멀티미디어 텍스트(예를 들어 문장을 읽어주는 비디오, TV 광고, 온라인 작품 전시 사이트, 그리고 애니메이션)를 활용해서 모든 학생이 내용을 보고 비판적 성찰을 하며 토론에 충분히 참여할 수 있도록 지도했다. 다양한 텍스트에 관련된 메시지와 미디어를 비평한 후 학생들은 의상을 입고 작문 시간에 배운 설득의 기술을 활용하여 자신들이 만든 책과 영상을 홍보하는 음성 광고 피치를 만들었다.

스쿨러는 자신의 수업에 시를 도입하여 학생들이 로버트 프로스트Robert Frost의 시「가지 않은 길The Road Less Traveled」을 낭독하도록 했다. 학생들은 시의 요소를 토의하면서 이 시가 기후변화에 관한 자신들의 토론과 어떻게 연관이 있는지를 생각했다. 학생은 각자 연관성에 관

---

45. [옮긴이 주] 한 페이지를 세 부분으로 나누어 정리하는 노트 정리법. 왼쪽에는 질문들을 적고, 오른쪽에는 질문과 연관된 정보, 그리고 아래쪽에는 요약을 적는다.

한 의견을 제시했다. 예를 들어 한 학생은 "우리는 지금 결정을 내려야 하는 지점에 서 있습니다. 우리는 기후변화가 멈추도록 힘을 보태야 할까요, 아니면 화석연료를 계속 소비하고 나무를 베어 환경 전체를 파괴해야 할까요?"라고 말했다.

최종 프로젝트에서 학생들은 그룹으로 나뉘어 자신들이 가장 관심을 가진 다양한 환경 이슈를 선택하고 협업을 통해 이미지와 단어들을 조합한 미디어를 만들어 동료 학생들에게 자신들이 조사한 정보를 발표했다. 수업에서는 학생들이 생각할 수 있는 다양한 이슈를 바탕으로, 가능한 여러 가지 미디어 프로젝트의 리스트를 만들었다. 이 프로젝트들은 모두 이미지와 단어를 조합한 것으로서 식용제품 포장, 포스터, 영화, 애니메이션, 티셔츠, 메뉴 등이 있었다. 어떤 그룹은 누텔라Nutella[46]의 제품 포장을 고쳐 만들어 이 제품을 만들기 위해 기업이 야자유를 채취하는 과정에서 삼림을 파괴하는 문제를 제기했다. 이들은 제품 라벨을 새로 만들어 기업이 야자유를 대량 채취하는 과정이 인도네시아의 삼림에 미치는 환경적 영향에 관한 정보를 적었다. 한 그룹은 티셔츠를, 다른 그룹은 포스터를 만들어 지구 온난화와 기후변화를 가속하는 화석연료의 역할에 대한 문제를 다루었다. 또 다른 팀은 미시간주의 플린트Flint시에서 발생한 식수 납 오염 사건과 로스앤젤레스시에서 일어난 식수 암모니아 오염 사건을 조사하여 짧은 만화를 제작했다. 스쿨러는 이 수업을 다음과 같이 평가했다.

이 수업에서 학생들은 미디어가 지닌 조작의 가능성에 대

---

46. [옮긴이 주] 빵과 과자에 발라 먹는 초콜릿 헤이즐넛 스프레드.

해 알게 되었으며 자신들의 삶에 미치는 미디어의 영향력을 인지하고 분석하는 방법을 배웠다. 기후변화를 공부하면서 학생들은 자신들의 행동이 이 세계에 영향을 미친다는 것을 배웠고, 긍정적인 변화를 촉진하는 데에 미디어를 이용할 수 있다는 것을 깨달았다.

비판적 미디어 리터러시 사례 2: 닉 켈로의 초등학교 음악 수업

로스앤젤레스 캘리포니아 주립대학UCLA에 소속된 시범학교에서 음악을 가르치는 닉 켈로Nick Kello는 3~6학년 학생들에게 기후변화라는 주제와 음악을 결합한 수업을 했다. 이를 통해 학생들이 환경문제에 관한 과거와 현재의 사회운동에서 음악이 어떤 역할을 했는지 이해하도록 도왔다. 그는 "다양한 인간 사회와 자연환경 간의 관계에 관해 음악은 우리에게 어떤 이야기를 전달하는가?"라는 질문으로 수업을 이끌었다. 그는 학생이 이 질문에 초점을 두고 음악이라는 렌즈를 통해 인간과 자연의 관계를 이해하도록 지도했다. 수업 시작 부분에서 켈로는 1850년 시애틀 추장의 유명한 연설을 담은 "형제인 독수리와 자매인 하늘 Brother Eagle, Sister Sky"이라는 제목의 수전 제퍼스Susan Jeffers의 책을 낭독했다.

시애틀 추장의 정확한 발언에 관해서는 논란이 있지만, 이 책은 학생이 인간과 자연이 맺어 온 관계에 관해 성찰하고 자신과 땅, 물, 그리고 하늘의 관계에 관한 본인 생각에 문제를 제기하는 진입 지점이 된다. 켈로는 학생들에게 현재 샌타바버라Santa Barbara에 사는 추마시Chumash족의 음악과 애리조나주에 거주하는 호피Hopi족의 뱀 춤 예식snake dance ritual을 들려주고 다양한 미 대륙 원주민에 대해 생각해 보도록 지도했다. 학생들은 음악에 포함된 음악적 특성, 가사의 의미, 그리고 의례적 ritual 요소를 분석했다. 그는 학생들에게 중심 질문을 계속 상기시키며 미 대륙 원주민이 예술, 음악, 그리고 예식을 통해 자연과 맺었던 관계에 대해 성찰하도록 지도했다.

또한 켈로는 학생들에게 우디 거스리Woody Guthrie의 노래인 〈이 땅은 당신의 땅This Land is Your Land〉을 여러 가지 버전으로 들려주고 민속 음악에 관해 생각하도록 지도했다. 학생들은 다양한 가사, 목적, 그리고 노래의 활용을 분석하고 음악이 스토리를 전달하는 방법들을 탐구했으며 자연과 인간의 관계에 관해 질문을 던졌다. 거스리의 노래에 "물결치는 밀밭과 구르는 먼지구름the wheat fields waving and the dust clouds rolling"이라는 구절이 있다. 이 가사는 학생들이 시청한 켄 번스Ken Burns, 2021의 다큐멘터리 〈건조지대The Dust Bowl〉에 등장하는 미국 건조지대 American Dust Bowl의 역사적 맥락을 탐구하는 기회를 제공했다. 〈건조지대〉는 미국 공영방송PBS에서 시청할 수 있으며, 학생들은 미국 역사상 인간이 초래한 최악의 재앙을 공부했다. 또한 1930년대에 나타난 인간의 탐욕과 가뭄을 오늘날 기후변화의 영향과 연관 지을 수 있었다. 켈로는 우디 거스리의 음악뿐 아니라 다양한 노래를 사용하여 학생들이 영토 확장manifest destiny, 산업 혁명, 그리고 자연과 인간의 관계가 초래하는 영향을 탐구하도록 지도했다. 우디 거스리의 음악 이외에 켈로의 수업에 사용된 노래들은 조니 미첼Joni Mitchell의 〈노란 큰 택시Big Yellow Taxi〉 캣 스티븐스Cat Stevens의 〈아이들은 어디서 노는가?Where do the Childern Play?〉, 마빈 게이Marvin Gaye의 〈자비, 나에게 자비를(생태학) Mercy, Mercy Me(The Ecology)〉 등이 있다.

켈로는 학생들과 다양한 저항가요를 탐구했다. 수업의 초점은 환경문제와 그에 관한 노래들이었다. 학생들은 기후변화에 대한 뉴스 클립과 〈섬 대통령The Island President〉이라는 영화의 예고편http://theislandpresident.com을 시청하며 기후변화의 영향이 불평등하다는 사실을 배웠다. 학생들은 미시간주 플린트시의 식수 재난과 로스앤젤레스시의 식수 오염 문제를 학습했다. 또한 학생들은 기후변화를 부정하는 시각과 기후변화에 관한 미국 사회의 태도를 주제로 토론하면서, 세계적으로 인정한 과학적 사실과 이에 관해 어떻게 몇몇 미국 정치인이 여전히 트집을 잡고 있는지를 살펴보았다. 과학과 정치에 관한 토론이 끝난 후, 그는 학생들에게 노래와 음악이 어떻게 활용되었는지를 예를 통해 보여 주었다. 음악과 노래가 사람을 결집하게 만들고 사회운동에 활용되어 사회적 이슈에 활기를 어떻게 불어넣는지를 보여 주었다. 켈로는 음악을 만드는 행위 자체가 개인주의와 대치하는 것이라고 설명한다.

음악은 본질적으로 사회적이다. 음악은 사회적 구축을 통해 엔터테인먼트가 된다. 역사적으로 음악은 고립된 것이 아니라 사회적 의례, 의식, 혹은 행사와 연결되어 있다. 사람들은 춤추고, 박자를 맞추며, 함께 노래한다. 음악의 본질은 사람을 결합하고 참여시키는 것이다. 음악은 경험을 공유하게 하며 사람들을 연계하여 생각과 감정과 행위를 일치시킨다. 음악은 공동체와 연대를 형성하는 감정적 경험이다.

켈로는 학생들에게 음악이 청중의 생각과 감정을 유도하는 다양한 방식을 이해하도록 돕기 위해 레고 무비The Lego Movie²⁰¹⁴의 테마 음악 〈모든 것이 훌륭하다Everything is Awesome〉를 들려주었다. 그는 학생들이 노래를 들으면서 칠판에 적힌 다음과 같은 질문을 생각하도록 지도했다. "노래가 불러일으키는 감정은 어떤 것인가? 악기의 편성은 어떤가? 이 노래는 기후변화와 어떤 연관성이 있는가?". 학생들은 노래와 기후변화의 관계에 대한 사전지식이 없었기 때문에 연관성을 찾는 과제에 흥미를 보였다. 그는 학생들에게 그린피스Greenpeace가 제작한 뮤직비디오https://www.youtube.com/watch?v=CM_HFLIsaKo를 보여 주었다. 이 뮤직비디오에는 원래 테마 음악의 화성을 바꾸어 느리게 연주하고 있다. 레고로 만든 청정한 극지방에 시커먼 석유가 차올라 마침내 검은 물 위로 쉘Shell 석유회사의 깃발만 보이는 이미지를 담고 있다. 이 뮤직비디오 영상과 노래는 장난감 회사와 석유회사와의 관계를 단절하도록 압력을 가하기 위한 정치 캠페인의 일환이었다. 이 뮤직비디오의 마지막 자막은 "쉘은 우리 아이들의 상상력을 오염시킵니다. 레고 회사에 쉘과의 동업을 중지하라고 말해 주세요"로 끝난다. 켈로는 학생들의 반응에 관해 이렇게 설명했다.

> 학생들은 깊은 인상을 받았으며, 뮤직비디오를 반복해서 시청했다. 뮤직비디오의 영향력은 무척 강력했다. 나와 학생들은 같은 가사를 사용한 음악에서 톤 페인팅의 급격한 변화, 메이저 코드와 마이너 코드의 교체, 템포의 변화가 어떻게 이루어졌는지 토의했다. 이러한 변화는 노래의 가사, 동영상 이미지, 그리고 음악의 정서적 톤 페인팅 사이에 총체적 인지부조

화cognitive dissonance를 만들었다.

그린피스가 만든 뮤직비디오는 쉘 석유회사와 레고 장난감 회사가 수십 년간 지속해 온 관계를 저지하려는 목적으로 만들어졌다. 켈로는 학생들에게 극지방에서의 석유 시추에 관한 신문 기사와 1970년대의 쉘 정유소 깃발이 포함된 레고 세트를 보여 주었다. 학생들은 두 회사 간의 동반관계와 극지방의 석유 시추작업의 위험성을 주제로 토론했다. 그린피스가 가요를 이용하여 기후변화에 대항하는 방식은 학생들의 마음을 사로잡았다. 수업 끝에 켈로는 그린피스의 비디오를 학생 수천 명이 보았으며, 사실상 이것이 계기가 되어 레고 회사는 쉘과의 관계를 단절했다고 학생들에게 말해 주었다.Petroff, 2014 모든 학급의 학생들은 뛰어오르며 환호했다. 그 수업은 강렬한 인상을 남겼고, 학생들은 자신만의 환경 노래를 만들었다. 이 수업은 음악이 실제로 영향력을 발휘할 수 있다는 증거를 제시함으로써 학생들에게 영감을 주었다.

켈로는 학생들의 또래가 음악을 사용하여 기후변화 문제에 도전하는 사례를 보여 주기 위해 릴 페피Lil Peppi의 에코 힙합 비디오인 〈해빙 The Ice Keeps Melting〉https://www.youtube.com/watch?v=VS9LJYUdOUI&t=60s을 보여 주었다.Hopkins, 2009 학생들이 기후변화 문제와 사회개혁에 이바지하는 음악의 힘을 이해한 후, 그는 학생들에게 협업을 통해 직접 음악을 만들고 기후변화 문제에 도전하게 지도했다. 그는 수업 전반에 걸쳐 기후변화에 관해 학생들이 토의한 모든 것을 검토하고, 노래에 포함할 수 있는 이슈를 떠올릴 수 있도록 리스트를 작성했다. 켈로와 학생들은 해결책을 주제로 토론했으며 학생들은 프린스 이에이Prince Ea의 뮤직비디오를 듣는 것을 무척 좋아했다. 특히 〈사람 대 지구Man vs. Earth〉[47]의 인기가 높았다. 이 작품은 삼림 재생과 사람들이 실질적으로 기후변화에 대항할 수 있는 여러 방법을 담고 있다. 켈로가 음악 시간에 가르친 내용은 다른 과목의 수업 특히, 언어 수업에서 하는 시 쓰기 수업과 잘 어울렸다. 학생들이 노래의 가사를 쓰기 시작하면, 켈로는 시를 쓰는 것과 유사하다는 점을 얘기했다.

노래 가사를 쓰기 위해 학생들은 2인 1조로 짝을 지어 정해진 수의 음절에 운율이 들어간 두 줄의 가사를 만들었다. 그러고 나서 네 명이 한 그룹이 되어 상대방의 가사를 살펴보고 나서 네 줄로 된 가사를 만들었다. 학생들은 가사를 쓰고 또 쓰기를 거듭했다. 다음은 3학년 학생들이 쓴 노래 가사이다.

온실가스는 하늘을 오염시키네,

Greenhouse gases are polluting the sky,

해수면이 점점 높아만 지네,

Ocean levels are rising too high,

사람은 너무 많은 나무를 베고,

People are cutting down too many trees,

새와 벌은 죽어 가고.

The birds are dying and so are the bees.

켈로는 학생들이 만든 가사를 타이핑해서 학생들에게 살펴보게 했다. 학생들은 민주적으로 열 가지의 가사와 하나의 후렴을 선택했다. 학생

---

47. https://www.youtube.com/watch?v=VrzbRZn5Ed4 참조.

들이 노래 가사를 완성하면 켈로는 인터넷에서 무료 랩 비트를 내려받았다. 켈로는 오픈 소스인 무료 비트에 관해 설명한 다음, 학생들이 자신들에게 잘 어울린다고 생각하는 비트를 선택하도록 지도했다. 학생들은 비트에 맞춰 자신들이 만든 가사로 랩을 연습한 다음 녹음했다. 학생들은 녹음한 노래로 무엇을 할 것인가에 관해 상의했다. 학기 말의 일정이 빠듯했기 때문에 학생들은 다음 학기에 자신들의 작품으로 활동을 하기로 했다. 학생들은 자신이 만든 노래와 음악을 시장, 대통령, 친구, 그리고 가족들과 공유할 생각에 즐거워했다.

구술 텍스트와 음악을 결합하여 환경과 사회정의의 문제를 다루는 것은 전통적 수업 방식에 흥미를 잃거나 소외된 느낌을 받는 학생을 참여시키는 데 엄청난 잠재력이 있다. '지구에 대한 사랑 노래Love Song to the Earth'Gad, Shanks, Bedingfield, & Paul, 2015 같은 작품에는 유명 가수들이 참여하여 직접 환경 변화에 관한 문제를 제기하며, 음악과 환경문제를 의미 있게 연결하는 방식을 보여 준다. 어린 학생이 만든 음악의 예로는 원주민 권리 활동을 하는 13세 시우테즈칼 마르티네즈Xiuhtezcatl Martinez가 제작한 환경 변화에 관한 힙합 비디오가 있다.https://www.youtube.com/watch?v=UdeYnmyqnZA 학생들은 환경 운동과 관련된 반응을 토론하고, 이미 제작된 노래나 앞으로 사용할 수 있는 노래에 관해 자신들의 분석을 올렸다.

학생들은 기후변화와 연관된 다양한 이슈들을 특별출연자와 함께 이야기하는 커먼웰스 클럽 클라이밋 원Commonwealth Club Climate Onehttp://tinyw.in/y9V1 같은 팟캐스트를 들을 수도 있다. 협업을 통해 학생들은 팟캐스트를 만들어 자신들의 목소리를 전달하며, 인종, 계급, 젠더, 섹슈얼리티 등을 비롯해 자신들이 느끼기에 허위재현이나 과소재현의 문제가 있는 모든 토픽에 관한 지배적 내러티브에 도전할 수 있다.^{Bell, 2010} 학생들은 예일 기후 연대Yale Climate Connections 프로젝트가 제작하는 클라이밋 커넥트Climate Connect 라디오 프로그램 방송에 자신들이 만든 "기후변화 이야기"를 제출할 수도 있다.[48]

디지털 미디어와 시민사회참여

많은 성인이 기후변화에 관한 정보를 신문이나 텔레비전 뉴스에서 접하지만, 청소년들은 트위터, 인스타그램, 유튜브 등의 온라인 소셜 미디어를 통해 뉴스를 접하는 경우가 많다.^{Anderson & Jiang, 2018; Newman, Flectcher, Levy, & Nielsen, 2016} 정보와 아이디어를 공유하는 소셜 미디어의 인기를 고려한다면, 소셜 미디어 플랫폼은 학생들이 기후변화에 관한 자신들의 관점을 전달할 수 있는 좋은 도구다. 학생들은 트위터, 페이스북, 스냅챗, 핀터레스트 등 여러 가지 플랫폼을 이용하여 내러티브와 비디오를 공유하고 지속가능성을 위해 자신들의 특정한 행동을 설명하는 해시태그를 붙일 수 있다.

디지털 미디어를 사용하여 자신들의 관점을 전달하는 청소년의 수가 늘고 있다. 『필요한 모든 미디어를 사용하여: 새로운 청소년 액티비즘By Any Media Necessary: The New Young Activism』^{Jenkins, Shresthova, Gamber-Thompson, Kligler-Vilenchi, & Zimmerman, 2016}이라는 책과 플로리다주 파크랜드 고등학교 학생인 데이빗David과 로렌 호그Lauren Hogg의 책 『#결코

---

48. 예일기후연대 홈페이지(https://yaleclimateconnections.org/topic/audio/) 참조.

다시는. 새로운 세대의 거부#*Never Again. A New Generation Draws the Line*』라는 책이 이를 잘 설명하고 있다. 〈디지털 미디어 리터러시 저널Journal of Digital and Media Literacy〉http://www.jodml.org의 보고서에 따르면, 학생들이 참여문화 속에서 소셜 미디어를 사용하여 습득한 기술은 정치 행위와 집단 액티비즘에 필요한 잠재적 자원과 전략이 된다고 제안했다.Jenkins et al., 2016

정보통신 기술의 발달은 청소년들과 성인들이 연계하고 조직화하여 기후 과학의 현실을 부정하거나 무시하는 상업 미디어와 정치인들에 대항하는 기회를 제공한다. 교육자는 학생들이 리터러시와 테크놀로지를 사용하여 문자와 세상을 읽고 쓰는 방법을 가르치는 핵심적인 역할을 맡고 있다. 학생들은 자신의 미래를 위협하는 지배 이데올로기를 이해하고 그에 대항하기 위해 학습을 지도하고 도와줄 본보기와 가이드가 필요하다.

비판적 미디어 리터러시가 제공하는 개념적 이해와 문제의 틀을 이용하여 교육자는 학생들이 자신을 둘러싼 미디어에서 듣고 보는 메시지에 비판적 문제를 제기하도록 지도할 수 있다. 비판적 미디어 리터러시는 하나의 탐구 과정이며 삶의 모든 측면에 적용할 수 있다. 이는 우리가 항상 공공 담론이 이데올로기의 가치와 관점을 반영하는 매개된 사회에 살고 있기 때문이다. 우리는 학생들이 우리의 생존을 위협하는 과소비, 독소적인 가부장제, 그리고 야만적 자본주의 이데올로기와 이를 옹호하는 메시지, 시스템, 그리고 구조에 대항하고 문제를 제기하도록 도와야 한다.

모든 과목의 선생들은 대중문화와 시사 문제에 참여해, 삶에 관련된 의미 있는 콘텐츠를 다룰 수 있다. 영화, 텔레비전, 음악, 소셜 미디어,

뉴스 보도, 비디오 게임, 사진 등 모든 종류의 미디어는, 미디어에 둘러싸여 살아가는 학생들의 수업 참여를 더욱 잘 끌어낼 수 있다. 단순히 여러 미디어를 사용하는 것만으로는 충분하지 않다. 미디어의 인포테인먼트와 "대안적 현실"이 제공하는 스펙터클에 익숙한 대중을 고려하여 교육자들은 학생들이 비판적 사고를 통해 정보와 엔터테인먼트의 구성을 분석하고, 그 영향력을 평가하도록 지도해야 한다. 비판적 미디어 리터러시는 선생과 학생이 메시지를 이해하고 자신들의 대안적 미디어를 만들어 신화에 대항하고 사실을 뒷받침하는 활동을 하도록 돕는 이상적인 페다고지이다.

이제 학생이 사실 왜곡을 파악하는 능력과 다양한 미디어를 이용하는 권한을 갖추어야 한다. 학생이 지속 가능한 실천을 촉진하고, 모든 이의 미래를 지키는 중대한 작업을 이끌어 가는 지도자가 되어야 한다.

6장

맺음말

지금까지 우리는 비판적 미디어 리터러시를 구성하는 지식, 기술 그리고 개념적 이해의 이론적 전망과 현실적 적용을 살펴보았다. 10여 년 이상 우리는 디지털 네트워크 미디어의 시대에 "비판적 미디어 리터러시는 하나의 옵션이 아니라 필수"Kellner & Share, 2007, p. 68라고 주장했다. 이 책 전반을 통해 우리는 인종, 계급, 젠더, 섹슈얼리티를 비롯한 다양한 정체성 지표에 문제를 제기하는 비판적 접근의 리터러시가 필요하다는 점을 논의했다. 미디어 교육은 우리가 정보 시민으로서 민주주의에 참여하기 위해 정보, 커뮤니케이션, 그리고 엔터테인먼트를 이해할 수 있도록 도와준다. 우리는 인종주의, 성차별, 계급주의, 동성애 혐오 등 다양한 차별의 형태를 정상화normalize하고 재생산하는 미디어 재현이 누구에게 득이 되고 누구에게 해가 되는지에 관한 문제 제기 방식을 비판적 미디어 리터러시를 활용한 예시를 통해 보여 주었다.

지구 온난화, 전쟁, 경제위기, 그리고 인도주의적 투쟁이 끊이지 않는 시대를 사는 우리에게 미디어를 수동적으로 시청하거나 정부나 기업이 우리의 이익을 위해 행동해 주기를 믿고 기다릴 여유는 없다. 비판적 미디어 리터러시는 참여 민주주의와 교육의 인간화를 위한 필수 조건이다. 시민은 정보를 이해하고, 권력에 문제를 제기하며, 우리의 존재를 위협하는 사회적·환경적 불평등에 대항할 수 있어야 한다. 이러한 과업은 정보가 중립적이거나 객관적일 수 없다는 비판적 미디어 리터러시의 개념적 이해에서 출발해야 한다.

중립성과 객관성의 신화에 대한 도전

이데올로기가 구축하는 정상성normality, 중립성, 객관성이라는 신화에 대항하는 것은 비판적 미디어 리터러시의 중요한 목표 중 하나이며, 기존의 교육이 배제하거나 간과해 온 부분이다.Apple, 2004; Giroux, 1997; Kincheloe, 2007 비판적 미디어 리터러시 페다고지는 교육을 정치적 행위로 받아들인다. 루이스와 잘리Lewis & Jhally, 1998는 "미디어 리터러시의 목적은 사람들을 세련된 소비자로 만드는 것이 아니라 수준 높은 시민이 되게 돕는 것이다"p. 1라고 주장했다. 프레이리와 마세도Freire & Macedo, 1987는 이를 다음과 같이 설명했다.

교육의 중립성이라는 신화는 교육과정에 함의된 정치적 본질을 부인하고, 교육을 인류를 위한 봉사라는 추상적 과제로만 이해하게 한다. 이 신화는 무지하고 영악한 교육과 참다운 비판적 교육의 궁극적인 차이를 이해하는 출발점이다.p. 38

교육이 지닌 정치적 본질을 부인하는 것은 존재하는 현실을 가림으로써 현상 유지를 돕고 권력체제를 유지하는 것에 불과하다. 지루Giroux, 1997는 "이론, 현실, 그리고 연구가 객관적으로 만들어지고 이용된다는 생각은 모호한 정치적 색깔을 표방하고 있지만, 사실은 보수적인 가치 체계의 먹잇감이 된다"p. 11라고 주장했다. 무엇이 정상이고 자연스러운가에 관해 검증되지 않은 신념에 도전하는 과정에서 학생들은 은밀하게 숨겨져 있는 이데올로기와 헤게모니 구조를 밝힌다.Hall, 2012; Kumashiro, 2000; Vasquez, 2014

오늘날 많은 이들이 "정상적normal"이라고 받아들이고 있는 것들은 과거 혹은 현재에 존재하는 공식적인 헤게모니적 권력 시스템과 비공식적인 일상적 이데올로기 담론 내에서 만들어지고 창조되었다. "정상적"이라는 단어는 상대주의적 용어로서, "비정상적" 혹은 "이상한unnatural"과 대조되는 지배적 기준을 전제로 한다. 심리학에서 "정상적"인 지능은 IQ 지수 90-110이며, 의학에서 "정상적"인 신체 온도는 화씨 98.6도이다. "정상적"이라는 단어가 일반적 혹은 전형적이라는 의미로 쓰이는 것은 부적절하다. 한 개인이나 사회가 "정상적"으로 보인다는 말은 언제나 맥락과 관련된 판단일 뿐, 그것이 모든 이에게 보편적이거나 내재적인 명백한 기준이 될 수는 없다. 그런데도 대부분이 사회적 구성 과정을 무시한 채 "정상적"이라는 말을 사용한다. 규범적 기준이 가진 이점이 있고, 어떤 분야나 활동은 이러한 기준에 의존하지만, "정상적"이라는 추정이 중립적이고 비정치적이라는 가정은 잘못된 것이다. 과거의 사례를 보면, "정상적"의 반대말이 "비정상적"이 되어 동성애는 치료의 대상이 되어 버렸다. "정상적"이라는 단어의 사용은 특히 약학이나 심리학 분야에서 신중히 다루어야 할 문제다.

"정상 상태normalcy"의 구성은 순수하지도 무해하지도 않다. 그것은 은유적인 바탕baseline 아래 감춰진 겹겹의 불평등을 지속하게 하며 사람들은 이에 익숙해진다. "정상적"이라고 여겨지는 것들이 비지배적인 시각을 가리게 되면 불평등이 감춰지거나 부인된다. 가부장제의 정상화normalizing는 여성의 기회와 평등권을 희생하여 남성에게 권한을 부여하는 게 당연하다는 사고방식을 전제로 한다. 이성heterosexual 관계의 정상화는 이성 관계만을 인정하고 비이성non-heterosexual 관계에 있는 사람이 누려야 할 권리와 혜택을 부인하는 것이다. 이러한 불평등은 종속적 위치에 있는 사람들(예를 들어 여성, 성 소수자, 유색인종)에게서 흔한 일이지만, 눈에 띄는 폭력이나 극단적인 불평등의 경우만 주류 미디어에 등장하고 공공 담론으로 이어진다. 뉴스 보도에서 유색인종을 대상으로 일어난 범죄를 간과하거나 축소하고, 유색인종에 의해서 일어난 범죄는 선정적으로 다루는 것이 명백하다. 매일매일의 뉴스 보도를 통해 흑인 대부분이 범죄의 피해자가 아니라 가해자라는 생각이 정상화되면, 백인들은 실제 피해자에 공감하기보다는 흑인에 대한 공포를 내재화할 가능성이 더 크다.

오늘날 여성, 유색인종, 빈곤층, 소수 종교, 성 소수자를 비롯한 많은 소외 계층에 대한 제도적 차별은 줄어들었으나, 사회에 대한 그 영향력은 지속되고 있으며, 불평등을 재생산하고 있다. 여성이 참정권을 얻은 이후 젠더의 평등은 향상되었지만, 여전히 공적 지위를 가진 정치인 중 여성은 4분의 1도 되지 않는다.Rutgers, 2014 또한 프로듀서, 감독, 작가 등 엔터테인먼트 산업 종사자를 조사한 연구를 보면 지위, 업무, 방송에서의 역할 등 다양한 측면에서 남성이 우위를 차지하고 여성은 종속적임을 알 수 있다.Hunt, Ramón, Tran, Sargent, & Roychoudhury, 2018

유사한 맥락에서 미국의 유색인종 차별은 미디어에서의 과소재현과 허위재현을 동반한다. 흑인들의 투옥과 학교 정학률에 관한 통계가 오늘날 인종 문제에 관한 미국 사회의 부끄러운 면을 보여 주는 증거임에도, 미디어는 오히려 통계를 이용하여 시청자들의 흥미를 끌고 이윤을 높인다. 흑인이 평생 감옥에 갈 확률은 백인보다 6배 높다.NAACP, 2014 더욱이 전체 유치원 학생의 18%가 흑인이지만 그중 42%가 최소한 한 번 정학을 당하고, 그중 48%는 두 번 이상 정학을 당한다.United States Department of Eduction, 2014 이 문제 많은 통계 때문에 백인 수감자 수가 언제나 흑인보다 많음에도, 텔레비전 뉴스에 등장하는 흑인 범죄자 수는 백인 범죄자보다 두 배 더 많다.Chiricos & Eschholz, 2002 미디어 재현은 결코 중립적이지 않다. 미디어 재현은 선정적인 사실을 부각해, 더욱 많은 시청자를 확보하기 위해 불평등을 증폭시킨다.Duncan, 2012; Iyengar & Kinder, 1987; Krosnick & Kinder, 1990

이 통계와 미디어의 묘사는 우연의 일치가 아니다. 여성의 열등함이나 흑인들의 직업윤리, 혹은 성 소수자들의 정신적 불안을 뒷받침하는 증거도 아니다. 이러한 현상은 오히려 제도적 불평등을 드러낸다. 이처럼 헤게모니적 재현을 정기적으로 반복하는 미디어 포화상태의 사회media saturated society는 정치인을 남성으로 인식하고, 흑인을 범죄자로 여기며, 트랜스젠더를 괴물로 취급한다. 이 모든 재현은 어떤 문화가 "정상"인지 그 기준을 설정한다. 미디어는 의도적이든 그렇지 않든 간에 이러한 정상 상태normalcy의 기준을 설정함으로써 시청자, 독자, 청취자가 백인 이성애자 남성을 정상 상태의 모델이자 권력의 정당한 소유자로 보는 데 익숙하게 만들었다. 그들이 누리는 특혜나 특권에 대해서는 언급하지 못하게 만든다. 존슨Johnson, 2006은 "특권층은 비교의 기준이 되어 그 사회의 가장 바람직한 모습을 재현한다"P. 95라고 지적했다. 존슨은 "이러한 특권층이 사회 전체의 대표로 재현된다. 인구의 다양성에도 불구하고, 미국은 백인의 문화로 정의되었다. '미국인은 다른 인종을 포용하는 법을 배워야만 한다'라는 문구에서 이러한 점이 뚜렷하게 나타난다"p.96라고 주장했다.

사람들은 권력과 지배의 역사가 깊이 감춰져 있으므로, 시스템(예를 들어 규범, 이데올로기, 철학, 구조, 법, 조직 등)이 중립적이라고 생각한다. 비판적 미디어 리터러시는 이러한 객관성의 신화를 파헤친다. 비판적 미디어 리터러시의 개념과 질문들을 사용하여 학생은 미디어 재현과 연관된 복잡한 커뮤니케이션 행위를 "정상적"이고 "중립적"으로 만드는 체계와 과정을 철저하게 조사할 수 있다.

비판적 미디어 리터러시 페다고지는 커뮤니케이션이 주관적인 과정이며 완전히 중립적이거나 왜곡이 없는 텍스트나 매체는 없다는 전제에서 출발한다. 검색 엔진을 구동하는 수학적 알고리듬조차 중립적이지 않다.Noble, 2018 검색 엔진이 스캔하는 미디어 메시지와 매체들은 문화적 환경에 의해 만들어지고 나타난다. 자신을 "중립적(혹은 객관적)"이라고 선전하는 이 문화적 환경은 실제로는 끊임없이 지배계급에 특혜를 준다. 맥락과 권력의 소유에 따라 장애인차별주의자, 자본주의자, 시스젠더cisgender(신체적 성과 사회적 성이 일치하는 사람), 지주, 개신교인 등의 시각이 특혜를 받는다. 이 리스트에는 상식이라는 '자연스러운' 세상에 속하게 되어 보이지 않는 "특혜"를 받는 사람들의 관점이 모두 포함된다.Hall, 2003, p. 90 미합중국은 남성 백인 지주만이 투표할 수 있다는 믿음 위에 세워졌다. 건국 이후 상당한 변화가 있었음에도, 여전히 부유한 백인 남성들은 여성, 유색인종, 가난한 사람의 희생 위에서 무상의 특혜를 누리고 있다.

새로운 미디어와 소셜 네트워킹을 통해, 많은 사람이 현실 구성의 과정에 참여할 수 있게 되면, 일상적으로 "정상적"이라고 생각했던 시스템의 불평등이 드러날 수 있다. 미디어 제작은 비판적 미디어 리터러시의 중요한 부분이다. 학생은 자신의 고유한 시각을 담아 내러티브, 예술, 그리고 디지털 미디어를 제작함으로써 어떤 시각이 특권을 누리고 어떤 시각이 혜택을 받지 못하는지 알게 된다. 학생들이 디지털 미디어를 제작하고, 흔히 "정상적"으로 간주하는 것들에 대항하는 자신의 경험을 음성 혹은 시각적 재현으로 제공할 수 있도록 지도하는 것은 교육적이며 권한 부여의 과정이기도 하다.

민주주의와 세계시민권Global Citizenship 함양

20세기 초에 존 듀이는 민주주의를 위해서 교육받은 시민이 필요하며 학교는 학생의 시민권과 민주적 과정을 촉진해야 한다고 주장했다. 비판적 미디어 리터러시의 목적은 민주주의, 정의, 그리고 시민권을 발전시키는 것이다. 점점 네트워크화되는 세상에서 비판적이며 혁신적인 페다고지는 학생이 자신의 공동체, 국가, 세계화된 세상에서 사회적 정의를 위한 자기 역할을 생각하도록 가르치는 것을 목적으로 한다. 웨스트하이머와 칸Westheimer & Kahne, 2004은 「"훌륭한" 시민을 기르는 교육: 정치적 선택과 페다고지적 목표Educating the "Good" Citizen: Political Choices and Pedagogical Goals」에서 교육자들이 시민권의 개념과 시민권을 위한 교육의 의미를 검토해야 한다고 주장했다. 웨스트하이머와 칸은 교육과정에 사회적 정의 교육이 포함되어야 한다고 주장했다. 또한 그들은 캘리포니아 교육청이 학생들의 사회운동activism, 의견표명advocacy, 정치적 로비lobbying, 그리고 세자르 차베스의 날Cesar Chavez Day[49]을 기념하는 시가행진을 금지한 것을 비판했다.p. 244 캘리포니아 교육청California Department of Education, 2014은 선생과 학생들이 세자르 차베스의 개인적 업적만을 기념하도록 장려하고 있다. 이는 마치 차베스의 업적이 역사의 사회적 맥락이나 수많은 사회운동가의 지원과 연관이 없으며, 여타 시민운동이나 인권 운동과는 별개의 사안인 것처럼 취급하는 것이다. 교육자는 자신의 페다고지가 어떤 시민권을 촉진하는지 인식해야만 한다. "우리의 선택은 궁극적으로 우리가 만드는 사회에 영향을 미치기" 때문이다.Westheimer & Kahne, 2004, p. 265 실제로 커리큘럼에 포함되지 않은 것이 포함된 것보다 더 중요할 수 있다. 학생들이 다양한 시각과 경험을 지니는 것은 사회적 정의를 촉진하는 중요한 과정이다. 퍼거슨Ferguson, 2001은 이를 "비판적 연대critical solidarity"라고 불렀다.

비판적 연대는 사람과 정보 간의 상호 연결을 인식하고, 이러한 연관성에 의해 소외되고 억압받는 사람들과 공감하고 연대하는 것이다.Ferguson, 2001 미디어 지형이 빠르게 확산하고 학생이 속한 문화를 형성하는 미디어의 영향력이 커짐에 따라, 교육자는 미디어 참여가 곧 시민적 관여civic engagement이며, 이를 통해 비판적 연대를 조성할 수 있는 점을 인식해야 한다. 학생이 인간적, 사회적, 역사적, 정치적, 경제적 맥락에서 정보와 커뮤니케이션을 해석하고 이해하고 자신들의 행동과 삶의 방식 사이의 연관성, 그리고 그 결과를 이해할 수 있도록 지도해야

---

49. [옮긴이 주] 세자르 차베스(1927~1993). 멕시코계 미국인 노동운동 지도자. 인권운동가. 미국농민연대(United Farm Workers) 노동조합을 이끌었다. 캘리포니아를 비롯한 여러 주에서 그의 생일을 공휴일로 지정하여 기념하고 있다.

한다. 또한 권한을 뺏긴disempowered 계층과 연대하고 더욱 공정한 세상을 위해 세계시민권 운동과 연대 투쟁에 참여해야 한다. 이러한 관점은 유네스코United Nations Educational, Scientific, and Cultural Organization와 유럽연합 집행위원회European Commission 등의 기관에 의해 국제적으로 추진되고 있다. 그런데 미국에서는 이러한 종류의 페다고지 혁신 계획을 찾아보기 어렵다.Gozálvez & Contreras-Pulido, 2014

　지난 20여 년간, 유네스코UNESCO, 2014는 "인류의 도덕적, 지적 연대를 토대로" 한 평화의 중요성을 추구했다. 이러한 목적을 위해 유네스코는 국제 학술대회를 개최하여 미디어 교육에 관한 연구를 촉진하고 국제 공동체가 미디어 리터러시를 수용할 것을 촉구하는 보고서를 출간했다. 오늘날 유네스코는 미디어 교육이 세계시민권global citizenship과 밀접한 연관성이 있음을 홍보하고 있다. 유네스코는 2006년에 아랍어, 영어, 불어로 된 미디어 교육 키트Frau-Meigs, 2006를, 2011년에는 10개 언어로 『교사를 위한 미디어와 정보 리터러시 교육과정Media and Information Literacy Curriculum for Teachers』을 발간했다.Grizzle & Wilson, 2011 유네스코의 위탁을 받아 토르네로와 바리스Tornero & Varis, 2010는 디지털 미디어 리터러시를 조사한 후 개념적 틀을 만들어 그들의 책 『미디어 리터러시와 신휴머니즘Media Literacy and New Humanism』에 소개했다. 토르네로와 바리스는 교육자가 디지털 리터러시를 도구적으로 인식하는 관점에서 비판적 관점으로 넘어가야 한다고 주장했다. 비판적 관점은 학생들의 탐구를 위해 다음과 같은 필요한 요소를 제공한다.

　　우리가 미디어 텍스트의 왜곡과 관점을 해석하는 이유 reasons와 미디어가 세계관world view, 관점, 신념, 그리고 이데올로기를 전달하는 메커니즘. 이 메커니즘은 하나의 문화이며 그 작동 방식이 은밀하고 조용하기 때문에 마치 작동하지 않는 것처럼 보이고, 그것이 만들어 내는 담론은 이해하기 쉬운 것처럼 여겨진다.P. 96

토르네로와 바리스는 "보편적인 세계시민권은 모두를 위한 미디어 리터러시와 같은 말이다"라고 주장했다.P. 119 토르네로와 바리스는 미디어 리터러시를 경제적·시민적 필수품이라는 프레임을 제시하고 미디어 리터러시의 궁극적인 가치는 평화라고 결론지었다. 이것은 대화가 없이는 누구의 생각도 옳을 수 없으며 자유와 정의가 없다면 어떤 평화도 가능하지 않다는 근본적인 원칙을 의미한다.Tornero & Varis, 2010, p. 126

몇몇 남미와 스페인의 미디어 교육자들은 교육학과 커뮤니케이션 분야를 결합한 학제 간 연구로 에듀커뮤니케이션educommunication을 제안했다. 고잘베즈와 콘트레라스-풀리도Gozálvez & Contreras-Pulido, 2014는 "에듀커뮤니케이션은 시민적civic 목적을 지니고 있으며, 윤리적·사회적·민주적 토대를 바탕으로 시민들에게 미디어를 다루는 권한을 부여해야 한다"P. 130라고 말했다. 에듀커뮤니케이션은 다양한 시민적 관여civic engagement를 포함하는 세계시민권global citizenship을 촉구한다. 그것은 공공 생활의 다양한 분야에서 자유로운 독립적 존재로서 책임감을 지니고 행동하는 조건을 요구한다.Gozálvez & Contreras-Pulido, 2014, p. 130

미디어 리터러시의 선구자 렌 매스터먼Len Masterman, 1996은 미디어 리터러시는 인권 보장을 위해 필요하다고 주장했다. 그는 인권을 3세대로 나누어 설명했다. 제1세대는 시민권civil rights과 정치적 권리이다. 제2세대는 경제와 사회적 권리, 제3세대는 커뮤니케이션권communication rights이다. 매스터먼은 커뮤니케이션권에 정보권Information rights과 미디어권media rights을 포함시켰다. 정보권은 아이디어와 정보를 찾고 획득하며 전달할 권리를 말하며, 정보를 교환하고 자신의 목소리를 낼 수 있는 표현권expressive rights을 포함한다. 미디어권은 시민이 미디어에 접근하여 사용할 수 있는 권한이다. 이는 "내용, 재현, 접근, 통제, 책임accountability과 훈련을 포함한 다양한 미디어의 책무media responsibility"를 의미한다.p. 73

커뮤니케이션권 확보는 미디어 리터러시를 습득하거나 습득하게 될 현재와 미래의 공중public에 달려 있다. 이러한 교육적 필요성 때문에 매스터먼은 제4세대의 인권을 추가해야 한다고 제안했다. 제4세대의 인권은 "해석권interpretive rights으로서 현재와 미래의 시민들이 미디어를 해석하고, 이해하며 스스로 의미를 창출할 수 있는 권리"를 말한다.p. 74 그는 해석권이 커뮤니케이션권을 위해서 필요할 뿐 아니라, 미디어 포화상태인 현실에서 제1세대와 제2세대 인권을 지키기 위해서도 필요하다고 강조했다. 미디어 교육을 확산하고 실행하기 위해서는 해석권을 의무화해야 한다는 것이다. 매스터먼은 해석권으로 인해 미디어 리터러시의 초점이 "효율적인 인권 교육"p. 74에 맞춰진다고 말했다. 그는 미디어 리터러시의 모든 개념 중 미디어의 기능과 역할을 인권과 관련시키는 가장 중요한 개념은 재현이라고 강조했다.

미디어의 과소재현이나 허위재현에 도전하는 것은 학생들이 사회운동에 참여하는 강력한 계기가 되며 참여 민주주의에 필수적인 요소다. 비판적 미디어 리터러시 교사 중 어떤 이들은 학생들이 뮤직비디오, 온라인 게임, 또는 설문지 등에서 젠더, 종족ethnicity, 계급의 고정관념을 나타내는 재현을 분석하도록 지도한다. 또, 지역 공동체 관련 과제와 청소년 참여 실행 연구Youth Participatory Action Research를 통해 학생과 함께 상호작용적인 프로젝트를 수행하는 교사도 있다. 민주주의와 사회정의를 위한 교육은 학생이 미디어에 문제를 제기하고 미디어의 과소재현과 허위재현에 도전하는 대항적 재현을 만들 것을 요구한다.

미국 교육 공통핵심기준Common Core States Standards이 비판적 미디어 리터러시를 교과과정 전반에 도입할 기회를 열어 놓긴 했으나, 이 기준은 여전히 형평equity과 평등equality을 동일시하고 교육을 비정치적이라고 본다. 학생들에게 단순히 직업을 구하기 위한 기술만을 가르치는 것은, 그들에게서 참다운 혁신적 교육에 참여할 기회를 뺏는 것이다. 21세기의 비판적 미디어 리터러시야말로 직업, 대학을 비롯해 많은 분야에 필요한 기술이다. 비판적 미디어 리터러시는 혁신적 페다고지로서 탄탄한 이론적 바탕과 실용적 교수법을 제공하여 학생이 자신의 세상에 문제를 제기하고 "정상적"이고 "자연적"으로 보이는 지배적 신화에 도전할 수 있도록 돕는다.

오늘날 학생들이 사는 세상은 이분법이나 절대 원칙으로 정의될 수 없으며, 적응adaptation, 다양성diversity, 그리고 혁신innovation에 열려 있다. 페미니즘, 성 소수자, 인권, 비판적 인종 이론, 환경적 정의, 세계화globalization 등에 관한 연구는 학생이 정체성과 사회문제의 복잡성을 더 잘 이해하도록 돕는다. 하지만 다양성에 대한 개방은 상대주의적 감성의 원인을 제공하여 비판적 판단을 약화하는 현상을 낳기도 했다. 상대주의적 사고방식은 모든 것이 평등하기에 메시지가 아무리 인종주의자, 성차별주의자, 계급주의자의 시각을 담고 있더라도 똑같이 허용한다는 정치적 무관심을 조장한다. 비판적 미디어 리터러시는 차이를 용인하지만 모든 것이 똑같거나 모든 관점이 타당하다고 보지 않는다. 비판적 미디어 리터러시는 주류 미디어가 강화하는 인종주의, 성차별주의, 계급주의, 동성애 혐오를 비롯한 여러 형태의 차별을 강력히 비판한다.

이 책에서 우리는 비판적 탐구에 도움이 되는 개념, 페다고지적 실천, 질문을 묘사했으며, 인간이 만든 가장 영향력 있는 생태계에 비판적으로 참여할 수 있는 틀과 방법을 제시했다. 비판적 미디어 리터러시는 몇몇 사람의 이익을 위해 많은 이를 희생시키면서 모든 커뮤니케이션에 내재한 위계적 권력관계를 비판적으로 조사할 것을 촉구한다. 비판적 미디어 리터러시는 학생들이 미디어에 문제를 제기하고 지배 이데올로기에 도전하며, 비판적이고 능동적인 사용자 혹은 창작자로서 사회에 참여할 수 있도록 하는 이론적 틀과 혁신적 페다고지를 제공한다. 교사, 학생, 시민이 비판적 미디어 리터러시에 어떻게 참여하고 실천할 것인가는 맥락과 상황에 따라 다를 것이다. 그러나 비판적 지식을 갖춘 미디어 제작자, 비평가, 그리고 사용자를 어떻게 구축할 것인가는 오늘날 교육과 정치의 핵심 과제로 남아 있다.

여은호

미디어를 강의하는 교수로 20년 넘게 지내 왔지만, 삶 속에서 미디어와 어떻게 관계를 맺어야 하는가는 여전히 어려운 문제다. 특히 디지털 미디어가 삶의 전반에 도입되면서 미디어라는 공간에서 발생하고 전파되며 활용되는 메시지에 대한 이해가 우리의 삶의 질과 방향을 설정하게 되었기 때문에 미디어 리터러시는 미디어 수업에서 빼놓을 수 없는 주제가 되었다. 학생들에게 미디어 리터러시를 가르치는 것은, 삶 속에서 디지털 미디어와 어떻게 관계 맺고 살아가야 하는지를 이야기하는 것이다. 개인과 사회의 발전이라는 큰 틀에서 미디어와 학생들의 삶을 연계하는 방법을 구체적으로 제시하는 책은 드물다. 그래서 공역자인 원숙경 박사의 추천으로 이 책을 읽으면서 이 책이야말로 오랫동안 내가 찾던 책이라는 느낌을 강하게 받았다. 그렇지만 이 책을 내가 번역까지 하게 될 줄은 몰랐다.

더글러스 켈너와 제프 셰어는 미디어 리터러시의 이론가이며 교육자다. 이 책은 그들의 교육현장 경험을 생생하게 전달하고 있으며, 이야기와 함께 풍부한 자료와 명료한 설명들로 인해 책을 읽다 보면 마치 그 교실에 내가 있는 듯 현장의 모습이 눈앞에 떠오른다. 나는 이 책에서 배운 여러 가지 방법들을 실제 내 강의에 응용하고 있다.

이 책은 비판적 관점에서 미디어 리터러시를 교육하는 방법을 소개하고 있다. 비판이라는 단어는 언제나 어렵다. 남의 작품이나 삶을 비판하기도 어렵고, 나에 대한 비판도 언제나 달갑지만은 않다. 그런데도 비판적 관점이 중요한 것은 올바른 비판을 통해 이 세상을 더 아름답게 만들 수 있기 때문이다. 올바른 비판은 사람과 세상에 대한 사랑을 바탕으로 한다. 그래서 사람과 세상을 키우는 자양분이 되고 소외당하고 고통받는 이들에게 힘을 준다. 이 책의 저자들이 보여 주는 비판적 접근은 그런 점에서 인간적이며 민주적이다. 책에서 소개하는 수많은 사례는 우리가 미디어 리터러시 교육에 어떻게 접근해야 할지 보여 준다.

디지털 미디어가 우리 삶의 일부가 된 만큼, 디지털 시대의 미디어 리터러시는 모두가 배워야 할 필수과목이며, 미디어 리터러시를 어떻게 가르치고 배워야 하는가는 누구에게나 필요한 지식이 되었다. 2021년에 교육부에서 발표한 2022 개정 교육과정에 미디어 리터러시 교육이 포함되고 2024년부터 초등에서 고등에 이르기까지 각급 학교에서 미디어 리터러시 교육의 제도적 기반이 확보되었다는 점은 우리 사회에서 미디어 리터러시 교육이 얼마나 필요한 것인가를 반영한다. 우리 사회와 그 안에서 살아가는 많은 이들이 디지털 미디어가 쏟아 내는 정보의 홍수에 흔들리지 않고 살아가는 데 이 책이 조금이나마 도움이 되었으면 한다.

이 책의 진가를 알아보고 한국어 번역본으로 탄생하게 도와주신 출판사 살림터의 김승희, 정광일 대표님께 감사드린다. 번역 원고를 읽고 출판을 추천해 준 오랜 벗 정민승 교수에게도 특별한 감사를 표한다.

옮긴이 후기

디지털 시대의 개막은 미디어 생태계에 많은 실험을 가능하게 했고, 기술적인 메커니즘만으로 각성하는 언론, 성찰하는 시민들을 만들어 줄 것이라는 낙관적인 전망을 하게 했다. 실상은 미디어의 바다에서 헤어 나지 못하는 시민들과 여전히 특권의식에 젖은 언론 종사자들의 변하지 않는 꼰대 정신이 미디어 민주화로 이끄는 길을 막고 있다. 설상가상으 로 한국 사회는 이민자가 인구의 5%를 넘는 다문화 사회가 되었다. 글 로벌화와 미디어 생태계의 디지털화는 우리 사회에서 민낯을 그대로 보 여 주었다. 그런데도 여전히 이 시대의 키워드는 미디어이고, 모든 사회 문제의 해결 통로로 미디어를 지목하고 있다.

우리는 미디어를 통해 사회를 보고, 사회 속에서 미디어가 만든 틀 안에서 사고하고 있다. 미디어 리터러시 교육은 미디어와 미디어를 구성 하는 시스템으로부터 독립적이고 주체적인 시민으로 사는 길로 인도한 다. 실제 미디어 교육 현장을 통해서 느낀 나의 고민은 미디어 리터러시 교육이 제작 중심으로 치우쳐, 정작 교육의 본질인 시민적 성찰이라는 키워드를 찾지 못했다는 것이었다. 그 와중에 프레이리를 만났고, 그의 혁신적인 교육 방법에 감탄한 것은 사실이다. 하지만 이것만으로 미디어 교육과 변화하는 사회환경의 연결고리를 찾지는 못했다. 다문화 미디어 리터러시 관련 자료를 찾다 우연히 만난 이 책을 통해, 사회적 통찰과 비판, 미디어 실천으로 이어지는 연결고리를 찾을 수 있었다. 이 책은 적어도 이 부분의 갈증을 해소해 주었다.

그동안 비판적 혹은 성찰적 미디어 리터러시 교육을 이론 강의로만 풀어 '지루하고 재미없다'는 인식이 있어서, 교육현장에서 잘 실현하지 못했다. 프레이리와 듀이의 교육 방식을 적극 도입, 미디어 실천을 통해 스스로 성찰하고 비판할 수 있는 의식은 물론 실천 방안까지 제시하고 있는 점이 이 책의 강점이다. 많은 예시를 통해 우리가 왜 사회에 관심을 가져야 하고, 미디어가 만드는 메시지를 비판 없이 받아들여서는 안 되는지 그 이유와 이를 깰 수 있는 대항적 기제들을 보여 준다. 실제 미디어 교육 현장에 있는 교사, 학생들에게 좋은 지침서가 되리라 생각한다.

이 책을 만난 것은 행운이다. 이 책과의 긴 여정을 적극적으로 함께 해 준 공역자 여은호 교수께 감사드린다. 무엇보다 미디어 리터러시와 프레이리, 미디어 실천이라는 키워드를 가르쳐 준 고故 윤영태 교수와 현장에서 만난 많은 미디어 교육자, 이 책이 나오기까지 관심을 두신 모든 분에게도 감사의 마음을 전한다.

Anderson, M., & Jiang, J. (2018). *Teens, social media & technology 2018.* Pew Research Center: Internet and Technology.

Apple, M. (2004). *Ideology and curriculum* (3rd ed.). New York, NY: Routledge.

Aronoff, K. (2018, August 2). What the "New York Times" climate blockbuster got wrong. *The Nation.* Retrieved from https://www.thenation.com/article/new-york-times-climate-blockbuster-misses/

Arrows, F. (2013). *Teaching truly: A curriculum to indigenize mainstream education.* New York, NY: Peter Lang.

Asante-Muhammad, D., Collins, C., Hoxie, J., & Nieves, E. (2017). *The road to zero wealth: How the racial wealth divide is hollowing out America's middle class.* Washington, DC: Institute for Policy Studies & Prosperity Now. Retrieved from https://www.prosperitynow.org/files/PDFs/road_to_zero_wealth.pdf

Atkinson, W. (2010). *Class, individualization and late modernity: In search of the reflexive worker.* New York, NY: Palgrave Macmillan.

Balog, J. (2009). *Time-lapse proof of extreme ice loss* [Video file]. TEDGlobal 2009. Retrieved from http://tinyurl.com/pqq5u64

Banks, J. (2000). Series forward. In C. Cortés (Ed.), *The children are watching: How the media teach about diversity.* New York, NY: Teachers College Press.

Banta, M., & Hinsley, C. M. (1986). *From site to sight: Anthropology, photography, and the power of imagery.* Cambridge, MA: Peabody Museum Press.

Barthes, R. (1981). *Camera lucida: Reflections on photography.* New York, NY: Noonday Press.

BBC. (2008, April 1). *Making penguins fly on April Fools' day 2008* [Video file]. British Broadcasting Corporation. Retrieved from https://www.youtube.com/watch?v=lzhDsojoqk8

Beach, R. (2009). Digital tools for collecting, connecting, constructing, responding to, creating… In R. Hammer & D. Kellner (Eds.), *Media/cultural studies: Critical approaches* (pp. 206–228). New York, NY: Peter Lang.

Beach, R., Share, J., & Webb, A. (2017). *Teaching climate change to adolescents: Reading, writing, and making a difference.* New York, NY:

Routledge. (Co-distributed with NCTE).

Bell, L. A. (2010). *Storytelling for social justice: Connecting narrative and the arts in antiracist teaching.* New York, NY: Routledge.

Benshoff, H. M., & Griffin, S. (2009). *American on film: Representing race, class, gender, and sexuality at the movies.* Malden, MA: Wiley-Blackwell.

Berge, R., Cohen, B. (Producers), & Shenk, J. (Director). (2011). *The Island President* [Motion Picture]. New York, NY: Samuel Goldwyn Films.

Berr, J. (2018, November 5). NBC, Fox, Facebook yank Trump immigration ad critics call racist. *Forbes Online.* Retrieved from https://tinyurl.com/y7fv8orb

Best, S., & Kellner, D. (2001). *The postmodern adventure: Science technology, and cultural studies at the third millennium.* New York, NY & London: Guilford and Routledge.

Bigelow, B., Christensen, L., Karp, S., Miner, B., & Peterson, B. (Eds.). (1994). *Rethinking our classrooms: Teaching for equity and justice.* Milwaukee, WI: Rethinking Schools.

Bogle, D. (1989). *Toms, coons, mulattoes, mammies, & bucks: An interpretive history of Blacks in American films.* New York, NY: Continuum.

Botelho, G. (2016). The day politics and TV changed forever. *CNN Politics.* Retrieved from https://www.cnn.com/2016/02/29/politics/jfk-nixon-debate/index.html

boyd, d. (2014). *It's complicated: The social lives of networked teens.* New Haven, CT: Yale University Press.

Brady, M. (2012, August 21). Eight problems with common core standards. *The Washington Post.* Retrieved from https://tinyurl.com/8fnjqjb

Britsch, S. (2010). Photo-booklets for English language learning: Incorporating visual communication into early childhood teacher preparation. *Early Childhood Education Journal, 38*(3), 171-177.

Buckingham, D. (1993). *Children talking television: The making of television literacy.* London: The Falmer Press.

Buckingham, D. (1996). *Moving images: Understanding children's emotional responses to television.* Manchester: Manchester University Press.

Buckingham, D. (2003). *Media education: Literacy, learning and contemporary culture.* Cambridge: Polity Press.

Burns, K. (Director). (2012). *The Dust Bowl* [Motion picture]. New York, NY: Public Broadcasting System.

Burton, N. (2015, September 18). *When homosexuality stopped being a mental disorder: Not until 1987 did homosexuality completely fall out of the DSM* [Blog post]. Retrieved from https://www.psychologytoday.com/us/blog/hide-and-seek/201509/whenhomosexuality-stopped-being-mental-disorder

Butsch, R. (2003). Ralph, Fred, Archie, and Homer: Why television keeps re-creating the white male working-class buffoon. In G. Dines & J. M. Humez (Eds.), *Gender, race, and class in media: A text-reader* (2nd ed., pp. 575-585). Thousand Oaks, CA: Sage Publications.

Byard, S. (2012). *Combining African-centered and critical media pedagogies: A 21stcentury approach toward liberating the minds of the mis-educated in the digital age* (Doctoral dissertation). Retrieved from ProQuest LLC. (UMI No. 3513191).

California Department of Education. (2014). *Model curriculum and resources for teachers*. Retrieved from http://chavez.cde.ca.gov/ModelCurriculum/Teachers/index1.aspx

Campbell, R., Jensen, J., Gomery, D., Fabos, B., & Frechette, J. (2013). *Media in society*. Boston, MA: Bedford/St. Martin's.

Cappello, M. (2011). Photography for teacher preparation in literacy: Innovations in instruction. *Issues in Teacher Education, 20*(1), 95-108.

Cappello, M., & Hollingsworth, S. (2008). Literacy inquiry and pedagogy through a photographic lens. *Language Arts, 85*(6), 442-449.

Carr, N. (2014). *The glass cage: How our computers are changing us*. New York, NY: W.W. Norton & Company.

Carrington, V. (2005). New textual landscapes, information and early literacy. In J. Marsh (Ed.), *Popular culture, new media and digital literacy in early childhood* (pp. 13-17). London: RoutledgeFalmer.

Castells, M. (1996). *The information age: Economy, society and culture, Volume 1: The rise of the network society*. Cambridge, MA: Blackwell Publishers.

Chesney, R., & Citron, D. (2018, February 21). Deep fakes: A looming crisis for national security, democracy and privacy? *Lawfare* [Blog post]. Retrieved from https://www.lawfareblog.com/deep-fakes-looming-crisis-national-securitydemocracy-and-privacy#

Ching, C. C., Wang, X. C., Shih, M. L., & Kedem, Y. (2006). Digital photography and journals in a kindergarten-first-grade classroom: Toward meaningful technology integration in early childhood education. *Early Education and Development, 17*(3), 347-371.

Chiricos, T., & Eschholz, S. (2002). The racial and ethnic typification of crime and the criminal typification of race and ethnicity in local television news. *Journal of Research in Crime and Delinquency, 39,* 400-420.

Choi, J. (2013, Fall). *EDUC 446: Critical media literacy final reflection.* Submitted as a final assignment for the course.

Colbert, S. (2009, July 16). *The word-White man's burden* [Video file]. Comedy Central's The Colbert Report. Retrieved from http://thecolbert report.cc.com/videos/tt0y6c/the-word---neutral-man-s-burden

Collins, P. H. (2000). *Black feminist thought: Knowledge, consciousness, and the politics of empowerment* (2nd ed.). New York, NY: Routledge.

Common Core State Standards. (2015). *Common core state standards for English language arts & literacy in history/social studies, science, and technical subjects.* Common Core State Standards Initiative. Retrieved from http://tinyurl.com/kjgs8a5

Cooper, C. B. (2011). Media literacy as a key strategy toward improving public acceptance of climate change science. *BioScience, 61*(3), 231-237.

Cortés, C. (2000). *The children are watching: How the media teach about diversity.* New York, NY: Teachers College Press.

Coyle, K. (2005). *Environmental literacy in America: What ten years of NEETF/Roper research studies say about environmental literacy in the U.S.* National Environmental Education and Training Foundation. Retrieved from http://tinyurl.com/jk3jfkj

Crenshaw, K. (1991). Mapping the margins: Intersectionality, identity, politics, and violence against women of color. *Stanford Law Review, 43*(6), 1241-1299.

Currie, M., & Paris, B. S. (2018, March 21). Buried, altered, silenced: 4 ways government climate information has changed since Trump took office. *The Conversation.* Retrieved from https://theconversation.com/buried-altered-silenced-4-waysgovernment-climate-information-has-changed-since-trump-took-office-92323

Curtis, N., & Cardo, V. (2018). Superheroes and third-wave feminism. *Feminist Media Studies, 18*(3), 381-396.

Daly, M., Gifford, L., Luedecke, G., McAllister, L., Nacu-Schmidt, A., Andrews, K., & Boykoff, M. (2015). *World newspaper coverage of climate change or global warming, 2004-2015.* Center for Science and Technology Policy Research, Cooperative Institute for Research in Environmental Sciences, University of Colorado. Retrieved from http://sciencepolicy.colorado.edu/media_coverage

Daniels, M. (2013, January 8). *Scientific racism: The eugenics of social Darwinism. A documentary by David Olusoga for the BBC Four* [Video file]. Retrieved from https://www.youtube.com/watch?v=3FmEjDaWqA4

Darder, A., Baltodano, M., & Torres, R. (Eds.). (2003). *The critical pedagogy reader.* New York, NY: RoutledgeFalmer.

Davenport, C. (2018, January 10). How much has 'climate change' been scrubbed from federal websites? *The New York Times.* Retrieved from https://www.nytimes.com/2018/01/10/climate/climate-change-trump.html

DeGruy, J. (2005). *Post traumatic slave syndrome: America's legacy of enduring injury and healing.* Portland, OR: Joy DeGruy Publications.

Dewey, J. (1916/1997). *Democracy and education.* New York, NY: Free Press.

Dewey, J. (1938/1963). *Experience & education.* New York, NY: Collier Books.

Domine, V. (2011). Building 21st-century teachers: An intentional pedagogy of media literacy education. *Action in Teacher Education, 33*(2), 194-205.

Dragan, P. B. (2008). *Kids, cameras, and the curriculum: Focusing on learning in the primary grades.* Portsmouth, NH: Heinemann.

Duggan, M. (2013). *Photo and video sharing grow online.* Pew Research Center. Retrieved from http://www.pewinternet.org/2013/10/28/photo-and-video-sharing-growonline/

Dunaway, F. (2015). *Seeing green: The use and abuse of American environmental images.* Chicago, IL: The University of Chicago Press.

Duncan, J. (2012). *Racial disparities associated with the war on drugs* (Master's thesis). Appalachian State University, Boone. Retrieved from http://www.libre.uncg.edu

Durham, M. G., & Kellner, D. (2006). *Media and cultural studies: Key works.* Malden, MA: Blackwell Publishers.

Ember, S. (2017, April 3). This is not fake news (but don't go by the headline). *New York Times, Education Life, EDTALK.* Retrieved from https://www.nytimes.com/2017/04/03/education/edlife/fake-news-and-media-literacy.html

Englander, E. K. (2011). *Research findings: MARC 2011 survey grades 3-12.* Bridgewater State University, Massachusetts Aggression Reduction Center. Retrieved from http://cdn.theatlantic.com/static/mt/assets/science/

Research%20Findings_%20MARC%202011%20Survey%20Grades%203-12.
pdf

Environmental Data and Governance Initiative. (2018). *Changing the digital climate: How climate change web content is being censored under the Trump administration.* Retrieved from https://envirodatagov.org/wp-content/uploads/2018/01/Part-3-Changing-the-Digital-Climate.pdf

Ewald, W. (2012). Introduction. In W. Ewald, K. Hyde, & L. Lord. *Literacy & justice through photography: A classroom guide.* New York, NY: Teachers College Press.

Facebook Investor Relations. (2018, July 25). *Facebook reports second quarter 2018 results.* Menlo Park, CA. Retrieved from http://investor.fb.com/releasedetail.cfm?ReleaseID=861599

Ferguson, K. (n.d.). *Everything is a remix* [Video file]. Retrieved from http://everythingisaremix.info/watch-the-series/

Ferguson, R. (1998). *Representing 'race': Ideology, identity and the media.* New York, NY: Oxford University Press.

Ferguson, R. (2001). Media education and the development of critical solidarity. *Media Education Journal, 30,* 37-43.

Ferguson, R. (2004). *The media in question.* New York, NY: Oxford University Press.

Flax, J. (1997). Postmodernism and gender relations in feminist theory. In S. Kemp & J. Squires (Eds.), *Feminisms* (pp. 170-178). New York, NY: Oxford University Press.

Flores-Koulish, S. A. (2006). Media literacy: An entrée for pre-service teachers into critical pedagogy. *Teaching Education, 17*(3), 239-249. doi:10.1080/10476210600849706

Flores-Koulish, S. A., Deal, D., Losinger, J., McCarthy, K., & Rosebrugh, E. (2011). After the media literacy course: Three early childhood teachers look back. *Action in Teacher Education, 33,* 127-143.

Foucault, M. (1995). *Discipline and punish: The birth of the prison.* New York, NY: Vintage Books.

Frau-Meigs, D. (Ed.). (2006). *Media education: A kit for teachers, students, parents and professionals.* Paris: UNESCO. Retrieved from http://unesdoc.unesco.org/images/0014/001492/149278e.pdf

Fregoso, R. L. (1993). *The bronze screen: Chicana and Chicano film culture.* Minneapolis, MN: University of Minnesota Press.

Freire, P. (2010). *Pedagogy of the oppressed* (M. B. Ramos, Trans.). New York, NY: The Continuum International Publishing Group, Inc. (Original work published 1970)

Freire, P., & Macedo, D. (1987). *Literacy: Reading the word and the world.* Westport, CT: Bergin & Garvey.

Friedman, T. L. (2005). *The world is flat: A brief history of the twenty-first century.* New York, NY: Farrar, Straus & Giroux.

Funk, S., Kellner, D., & Share, J. (2016). Critical media literacy as transformative pedagogy. In M. N. Yildiz & J. Keengwe (Eds.), *Handbook of research on media literacy in the digital age* (pp. 1-30). Hershey, PA: IGI Global.

Gabler, N. (2016, November 30). Who's really to blame for fake news? Look in the mirror, America. *Common Dreams.* Retrieved from http://www.commondreams.org/views/2016/11/30/whos-really-blame-fake-news-look-mirror-america

Gad, T., Shanks, J., Bedingfield, N., & Paul, S. (2015). *Love song to the earth* [Recorded by Paul McCartney, Jon Bon Jovi, Sheryl Crow, Fergie, Colbie Caillat, Natasha Bedingfield, Sean Paul, Leona Lewis, Johnny Rzeznik (Goo Goo Dolls), Krewella, Angelique Kidjo, Nicole Scherzinger, Kelsea Ballerini, Christina Grimmie, Victoria Justice, & Q'orianka Kilcher].

Galloway, S. (2017). *The four: The hidden DNA of Amazon, Apple, Facebook, and Google.* New York, NY: Portfolio/Penguin.

Gauntlett, D., & Hill, A. (1999). *TV living: Television, culture and everyday life.* London & New York, NY: Routledge.

Gee, J. (2007). *What video games have to teach us about learning and literacy: Revised and updated edition.* New York, NY: Palgrave Macmillan.

Gibbons, P. (2009). *English learners, academic literacy, and thinking: Learning in the challenge zone.* Portsmouth, NH: Heinemann.

Ging, D. (2017). Alphas, betas, and incels: Theorizing the masculinities of the manosphere. In *Men and masculinities* (pp. 1-20). Retrieved from http://journals.sagepub.com/doi/pdf/10.1177/1097184X17706401

Giroux, H. (1987). Introduction. In P. Freire & D. Macedo (Eds.), *Literacy: Reading the words and the world* (pp. 1-27). Westport, CT: Bergin & Garvey.

Giroux, H. (1997). *Pedagogy and the politics of hope.* Boulder, CO: Westview Press.

Giroux, H. (2004). When hope is subversive. *Tikkun, 19*(6), 3-39.

GLAAD Media Institute. (2018). *Where we are on TV '17-'18: GLAAD's annual report on LGBTQ inclusion.* Retrieved from https://www.glaad.org/whereweareontv17

Goetze, S. D., Brown, D. S., & Schwarz, G. (2005). Teachers need media literacy, too! In G. Schwarz & P. Brown (Eds.), *Media literacy: Transforming curriculum and teaching.* Malden, MA: The 104th Yearbook of the National Society for the Study of Education.

Goldacre, B. (2009). *Bad science.* London: Fourth Estate of HarperCollins Publishers.

Goldberg, S. (2018, April). To rise above the racism of the past, we must acknowledge it. From the Editor (pp. 4-6). *National Geographic Magazine.*

Goldberg, V. (1991). *The power of photography: How photographs changed our lives.* New York, NY: Abbeville Press.

González, N., Moll, L. C., & Amanti, C. (Eds.). (2005). *Funds of knowledge: Theorizing practices in households, communities, and classrooms.* Mahwah, NJ: Lawrence Erlbaum Associates.

Goodman, S. (2003). *Teaching youth media: A critical guide to literacy, video production, and social change.* New York, NY: Teachers College Press.

Goodman, S. (2010). Toward 21st-century literacy and civic engagement: Facilitating student documentary projects. In J. G. Silin (Ed.), *High-needs schools: Preparing teachers for today's world* (pp. 44-54). New York, NY: Bank Street College of Education.

Gozálvez, V., & Contreras-Pulido, P. (2014). Empowering media citizenship through educommunication. *Comunicar, 21*(42), 129-136.

Graham, P. (2017). *Strategic communication, corporatism and eternal crisis: The creel century.* New York, NY: Routledge.

Graham, P. (in press/2019). Propaganda and public pedagogy. In G. Noblett (Ed.), *Oxford research encyclopedia of education.* Oxford: Oxford University Press.

Grieco, M. (Artist). (2012). *Media literacy's big tent* [image]. Retrieved from http://mediaeducationlab

Grizzle, A., & Wilson, C. (Eds.). (2011). *Media and information literacy: Curriculum for teachers.* Paris: UNESCO.

Habermas, J. (1984/1981). *Theory of communicative action volume one: Reason and the rationalization of society* (T. A. McCarthy, Trans.). Boston, MA: Beacon Press.

Hall, S. (1998). Notes on deconstructing 'the popular.' In J. Storey (Ed.),

Cultural theory and popular culture: A reader. Upper Saddle River, NJ: Pearson/Prentice Hall.

Hall, S. (2003). The whites of their eyes: Racist ideologies and the media. In G. Dines & J. M. Humez (Eds.), *Gender, race, and class in media: A text-reader* (2nd ed., pp. 89-93). Thousand Oaks, CA: Sage Publications.

Hall, S. (2012). *Stuart Hall interviewed by Sut Jhally* [Video file]. Retrieved from http://vimeo.com/53879491

Hall, S. (2013). Introduction. In S. Hall, J. Evans, & S. Nixon (Eds.), *Representation* (2nd ed., pp. xvii-xxvi). Thousand Oaks, CA: Sage Publications.

Hansen, T. (2017, February 24). The student-built website that keeps government climate data safe. *Yes! Magazine.* Retrieved from http://www.yesmagazine.org/planet/the-student-built-website-that-keeps-government-climate-data-safe-20170221

Harding, S. (1998). *Is science multicultural? Postcolonialism, feminisms, and epistemologies.* Bloomington, IL: Indiana University Press.

Harding, S. (Ed.). (2004). *The feminist standpoint theory reader: Intellectual and political controversies.* New York, NY: Routledge.

Hartsock, N. (1997). The feminist standpoint: Developing the ground for a specifically feminist historical materialism. In S. Kemp & J. Squires (Eds.), *Feminisms* (pp. 152-160). Oxford: Oxford University Press.

Haskell, M. (1974). *From reverence to rape: The treatment of women in the movies.* Baltimore, MD: Penguin Books.

Hernstein, R., & Murray, C. (1994). *The bell curve: Intelligence and class structure in American life.* New York, NY: Free Press.

Herrmann, V. (2017, March 28). I am an Arctic researcher: Donald Trump is deleting my citations. *The Guardian.* Retrieved from https://www.theguardian.com/commentisfree/2017/mar/28/arctic-researcher-donald-trump-deleting-my-citations

Hiser, J. (2012, Fall). *EDUC 446: Critical Media Literacy Final Reflection.* Submitted as a final assignment for the course.

Hobbs, R. (2007). *Approaches to instruction and teacher education in media literacy.* Research paper commissioned within the United Nations Literacy Decade. UNESCO Regional Conferences in Support of Global Literacy.

Hobbs, R. (2010). *Copyright clarity: How fair use supports digital learning.* Thousand Oaks, CA: Corwin.

Hobbs, R. (2013). *Media literacy's big tent.* Retrieved from http://mediaedlab.

com/2013/07/28/media-literacy-s-big-tent-at-namle-2013/

Hogg, D., & Hogg, L. (2018). *#Never again: A new generation draws the line*. New York, NY: Random House.

hooks, b. (2010). *Teaching critical thinking: Practical wisdom*. New York, NY: Routledge.

Hopkins, C. A. (2009). *Lil Peppi-Melting ice* [Video file]. Retrieved from https://www.youtube.com/watch?v=yjXuldy-Ilw

Howard, T. C. (2010). *Why race and culture matter in schools: Closing the achievement gap in America's classrooms*. New York, NY: Teachers College Press.

Hunt, D., Ramón, A. C., Tran, M., Sargent, A., & Roychoudhury, D. (2018, February). *Hollywood diversity report 2018: Five years of progress and missed opportunities*. UCLA College, Social Sciences. Retrieved from https://socialsciences.ucla.edu/hollywood-diversity-report-2018/

Iqbal, N. (2018, November 11). Interview: Donna Zuckerberg: "Social media has elevated misogyny to new levels of violence." *The Guardian*. Retrieved from https://tinyurl.com/y74lb6ph

Ixta, L. (2014, Spring). *EDUC 446: Critical media literacy final reflection*. Submitted as a final assignment for the course.

Iyengar, S., & Kinder, D. (1987). *News that matters*. Chicago, IL: University of Chicago Press.

Jenkins, H. (2006). *Convergence culture: Where old and new media collide*. New York, NY: New York University Press.

Jenkins, H., Shresthova, S., Gamber-Thompson, C., Kligler-Vilenchi, N., & Zimmerman, A. M. (2016). *By any media necessary: The new youth activism*. New York, NY: New York University Press.

Johnson, A. (2006). *Privilege, power, and difference* (2nd ed.). New York, NY: McGraw-Hill.

Jones, T. (2008, March 31). *Penguins-BBC* [Video file]. British Broadcasting Corporation. Retrieved from https://www.youtube.com/watch?v=9dfWzp7rYR4

Kalhoefer, K. (2016, April 25). *Study: CNN viewers see far more fossil fuel advertising than climate change reporting* [Blog post]. Retrieved from http://tinyw.in/SZcr

Kalhoefer, K. (2017, March 23). *How broadcast networks covered climate change in 2016* [Blog post]. Retrieved from https://tinyurl.com/yb4kyfcs

Katz, J. (2006). *The macho paradox: Why some men hurt woman and how all men can help*. Naperville, IL: Sourcebooks, Inc.

Kellner, D. (1989). *Critical theory, Marxism, and modernity*. Cambridge & Baltimore, MD: Polity Press and John Hopkins University Press.

Kellner, D. (1995). *Media culture: Cultural studies, identity and politics between the modern and the postmodern*. New York, NY: Routledge.

Kellner, D. (2002). Critical perspectives on visual literacy in media and cyberculture. *Journal of Visual Literacy, 22*(1), 3-12.

Kellner, D. (2003). *Media spectacle*. New York, NY: Routledge.

Kellner, D. (2005). *Media spectacle and the crisis of democracy*. Boulder, CO: Paradigm Press.

Kellner, D. (2010). *Cinema wars: Hollywood film and politics in the Bush/Cheney era*. Malden, MA: Blackwell Publishers.

Kellner, D. (2016). *American nightmare: Donald Trump, media spectacle, and authoritarian populism*. Rotterdam, The Netherlands: Sense Publishers.

Kellner, D. (2017). *The American horror show: Election 2016 and the ascendency of Donald J. Trump*. Rotterdam, The Netherlands: Sense Publishers.

Kellner, D., & Share, J. (2007). Critical media literacy, democracy, and the reconstruction of education. In D. Macedo & S. R. Steinberg (Eds.), *Media literacy: A reader* (pp. 3-23). New York, NY: Peter Lang.

Kelly, S. (2017, June 17). US senators deem Heartland Institute mailings to grade school science teachers "possibly fraudulent." *Truthout.org*. Retrieved from https://truthout.org/articles/us-senators-heartland-institute-mailings-to-gradeschool-science-teachers-possibly-fraudulent/

Kessler, G. (2018, December 11). Meet the Bottomless Pinocchio, a new rating for a false claim repeated over and over again. *The Washington Post*. Retrieved from https://tinyurl.com/ybt7pgbo

Kilbourne, J. (2010). *Killing us softly 4: Advertising's image of women* [Video file]. Northampton, MA: Media Education Foundation.

Kim, K. (2013, December). *Kiyun Kim: Racial microaggressions* [Online photo graphic exhibit]. Retrieved from http://nortonism.tumblr.com/

Kincheloe, J. (2007). *Critical pedagogy primer*. New York, NY: Peter Lang.

Klein, N. (2014). *This changes everything: Capitalism vs. the climate*. New York, NY: Simon & Schuster.

Kolb, L. (2008). *Toys to tools: Connecting student cell phones to education*.

Eugene, OR: ISTE.

Kovach, B., & Rosenstiel, T. (2011). *Blur: How to know what's true in the age of information overload.* New York, NY: Bloomsbury.

Krashen, S. (1992). *The input hypothesis: Issues and implications.* Laredo, TX: Laredo Publications.

Krosnick, J., & Kinder, D. (1990). Altering the foundations of support for the president through priming. *American Political Science Review, 84*(2), 497-512.

Kumashiro, K. (2000). Toward a theory of anti-oppressive education. *Review of Educational Research, 70*(1), 25-53.

Lauredhel. (2007, April 29). *Passive aggression: Foregrounding the object* [Blog post]. Retrieved from https://hoydenabouttown.com/2007/04/29/passive-aggressionforegrounding-the-object/

Leiataua, A. (2013, Winter). *EDUC 446: Critical media literacy final reflection.* Submitted as a final assignment for the course.

Leiserowitz, A., & Smith, N. (2017). Affective imagery, risk perceptions, and climate change communication. In E. von Storch (Ed.), *Oxford research encyclopedia of climate science.* Oxford: Oxford University Press.

Leonard, A., Sachs, J. (Writers), & Fox, L. (Director). (2013). *The story of solutions: Why making real change starts with changing the game* [Video file]. Free Range Studios. Retrieved from http://storyofstuff.org/movies/the-story-of-solutions/

Lewis, J., & Boyce, T. (2009). Climate change and the media: The scale of the challenge. In T. Boyce & J. Lewis (Eds.), *Climate change and the media* (pp. 1-16). New York, NY: Peter Lang.

Lewis, J., & Jhally, S. (1998). The struggle over media literacy. *Journal of Communication, 48*(1), 1-8.

Lin, R-G., II, & Panzar, J. (2018, August 5). Record heat in California is no fluke, experts warn: Rising temperatures have fueled wildfire conditions and blunt talk from scientists about climate change. *Los Angeles Times*, p. A1.

López, A. (2014). *Greening media education: Bridging media literacy with green cultural citizenship.* New York, NY: Peter Lang.

Lowen, J. W. (1999). *Lies across America: What our historic sites get wrong.* New York, NY: The New Press.

Ludwig, M. (2014, May 20). Everything you ever wanted to know about the FCC's net neutrality proposal. *Truthout.* Retrieved from http://truth-out.org/

news/item/23820-everything-you-ever-wanted-to-know-about-the-fccs-net-neutralityproposal

Luke, A., & Freebody, P. (1997). Shaping the social practices of reading. In S. Muspratt, A. Luke, & P. Freebody (Eds.), *Constructing critical literacies: Teaching and learning textual practice* (pp. 185-225). Sydney: Allen & Unwin, and Cresskill, NJ: Hampton Press.

Luke, A., & Freebody, P. (1999). Further notes on the four resources model. *Reading Online.* Retrieved from https://pdfs.semanticscholar.org/a916/oce3d 5e75744de3doddacfaf6861fe928b9e.pdf

Luke, C. (1990). *Constructing the child viewer: A history of the American discourse on television and children, 1950-1980.* New York, NY: Praeger.

Luke, C. (2000, February). New literacies in teacher education. *Journal of Adolescent and Adult Literacy, 43*(5), 424-436.

Marx, K., & Engels, F. (1970). *The German ideology.* New York, NY: Inter national Publishers.

Marx, K., & Engels, F. (1978). *The Marx-Engels reader.* New York, NY: Norton.

Masterman, L. (1985/2001). *Teaching the media.* New York, NY: Routledge.

Masterman, L. (1996). Media education and human rights. *Continuum: The Australian Journal of Media & Culture, 9*(2), 73-77.

McChesney, R. W. (2004). *The problem of the media: U.S. communication politics in the twenty-first century.* New York, NY: Monthly Review Press.

McChesney, R. W. (2015). *Rich media, poor democracy: Communication politics in dubious times.* New York, NY: The New Press.

McLuhan, M. (1962). *The Gutenberg galaxy: The making of typographic man.* Toronto: University of Toronto Press.

McLuhan, M. (2003). *Understanding media: The extensions of man: Critical edition* (T. Gordon, Ed.), Berkeley, CA: Gingko Press.

Media Matters for America. (2016). *How broadcast networks covered climate change in 2015: An analysis of nightly news and Sunday shows.* Retrieved from https://tinyurl.com/y9egc75s

Mendoza, L. (2016, Spring). *EDUC 446: Critical Media Literacy Final Reflection.* Submitted as a final assignment for the course.

Mihailidis, P. (2008). Are we speaking the same language? Assessing the state of media literacy in U.S. higher education. *Studies in Media & Information Literacy Education, 8*(4), 1-14.

Monarrez, N. (2017). *Critical media literacy and its effects on middle school students' understandings of different perspectives* (Unpublished master's inquiry project). University of California, Los Angeles, CA.

Moore, D. C., & Bonilla, E. (2014). *Media literacy education & the common core state standards: NAMLE an educator's guide.* National Association for Media Literacy Education. Retrieved from https://namleboard.files. wordpress.com/2015/04/namlemleccssguide.pdf

Morrell, E. (2012). 21st Century literacies, critical media pedagogies, and language arts. *The Reading Teacher, 66*(4), 300-302. doi:10.1002/TRTR.01125

Morrell, E., Dueñas, R., Garcia, V., & López, J. (2013). *Critical media pedagogy: Teaching for achievement in city schools.* New York, NY: Teachers College Press.

Morris, J. (Producer), & Stanton, A. (Director). (2008). *Wall-E* [Motion Picture]. Disney Pixar.

Mulaudzi, S. (2017, January 25). Let's be honest: Snapchat filters are a little racist. *Huffington Post* (Edition ZA). Retrieved from https://www.huffing tonpost.co.za/2017/01/25/snapchat-filters-are-harming-black-womens-self -image_a_ 21658358/

NAACP. (2014). *Criminal justice fact sheet.* Retrieved from http://www.naacp. org/pages/criminal-justice-fact-sheet

Naureckas, J. (2018, May 15). Media can tell readers who's killing whom-When they want to. *Fairness & Accuracy in Reporting.* Retrieved from https://fair. org/home/media-can-tell-readers-whos-killing-whom-when-they-want-to/

NCTE. (2008). *Code of best practices in fair use for media literacy education.* National Council of Teachers of English Position Statement. Retrieved from http://www.ncte.org/positions/statements/fairusemedialiteracy

New London Group. (1996). A pedagogy of multiliteracies: Designing social futures. *Harvard Educational Review, 66*(1), 60-92.

Newman, N., Fletcher, R., Levy, D. A. L., & Nielsen, R. K. (2016). *Reuters Institute digital news report 2016.* New York, NY: Reuters. Retrieved from http://tinyw.in/AaiB

Nixon, R. (2011, June 26). *Slow violence* [Blog post]. Retrieved from http:// tinyw.in/zEt5

Nixon, R. (2013). *Slow violence and the environmentalism of the poor.* Cambridge, MA: Harvard University Press.

Noble, S. U. (2012, Spring). Missed connections: What search engines say about women. *Bitch, 54*, 36-41.

Noble, S. U. (2013, October). Google search: Hyper-visibility as a means of rendering black women and girls invisible. *InVisible Culture*, 19. Retrieved from http://ivc.lib.rochester.edu/google-search-hyper-visibility-as-a-means-ofrendering-black-women-and-girls-invisible/

Noble, S. U. (2018). *Algorithms of oppression*. New York, NY: New York University Press.

Norton, B. (2015, October 5). Media are blamed as US bombing of Afghan hospital is covered up. *Fairness & Accuracy in Reporting*. Retrieved from https://fair.org/home/media-are-blamed-as-us-bombing-of-afghan-hospital-is-covered-up/

O'Connor, A. (2006). *Raymond Williams*. New York, NY: Rowman & Littlefield.

Ohler, J. (2008). *Digital storytelling in the classroom*. Thousand Oaks, CA: Corwin Press.

Oliver, J. (2014). *Climate change debate. Last Week Tonight with John Oliver* (HBO) [Video file]. Retrieved from https://tinyurl.com/k5uslqx

Omi, M., & Winant, H. (2015). *Racial formation in the United States* (3rd ed.). New York, NY: Routledge.

O'Neill, S. J., Boykoff, M., Niemeyer, S., & Day, S. A. (2013). On the use of imagery for climate change engagement. *Global Environmental Change, 23*, 413-421.

Ong, W. (1995). *Orality and literacy: The technologizing of the word*. London: Routledge.

Oreskes, N., & Conway, E. (2010). *Merchants of doubt: How a handful of scientists obscured the truth on issues from tobacco smoke to global warming*. New York, NY: Bloomsbury Press.

Orlowski, P. (2006). Educating in an era of Orwellian spin: Critical media literacy in the classroom. *Canadian Journal of Education, 29*(1), 176-198.

Padawer, R. (2016, June 28). The humiliating practice of sex-testing female athletes. *The New York Times*. Retrieved from https://www.nytimes.com/2016/07/03/magazine/the-humiliating-practice-of-sex-testing-female-athletes.html

Padilla, M. (2013, Fall). *EDUC 446: Critical media literacy final reflection*. Submitted as a final assignment for the course.

Pandya, J. Z., & Aukerman, M. (2014). A four resources analysis of technology in the CCSS. *Language Arts, 91*(6), 429-435.

Paris, D., & Alim, H. S. (Eds.). (2017). *Culturally sustaining pedagogy:*

Teaching and learning for justice in a changing world. New York, NY: Teachers College Press.

Pearce, M., Duara, N., & Yardley, W. (2016, January 28). Oregon activists remain defiant. *Los Angeles Times*, p. A1.

Perera, F. (2016, June 21). The case for a child-centered energy and climate policy. *Environmental Health News.* Retrieved from http://www.environ mentalhealthnews.org/ehs/news/2016/june/opinion-the-case-for-a-child-centered-energy-andclimate-policy

Pérez-Tornero, J. M., & Tayie, S. (2012). Introduction. Teacher training in media education: Curriculum and international experiences. *Comunicar, XX*(39), 10-14. Retrieved from http://www.revistacomunicar.com/pdf/comunicar39-en.pdf

Pesemen, P. D., Aronson, J. (Producers), & Orlowski, J. (Director). (2012). *Chasing ice* [Motion Picture]. Submarine Deluxe.

Petroff, A. (2014, October 9). Lego ditches Shell after Arctic oil protests. *CNN Money.* Retrieved from http://tinyurl.com/jfzv27n

Pew Research Center. (2018, May). *Teens, Social Media & Technology 2018.*

Piaget, J. (1974). *The construction of reality in the child.* New York, NY: Random House.

Piketty, T. (2014). *Capital in the twenty-first century* (A. Goldhammer, Trans.). Cambridge, MA: Belknap Press.

Pineda, J. (2014). *The story behind the picture: Using student photography to develop writing.* (Unpublished master's inquiry project). University of California, Los Angeles, CA.

Postman, N. (1985). *Amusing ourselves to death: Public discourse in the age of show business.* New York, NY: Penguin Books.

Prensky, M. (2010). *Teaching digital natives: Partnering for real learning.* Thousand Oaks, CA: Corwin.

Prescott, C. (2018, August 7). Think Confederate monuments are racist? Consider pioneer monuments. *The Conversation.* Retrieved from https://theconversation.com/think-confederate-monuments-are-racist-consider-pioneer-monuments-100571

Rendall, S. (2014). At elite media, 'scientific' racists fit in fine. *Extra! The Magazine of FAIR-The Media Watch Group, 27*(8), 12-13.

Rich, N. (2018, August 1). Losing Earth: The decade we almost stopped climate change. *New York Times Magazine.* Retrieved from https://tinyurl.

com/y8dojc43

Rideout, V., Lauricella, A., & Wartella, E. (2011). *Children, media, and race: Media use among white, black, Hispanic, and Asian American children.* Evanston, IL: Center on Media and Human Development School of Communication, Northwestern University.

Robertson, L., & Hughes, J. M. (2011). Investigating pre-service teachers' understandings of critical media literacy. *Language and Literacy, 13*(2), 37–53.

Robins, K., & Webster, F. (2001). *Times of the technoculture.* New York, NY: Routledge.

Rochlin, M. (1995). The language of sex: The heterosexual questionnaire. In E. D. Nelson & B. W. Robinson (Eds.), *Gender in the 1990s: Images, realities, and issues* (pp. 38–39). Toronto: Nelson Canada.

Roose, K. (2018, October 24). Debunking 5 viral images of the migrant caravan: A group of Hondurans heading toward the United States has been the subject of misinformation on social media. *The New York Times.* Retrieved from https://www.nytimes.com/2018/10/24/world/americas/migrant-caravan-fake-images-news.html

Rosane, O. (2018, September 11). BBC issues first climate change reporting guidelines. *EcoWatch.* Retrieved from https://www.ecowatch.com/bbc-climate-changereporting-guidelines-2603944755.html

Rubin, A. J. (2018, August 5). A miserably hot Europe is fast becoming the norm: Discomforting signs of climate change. *The New York Times* (International Section, p. 6).

Russo, V. (1995). *The celluloid closet: Homosexuality in the movies.* New York, NY: Quality Paperback.

Rutgers. (2014). *Center for American women and politics.* New Brunswick, NJ: Eagleton Institute of Politics. Retrieved from http://www.cawp.rutgers.edu/fast_facts/

Schiller, J., & Tillett, B. (2004). Using digital images with young children: Challenges of integration. *Early Child Development and Care, 174*(4), 401–414.

Schwartz, O. (2018, November 12). You thought fake news was bad? Deep fakes are where truth goes to die. *The Guardian.* Retrieved from https://tinyurl.com/yaattjo2

Sengupta, S. (2018, August 9). 2018 is shaping up to be the fourth-hottest year: Yet we're still not prepared for global warming. *The New York Times.* Retrieved from https://tinyurl.com/ydyvwfye

Shaheen, J. G. (2001). *Reel bad Arabs: How Hollywood vilifies a people.* New York, NY: Olive Branch Press.

Shamburg, C. (2009). *Student-powered podcasting: Teaching for 21st-century literacy.* Washington, DC: International Society for Technology in Education.

Share, J. (2015a). *Media literacy is elementary: Teaching youth to critically read and create media* (2nd ed.). New York, NY: Peter Lang.

Share, J. (2015b). Cameras in classrooms: Photography's pedagogical potential. In D. M. Baylen & A. D'Alba (Eds.), *Essentials of teaching and integrating visual and media literacy: Visualizing learning* (pp. 97-118). New York, NY: Springer.

Singer, P. W., & Brooking, E. T. (2018). *LikeWar: The weaponization of social media.* New York, NY: Houghton Mifflin Harcourt Publishing.

Singleton, G. E., & Linton, C. (2006). *Courageous conversations about race: A field guide for achieving equity in schools.* Thousand Oaks, CA: Corwin.

Smith, S., Choueiti, M., Pieper, K., Case, A., & Choi, A. (2018). Inequality in 1,100 popular films: Examining portrayals of gender, race/ethnicity, LGBT & disability from 2007 to 2017. *Annenberg Inclusion Initiative, USC Annenberg.* Retrieved from https://annenberg.usc.edu/research/aii

Sontag, S. (1990). *On photography.* New York, NY: Doubleday.

Southern Poverty Law Center. (2018, June 4). *SPLC report: More than 1,700 monuments, place names and other symbols honoring the Confederacy remain in public spaces.* Retrieved from https://www.splcenter.org/news/2018/06/04/splc-reportmore-1700-monuments-place-names-and-other-symbols-honoring-confederacyremain

Stager, C. (2017, April 27). Sowing climate doubt among schoolteachers. *New York Times, Op-Ed.* Retrieved from https://www.nytimes.com/2017/04/27/opinion/sowing-climate-doubt-among-schoolteachers.html?emc=eta1&_r=o

Stanford History Education Group. (2016). *Evaluating information: The cornerstone of civic online reasoning.* Executive Summary. Retrieved from https://sheg.stanford.edu/upload/V3LessonPlans/Executive%20Summary%2011.21.16.pdf

Steele, C. M. (2010). *Whistling Vivaldi: How stereotypes affect us and what we can do.* New York, NY: W.W. Norton & Company.

Stoddard, J. (2014). The need for media education in democratic education.

Democracy & Education, 22(1), 1–8.

Stop Racism. (2013). *Student made video in Alexander Dinh's ninth grade biology class at the Downtown Magnet High School.* Los Angeles, CA.

Stuhlman, L., & Silverblatt, A. (2007). *Media literacy in U.S. institutions of higher education: Survey to explore the depth and breadth of media literacy education* [PowerPoint file]. Retrieved from http://www2.webster.edu/medialiteracy/Media%20Literacy%20Presentation2.ppt

Sue, D. W. (2010). *Microaggressions in everyday life: Race, gender, and sexual orientation.* Hoboken, NJ: John Wiley & Sons.

Sullivan, J. (2011). *PR industry fills vacuum left by shrinking newsrooms.* ProPublica and Columbia Journalism Review. Retrieved from http://www.businessinsider.com/thepr-industry-is-filling-in-the-gaps-left-by-shrinking-newsrooms-2011-5

Tester, H. (2013, April 3). Miami-Dade police officer arrested after wife ends up in hospital. *CBS Miami* [Online news report]. Retrieved from https://miami.cbslocal.com/video/category/spoken-word-wfortv/3645558-miami-dade-police-officer-arrestedafter-wife-ends-up-in-hospital/

Tiede, J., Grafe, S., & Hobbs, R. (2015). Pedagogical media competencies of preservice teachers in Germany and the United States: A comparative analysis of theory and practice. *Peabody Journal of Education, 90*(4), 533–545.

Tornero, J. M., & Varis, T. (2010). *Media literacy and new humanism.* Moscow, Russian Federation: UNESCO. Retrieved from http://tinyurl.com/j4nrtve

Túchez-Ortega, M. (2017). *Developing literacy skills through lessons of environmental justice* (Unpublished master's inquiry project). University of California, Los Angeles, CA.

Turkle, S. (2011). *Alone together: Why we expect more from technology and less from each other.* New York, NY: Basic Books.

Turkle, S. (2015). *Reclaiming conversation: The power of talk in a digital age.* New York, NY: Penguin Press.

United States Department of Education. (2014). *Expansive survey of America's public schools reveals troubling racial disparities: Lack of access to pre-school, greater suspensions cited.* Retrieved from https://www.ed.gov/news/press-releases/expansivesurvey-americas-public-schools-reveals-troubling-racial-disparities

United Nations Educational, Scientific, and Cultural Organization (UNESCO).

(2014). Retrieved from http://en.unesco.org/about-us/introducing-unesco

Valencia, R. R. (Ed.). (1997). *The evolution of deficit thinking: Educational thought and practice.* Bristol, PA: The Falmer Press.

Valencia, R., & Solórzano, D. (2004). Today's deficit thinking about the education of minority students. In O. Santa Ana (Ed.), *Tongue-Tied: The lives of multilingual children in public education* (pp. 124-133). Lanham, MD: Rowman & Littlefield.

Vasquez, V. (2003). *Getting beyond "I like the book": Creating space for critical literacy in K-6 classrooms.* Newark, DE: International Reading Association.

Vasquez, V. (2014). *Negotiating critical literacies with young children.* New York, NY: Routledge.

Vega, T. (2014, August 12). Shooting spurs hashtag effort on stereotypes. *The New York Times.* Retrieved from http://www.nytimes.com/2014/08/13/us/if-they-gunned-medown-protest-on-twitter.html

Vernon, P. (2018, October 23). Caravan coverage plays into Trump's hands. *Columbia Journalism Review.* Retrieved from https://www.cjr.org/the_media _today/caravantrump-immigration.php

Vygotksy, L. S. (1978). *Mind in society: The development of higher psycho logical processes.* Cambridge, MA: Harvard University Press.

Wade, N. (2014). *A troublesome inheritance: Genes, race and human history.* New York, NY: Penguin Press.

Westheimer, J., & Kahne, J. (2004). Educating the "good" citizen: Political choices and pedagogical goals. *PS: Political Science and Politics, 37*(2), 241-247.

Whitman, J. Q. (2017). *Hitler's American model: The United States and the making of Nazi race law.* Princeton, NJ: Princeton University Press.

Wigginton, E. (Ed.). (1972). *The foxfire book.* Garden City, NY: Anchor Books.

Wigginton, E. (1991). *Foxfire: 25 years: A celebration of our first quarter century.* New York, NY: Anchor Books.

Williams, R. (2009). *Marxism and literature.* New York, NY: Oxford University Press.

Wilson, C. (2012). Media and information literacy: Pedagogy and possibilities. *Comunicar, XX*(39), 15-22. Retrieved from http://www.revistacomunicar. com/pdf/comunicar39-en.pdf

Wilson, C., & Duncan, B. (2009). Implementing mandates in media education:

The Ontario experience. *Comunicar, 32*(XVI), 127–140.

Wolf, M. (2018). *Reader, come home: The reading brain in a digital world.* New York, NY: HarperCollins Publishers.

Zabel, I. H. H., Duggan-Haas, D., & Ross, R. M. (Eds.). (2017). *The teacher-friendly guide to climate change.* Ithaca, NY: Paleontological Research Institute. Retrieved from https://tinyurl.com/y7jmg3mq

Zinn, H. (2005). *Howard Zinn on democratic education.* Boulder, CO: Paradigm Publishers.

Zuckerberg, D. (2018). *Not all dead white men: Classics and misogyny in the digital age.* Cambridge, MA: Harvard University Press.

삶의 행복을 꿈꾸는 교육은 어디에서 오는가?

● **교육혁명을 앞당기는 배움책 이야기** 혁신교육의 철학과 잉걸진 미래를 만나다!

● **비고츠키 선집** 발달과 협력의 교육학 어떻게 읽을 것인가?

 생각과 말
레프 세묘노비치 비고츠키 지음
배희철·김용호·D. 켈로그 옮김 | 690쪽 | 값 33,000원

 성장과 분화
L.S. 비고츠키 지음 | 비고츠키 연구회 옮김
308쪽 | 값 15,000원

 도구와 기호
비고츠키·루리야 지음 | 비고츠키 연구회 옮김
336쪽 | 값 16,000원

 연령과 위기
L.S. 비고츠키 지음 | 비고츠키 연구회 옮김
336쪽 | 값 17,000원

 어린이 자기행동숙달의 역사와 발달 I
L.S. 비고츠키 지음 | 비고츠키 연구회 옮김
564쪽 | 값 28,000원

 의식과 숙달
L.S. 비고츠키 | 비고츠키 연구회 옮김
348쪽 | 값 17,000원

 어린이 자기행동숙달의 역사와 발달 II
L.S. 비고츠키 지음 | 비고츠키 연구회 옮김
552쪽 | 값 28,000원

 분열과 사랑
L.S. 비고츠키 지음 | 비고츠키 연구회 옮김
260쪽 | 값 16,000원

 어린이의 상상과 창조
L.S. 비고츠키 지음 | 비고츠키 연구회 옮김
280쪽 | 값 15,000원

 성애와 갈등
L.S. 비고츠키 지음 | 비고츠키 연구회 옮김
268쪽 | 값 17,000원

 비고츠키와 인지 발달의 비밀
A.R. 루리야 지음 | 배희철 옮김 | 280쪽 | 값 15,000원

 흥미와 개념
L.S. 비고츠키 지음 | 비고츠키 연구회 옮김
408쪽 | 값 21,000원

 정서학설 I
L.S. 비고츠키 지음 | 비고츠키 연구회 옮김
584쪽 | 값 35,000원

 정서학설 II
L.S. 비고츠키 지음 | 비고츠키 연구회 옮김
480쪽 | 값 35,000원

 수업과 수업 사이
비고츠키 연구회 지음 | 196쪽 | 값 12,000원

 관계의 교육학, 비고츠키
진보교육연구소 비고츠키교육학실천연구모임 지음
300쪽 | 값 15,000원

 비고츠키의 발달교육이란 무엇인가?
비고츠키교육학실천연구모임 지음 | 412쪽 | 값 21,000원

 비고츠키 생각과 말 쉽게 읽기
진보교육연구소 비고츠키교육학실천연구모임 지음
316쪽 | 값 15,000원

 비고츠키 철학으로 본 핀란드 교육과정
배희철 지음 | 456쪽 | 값 23,000원

 교사와 부모를 위한 비고츠키 교육학
카르포프 지음 | 실천교사번역팀 옮김
308쪽 | 값 15,000원

 혁신학교
성열관·이순철 지음 | 224쪽 | 값 12,000원

 대한민국 교사, 어떻게 가르칠 것인가?
윤성관 지음 | 320쪽 | 값 15,000원

 행복한 혁신학교 만들기
초등교육과정연구모임 지음 | 264쪽 | 값 13,000원

 아이들을 어떻게 가르칠 것인가
사토 마나부 지음 | 박찬영 옮김 | 232쪽 | 값 13,000원

 서울형 혁신학교 이야기
이부영 지음 | 320쪽 | 값 15,000원

 모두를 위한 국제이해교육
한국국제이해교육학회 지음 | 364쪽 | 값 16,000원

혁신교육, 철학을 만나다
브렌트 데이비스·데니스 수마라 지음
현인철·서용선 옮김 | 304쪽 | 값 15,000원

 혁신교육 존 듀이에게 묻다
서용선 지음 | 292쪽 | 값 16,000원

 다시 읽는 조선 교육사
이만규 지음 | 750쪽 | 값 33,000원

 대한민국 교육혁명
교육혁명공동행동 연구위원회 지음
224쪽 | 값 12,000원

 경쟁을 넘어 발달 교육으로
현광일 지음 | 288쪽 | 값 14,000원

 핀란드 교육의 기적
한넬레 니에미 외 엮음 | 장수명 외 옮김
456쪽 | 값 23,000원

 한국 교육의 현실과 전망
심성보 지음 | 724쪽 | 값 35,000원

 독일의 학교교육
정기섭 지음 | 536쪽 | 값 29,000원

● **경쟁과 차별을 넘어 평등과 협력으로 미래를 열어가는 교육 대전환!** 혁신교육 현장 필독서

 교실 속으로 간 이해중심 교육과정
온정덕 외 지음 | 224쪽 | 값 13,000원

 포스트 코로나 시대의 교육
성열관 외 지음 | 224쪽 | 값 15,000원

 내일 수업 어떻게 하지?
아이함께 지음 | 300쪽 | 값 15,000원

 **학교의 미래,
전문적 학습공동체로 열다**
새로운학교네트워크·오윤주 외 지음 | 276쪽 | 값 16,000원

 **마을교육공동체
생태적 의미와 실천**
김용련 지음 | 256쪽 | 값 15,000원

 학교폭력, 멈춰!
문재현 외 지음 | 348쪽 | 값 15,000원

 학교를 살리는 회복적 생활교육
김민자·이순영·정선영 지음 | 256쪽 | 값 15,000원

 삶의 시간을 잇는 문화예술교육
고영직 지음 | 292쪽 | 값 16,000원

 **미래교육을 디자인하는
학교교육과정**
박승열 외 지음 | 348쪽 | 값 18,000원

 교실 속으로 간 이해중심 통합교육과정
온정덕 외 지음 | 224쪽 | 값 15,000원

 **초등 백워드 교육과정
설계와 실천 이야기**
김병일 외 지음 | 352쪽 | 값 19,000원

 **학습격차 해소를 위한 새로운 도전
보편적 학습설계 수업**
조윤정 외 지음 | 240쪽 | 값 15,000원

 마을교육공동체란 무엇인가?
서용선 외 지음 | 360쪽 | 값 17,000원

 강화도의 기억을 걷다
최보길 지음 | 276쪽 | 값 14,000원

 체육 교사, 수업을 말하다
전용진 지음 | 304쪽 | 값 15,000원

 평화의 교육과정 섬김의 리더십
이준원·이형빈 지음 | 292쪽 | 값 16,000원

 마을교육과정을 그리다
백윤애 외 지음 | 336쪽 | 값 16,000원

 **혁신교육지구와 마을교육공동체는
어떻게 만들어지는가?**
김태정 지음 | 376쪽 | 값 18,000원

아이들을 어떻게 가르칠 것인가
사토 마나부 지음 | 박찬영 옮김 | 232쪽 | 값 13,000원

 코로나 시대,
마을교육공동체운동과 생태적 교육학
심성보 지음 | 280쪽 | 값 17,000원

 혐오, 교실에 들어오다
이혜정 외 지음 | 232쪽 | 값 15,000원

 수업, 슬로리딩과 함께
박경숙 외 지음 | 268쪽 | 값 15,000원

 물질과의 새로운 만남
베로니카 파치니-케처바우 외 지음 | 240쪽 | 값 15,000원

 그림책으로 만나는 인권교육
강진미 외 지음 | 272쪽 | 값 18,000원

 수업 고수들
수업·교육과정·평가를 말하다
박현숙 외 지음 | 368쪽 | 값 17,000원

 아이들의 배움은 어떻게 깊어지는가
이시이 준지 지음 | 방지현·이창희 옮김
200쪽 | 값 11,000원

 미래, 공생교육
김환희 지음 | 244쪽 | 값 15,000원

 들뢰즈와 가타리를 통해 유아교육 읽기
리세롯 마리엣 올슨 지음 | 이연선 외 옮김
328쪽 | 값 17,000원

 혁신고등학교, 무엇이 다른가?
김현자 외 지음 | 344쪽 | 값 18,000원

 시민이 만드는 교육 대전환
심성보·김태정 지음 | 248쪽 | 값 15,000원

 평화교육
과거, 현재 그리고 미래를 그리다
모니샤 바자즈 외 지음 | 권순정 외 옮김
268쪽 | 값 18,000원

 서울대 10개 만들기
김종영 지음 | 348쪽 | 값 18,000원

 선생님, 통일이 뭐예요?
정경호 지음 | 252쪽 | 값 13,000원

 함께 배움
학생 주도 배움 중심 수업 이렇게 한다
니시카와 준 지음 | 백경석 옮김 | 280쪽 | 값 15,000원

 다정한 교실에서 20,000시간
강정희 지음 | 296쪽 | 값 16,000원

 즐거운 세계사 수업
김은석 지음 | 328쪽 | 값 13,000원

 밥상혁명
강양구·강이현 지음 | 298쪽 | 값 13,800원

 학교를 개선하는 교장
지속가능한 학교 혁신을 위한 실천 전략
마이클 풀란 지음 | 서동연·정효준 옮김 | 216쪽 | 값 13,000원

 선생님, 민주시민교육이 뭐예요?
염경미 지음 | 244쪽 | 값 15,000원

 교육혁신의 시대
배움의 공간을 상상하다
함영기 외 지음 | 264쪽 | 값 17,000원

 도덕 수업, 책으로 묻고 윤리로 답하다
울산도덕교사모임 지음 | 320쪽 | 값 15,000원

 교육과 민주주의
필라르 오카디즈 외 지음 | 유성상 옮김
420쪽 | 값 25,000원

 교육회복과 적극적 시민교육
강순원 지음 | 228쪽 | 값 15,000원

 비판적 미디어 리터러시 가이드
더글러스 켈너·제프 셰어 지음 | 여은호·원숙경 옮김
252쪽 | 값 18,000원

참된 삶과 교육에 관한
생각 줍기